W0078872

Evelyn Elsaesser Valarino
Erfahrungen
an der Schwelle des Todes

Evelyn Elsaesser Valarino

Erfahrungen an der Schwelle des Todes

Wissenschaftler äußern sich zur Nahtodeserfahrung

Ariston Verlag · Genf / München

Die Deutsche Bibliothek – CIP-Einheitsaufnahme

ELSAESSER VALARINO, EVELYN:
Erfahrungen an der Schwelle des Todes: Wissenschaftler äußern sich zur
Nahtodeserfahrung / Evelyn Elsaesser Valarino. [Aus dem Franz. u. Engl.
übers. von Ulla Schuler]. – 1. Aufl. – Genf; München: Ariston Verlag, 1995
ISBN 3-7205-1889-2

Aus dem Französischen und Englischen übersetzt von
Ulla Schuler

© Copyright 1995 by Ariston Verlag, Genf

Alle Rechte, insbesondere des – auch auszugsweisen – Nachdrucks, der phono-
und photomechanischen Reproduktion, Photokopie, Mikroverfilmung sowie
der Übersetzung und jeglicher anderen Aufzeichnung und Wiedergabe durch
bestehende und künftige Medien, vorbehalten.

Gestaltung des Schutzumschlages:
Studio Höpfner-Thoma, GraphicDesign BDG, München

Satz: Tau Type, Bad Sauerbrunn
Druck und Bindung: Wiener Verlag, Himberg bei Wien

Erste Auflage September 1995
Printed in Austria 1995

ISBN 3-7205-1889-2

Inhalt

Für meine Tochter Isabel

Vorwort

EVELYN ELSAESSER VALARINOS Buch *Erfahrungen an der Schwelle des Todes* ist meines Wissens einzigartig und bereichert in außergewöhnlicher Weise die rasch anwachsende Literatur zum Thema Nahtodeserfahrung (NTE – im Englischen NDE = *near-death experience*). In den letzten zwanzig Jahren wurden wohl – in mehreren Sprachen – an die fünfzig Bücher publiziert, in denen die wesentlichen Tatsachen über diese faszinierenden Begegnungen mit dem Tod zusammengetragen sind und die mit zahlreichen Beispielen und Fallgeschichten über NTE aufwarten. Und nicht wenige Werke nähern sich dem Phänomen unter verschiedenen Gesichtspunkten, von der eng und einengend wissenschaftlichen über die dogmatisch theologische bis hin zur kühn spirituellen Betrachtungsweise – je nach dem besonderen Interesse und Standpunkt des Autors.

Unter dieser doch umfangreichen Literatur fehlte aber bislang ein Buch, in dem namhafte Experten aus verschiedenen Gebieten der Naturwissenschaften – Biologie, Neurophysiologie, Physik – wie auch der Religionswissenschaft die NTE und ihre Begleitphänomene einer scharfsinnigen und umfassenden theoretischen und philosophischen Untersuchung unterziehen. Mit dem vorliegenden Buch ermöglicht es Evelyn Elsaesser Valarino allen, die sich ernsthaft für das Thema Nahtodeserfahrung interessieren, in der Begegnung mit einer Gruppe herausragender Gelehrter und Forscher verschiedener Disziplinen zu erfahren, wie diese das Phänomen aus der Sicht ihres Fachgebietes beurteilen, und sich damit auseinanderzusetzen. (Es ist mir eine Ehre, von der Autorin als Interviewpartner gewählt worden zu sein, allerdings maße ich mir nicht an, in meine Würdigung der anderen Interviewten mich selbst einzubeziehen!) Das Ergebnis ist ein höchst anregender interdisziplinärer Zugang zum theoretischen Verständnis der Nahtodeserfahrung, der ein Maß an intellektueller Erkenntnis vermittelt, das bislang von keiner Arbeit über dieses Thema erreicht wurde. Die Leser halten somit ein Buch in den Händen, das mit Sicherheit für die nächsten Jahre allen, die eine sehr gründliche Ana-

lyse der Natur und Bedeutung der Nahtodeserfahrung für sich erar-
beiten wollen, unentbehrlich sein wird.

Viele der in diesem Buch dargelegten Vorstellungen vom Wesen der
Nahtodeserfahrung, der Gehirnfunktion und des Bewußtseins könnten stellenweise etwas schwer verständlich sein, aber insgesamt wird
die Lektüre wegen der *Form*, in der sie geboten wird, dem gebildeten
Laien keinerlei Probleme bereiten. Denn anstatt beispielsweise einzelne Beiträge der Vertreter verschiedener Fachgebiete herauszugeben,
wählte die Autorin die Form des Interviews. Und diese wunderbar
strukturierten Gespräche haben die lebendige Unmittelbarkeit einer
Unterhaltung zwischen einer nachdenklichen Fragenden, die zielstre-
big die Diskussion lenkt, und einem Befragten, der nur zu glücklich
ist, sich lenken zu lassen und die Gesprächspartnerin (und die wißbe-
gierigen Leser) an seinem Wissen und seinen Einsichten über das
Phänomen der NTE teilhaben zu lassen.

Indem Evelyn Elsaesser Valarino diese Gruppe von Erforschern und
Kommentatoren der NTE symbolisch an einen Tisch brachte, hat sie
der NTE-Forschung einen großen Dienst erwiesen, und gewiß wird
ihr Buch viele Fachleute, die es lesen, motivieren, NTE nicht nur
ernst zu nehmen, sondern sich forschend mit ihr auseinanderzusetzen. Ich bin sicher, daß dieses Buch die NTE-Forschung befruchten
wird, indem es das Interesse von Gelehrten und Forschern aus den
Bereichen Philosophie, Naturwissenschaften, Medizin, Psychologie
und Religionswissenschaften sowie anderen Fachgebieten wachhält,
die etwas beizutragen haben zu unserem Verständnis dessen, was wir
durch dieses Fenster zum Tode erblicken, welches die moderne Reanimationsmedizin für uns alle aufgestoßen hat.

In *Moby Dick*, dem berühmtesten Buch des großen amerikanischen
Schriftstellers HERMAN MELVILLE, heißt es an einer Stelle: »… und das
Herannahen des Todes, vor dem wir alle gleich sind, bringt allen eine
letzte Offenbarung, die nur ein von den Toten Auferstandener wiedergeben könnte.« Diese Autoren aus dem Totenreich, die Melville
sich im neunzehnten Jahrhundert nur vorstellen konnte, sind die
Tausende von Menschen, die in unserer modernen Zeit zurückgekehrt sind, um über die erkenntnisvermittelnde Natur ihrer NTE
auszusagen. Ihre Berichte inspirieren, verwundern und erstaunen uns,

aber wir können sie nicht länger ignorieren. Unsere Aufgabe nun ist es, sie zu verstehen, herauszufinden, wie sie zustande kommen und was sie bedeuten. Diesem Ziel bringt uns das Buch, das Evelyn Elsaesser Valarino hier vorlegt, einen großen Schritt näher, voran auf dem unendlichen Weg zur Entdeckung der Geheimnisse des Todes – und des Lebens.

KENNETH RING, Ph. D.
Professor für Psychologie
Universität Connecticut
Storrs, Connecticut, USA

Danksagung

Ein Buch zu schreiben, das überwiegend aus Gesprächen besteht, ist ein gefahrvolles Abenteuer, eine zugleich wunderbare und mit Stolpersteinen gepflasterte lange Reise. Ich hatte das Glück, dabei außergewöhnlichen, engagierten und begeisternden Persönlichkeiten zu begegnen. Von Herzen danke ich den Gefährten dieser Reise, durch die dieses ehrgeizige Vorhaben in die Tat umgesetzt werden konnte: Herrn Professor KENNETH RING, Frau BRIGITTE DUTHEIL und Herrn Professor RÉGIS DUTHEIL, Professor LOUIS-MARIE VINCENT, Professor PAUL CHAUCHARD, Monsignore JEAN VERNETTE, Professor JEAN-PIERRE GIRARD und HENRY H.. Ich bin ihnen unendlich dankbar für ihr großzügiges Entgegenkommen, ihre Bereitschaft zum Dialog und für die Tiefe und Fülle ihrer Gedanken zum Thema.

Ganz besonders danke ich Herrn Professor KENNETH RING, dem international renommierten und gefragten Wissenschaftler, der sich zu meiner großen Freude trotz seines engen Terminkalenders bereitfand, mit einer unbekannten Schweizerin in einen zeitaufwendigen Dialog einzutreten. Dieser Dialog in Storrs, Connecticut, war auch der Beginn einer tiefen Freundschaft und setzt sich bis in die Gegenwart fort.

Von Herzen danke ich Herrn Professor LOUIS-MARIE VINCENT, der mir ein sehr verläßlicher Freund wurde. Seine Erfahrung, unsere langen Diskussionen wie auch seine ansteckende Begeisterung und seine freundschaftliche Unterstützung haben mich bei dieser Reise begleitet, die nach nunmehr vier Jahren am Ziel ist.

Evelyn Elsaesser Valarino

Einführung

Darstellung der Nahtodeserfahrung

Das Erlebnis des unmittelbar bevorstehenden, drohenden Todes (Nahtodeserfahrung, NTE) ist ein Phänomen, das manche Menschen in Grenzsituationen des Lebens, in einem todesnahen Zustand erleben. Für den Menschen, der diese Erfahrung macht, ist sie von fundamentaler Bedeutung. Die Nahtodeserfahrung – gleich, wie sie sich zwischen Leben und Tod ereignet – ist zwischen dem Realen und dem Transzendenten einzuordnen.

Eine Nahtodeserfahrung machen in der Mehrzahl der Fälle Menschen in todesnahem Zustand, manchmal im Koma. Sie kann auch, was allerdings sehr selten vorkommt, bei einem völlig gesunden Menschen auftreten, wenn er plötzlich äußersten Schrecken erlebt oder von einem anderen zutiefst traumatisierenden Ereignis betroffen wird.

Die Menschen, die eine Nahtodeserfahrung gemacht haben, werde ich im folgenden »Nahtodeserfahrene« oder »Experiencer« nennen, wobei ich die letztere Bezeichnung der anglo-amerikanischen Fachliteratur entlehne.

Hier stellt sich sogleich die Frage nach dem Begriff »Tod«. In der Tat ist es außerordentlich schwierig, ihn zu definieren. Extrem vereinfacht kann man sagen: Wir wissen nur, daß ein menschliches Wesen existiert und daß es zu einem bestimmten Zeitpunkt, nach einer gewissen Zeitspanne, nicht mehr ist, doch über den Zwischenzustand zwischen Leben und Tod wissen wir nichts oder fast nichts. Diese Problematik wird in den Gesprächen analysiert, die ich mit dem Neurophysiologen Professor PAUL CHAUCHARD (1) und mit dem Biologen Professor LOUIS-MARIE VINCENT (2) geführt habe. Angesichts der Tatsache, daß wir wenig über den Tod wissen, wurde der Ausdruck »klinischer Tod« tunlichst vermieden und an seiner Stelle der erweiterte Begriff »unmittelbar drohender Tod« eingeführt.

In einem Zustand des *unmittelbar drohenden Todes erleben dreißig*

Prozent der Betroffenen eine Nahtodeserfahrung. Was diese Prozentzahl angeht, werden zahlreiche Fragen ausführlich in dem Gespräch diskutiert, das ich mit dem Psychologen Professor KENNETH RING (3) geführt habe. (Wer erlebt eine Nahtodeserfahrung? Warum? Gibt es ein Persönlichkeitsprofil der Experiencer? Wäre es denkbar, daß jeder Mensch, der dem Tod nahe ist, diese Erfahrung macht, daß aber nur dreißig Prozent sich daran erinnern? – und dergleichen mehr.)

Der typische Ablauf einer Nahtodeserfahrung kann aus folgenden Phasen bestehen:

1. *Verlassen des physischen Leibes* (Entkörperlichung): Der betroffene Mensch verläßt seinen Körper, den er dann aus einer gewissen Höhe von außen sieht. Bei einem geringen Prozentsatz ist diese Phase von einem Gefühl der Desorientierung oder einem kurzen Augenblick der Angst gekennzeichnet.

2. *Tunnelerlebnis:* Dieses ist manchmal von einem harmonischen, angenehmen oder aber von einem störenden Geräusch begleitet. Hinzu kommt der Eindruck von Leichtigkeit und rasender Geschwindigkeit.

3. *Strahlendes Licht* erscheint am Ende des Tunnels und zieht den Betroffenen unwiderstehlich an.

4. Begegnung mit einem *Lichtwesen*, das die absolute Liebe personifiziert.

5. Empfindung *unendlichen Glücks*, einer unsagbaren Freude, eines tiefen Friedens.

6. *Begegnung mit nahestehenden Verstorbenen oder mit unbekannten Wegbegleitern.*

7. Vision einer *Lichtstadt.*

8. *Rückblick auf das eigene Leben* (dreidimensionale Sicht außerhalb des Zeitbegriffs auf bedeutende Ereignisse im Leben des Betroffenen: *Lebensfilm).*

9. Erkenntnis des *absoluten Wissens*, das bei der Rückkehr ins Leben teilweise oder gänzlich verlorengeht.

10. Gewißheit, *Teil eines harmonischen universalen Ganzen* zu sein, darin seinen Platz zu haben, einer kosmischen Einheit anzugehören und deren Funktionsweise und Bedeutung zu begreifen.

11. Verschiedene Wahrnehmungen, die eine *Grenze* symbolisieren, deren Überschreitung die Rückkehr ins Leben unmöglich machen würde.

12. Gewollte oder erzwungene *Rückkehr ins Leben.*

Es kommt selten vor, daß nach einer Nahtodeserfahrung *sämtliche* dieser Komponenten berichtet werden.

Alle Nahtodeserfahrenen beschreiben einen mehr oder weniger identischen Ablauf ihres Erlebens und empfinden sehr ähnliche Emotionen. Somit können wir von dem Grundsatz ausgehen, daß wir über Ergebnisse verfügen, die für den Menschen im allgemeinen gelten und uns über seine Reaktionen an den Grenzen seines Daseins aufklären.

Eines der wesentlichen Elemente der Nahtodeserfahrung und sicherlich das am eindringlichsten nachwirkende betrifft die Begegnung mit dem *Lichtwesen.* Sie wird als Eintauchen in einen Strom bedingungsloser Liebe beschrieben, der einen überschwemmt, erlöst und befriedet, der ein Gefühl absoluter Sicherheit, des Einlaufens in den sicheren Hafen nach dem Sturm oder der Rückkehr in den Leib der Mutter erzeugt. Tatsächlich zeichnen die Zeugen ein Bild, das alle Archetypen, die Quintessenz aller Symbole, enthält.

Der *Lebensfilm,* der nicht nur einschneidende – glückliche oder traumatisierende – Ereignisse des Lebens vorführt, sondern zugleich auch banale Vorkommnisse hochspült, belehrt uns zuallererst über die enorme Leistungsfähigkeit unseres Gedächtnisses, dessen Inhalte großenteils im Unbewußten ruhen, im Wachzustand des Alltags uns nicht zugänglich, aber gleichwohl vorhanden sind und bei der Nahtodeserfahrung reaktiviert werden können. Dieser Film unseres Lebens, der gelegentlich eine quälende Erfahrung sein kann, wird in Gegenwart des Lichtwesens erlebt, das dem Experiencer hilft, seine guten und bösen Taten zu verstehen. Es ist wichtig hervorzuheben, daß die betroffene Person nun die Gefühlsregungen – Freude und Schmerz – erlebt, die ihre Worte oder Handlungen bei den Mitmenschen ausgelöst haben. Reue und Schuldgefühle des Erlebenden werden durch die Güte des Lichtwesens gemildert, das ihm seine Irrtümer aufzeigt, um ihn zu bessern, nicht, um ihn zu strafen. Diese Phase der Nahtodeserfahrung ist wiederum höchst symbolisch, mit der Idee von Gut und Böse verbunden, die einer der fundamentalen Archetypen ist. In diesem Kontext und aus der Sicht der reinen Logik erkennt man keinen Nutzen einer solchen Übung, es sei denn in der Perspektive einer persönlichen Entwicklung, bei der diese Lektion hilfreich sein kann ...

Es gibt verschiedene Möglichkeiten, eine Nahtodeserfahrung zu analysieren. Der Psychiater Professor BRUCE GREYSON (4) schlägt eine neue Klassifikation in vier Kategorien vor:

1. eine *kognitive Komponente;* sie umfaßt eine Verzerrung der Zeit, eine Beschleunigung des Denkens, den Rückblick auf das eigene Leben und plötzliches Begreifen;

2. eine *affektive Komponente;* diese umfaßt die Empfindungen des Friedens und der Freude, des Einsseins mit dem Kosmos sowie das Erlebnis eines überwältigenden Lichtes;

3. eine *paranormale Komponente;* sie umfaßt eine gesteigerte Schärfe des Sehens oder Hörens, der offenkundigen extrasensorischen (außersinnlichen) Wahrnehmung, Visionen der Zukunft sowie das Verlassen des physischen Leibes;

4. eine *transzendentale Komponente;* sie umfaßt die Erfahrung eines zweifellos übernatürlichen Bereichs, die Begegnung mit einem mystischen Wesen, mit Geistern, sowie die Vision einer Grenze oder eines »Punktes ohne Wiederkehr«, die, wären sie überschritten worden, eine Rückkehr ins Leben unmöglich gemacht hätten (5).

Die Erforschung der Nahtodeserfahrung

Geschichtliches

Nahtodeserfahrungen gibt es zweifellos seit Anbeginn der Menschheit. Im Laufe der Jahrhunderte sind uns in schriftlicher Form oder als künstlerische Darstellung Zeugnisse davon erhalten geblieben. Beschreibende Fragmente finden sich sowohl in der Bibel als auch in

den Klassikern der Philosophie. Eine ernsthafte Erforschung des Phänomens Nahtodeserfahrung hat allerdings erst vor etwa zwanzig Jahren begonnen, genauer 1975 mit dem Erscheinen des Werks *Leben
nach dem Tod* (6) von RAYMOND A. MOODY. Obwohl dieses Buch eher
Erfahrungsberichte wiedergibt und keinen akademischen Rang
beanspruchen kann, kommt ihm das Verdienst zu, daß es Wissenschaftler der verschiedensten Fachrichtungen angespornt hat, sich mit
diesem zugleich wunderbaren und herausfordernden Phänomen zu
beschäftigen. Seither sind zahlreiche Bücher und Beiträge zum Thema
erschienen, und die Tendenz ist steigend. Eine Art Spirale ist dabei in
Gang gekommen: Je mehr Berichte über Nahtodeserfahrungen veröffentlicht wurden, desto stärker wurde das Interesse der Öffentlichkeit. Dies erst ermutigte Menschen, die eine derartige Erfahrung gemacht hatten, sich zu offenbaren und Zeugnis abzulegen.

1980 beschlossen KENNETH RING, BRUCE GREYSON und der Soziolo-
ge JOHN AUDETTE, eine Vereinigung zu gründen, die Nahtodeserfahrungen erforschen sollte. Die IANDS USA (*International Association
for Near Death Studies* = internationaler Verband für die Erforschung
der Nahtodeserfahrung) wurde im Februar 1981 an der Universität
Connecticut aus der Taufe gehoben. Mit dieser Einrichtung wurde es
möglich, Datenmaterial in großem Maßstab zu sammeln, und es wurden landesweit mehrere Untersuchungsprogramme gestartet. Bald bil-
deten zahlreiche Zeugnisse von Experiencern einen soliden Grund-
stock von Ergebnissen, die als Ausgangspunkt für eine sorgfältige und
vielseitige wissenschaftliche Untersuchung dienten. Einige Jahre später wurden in Australien und in mehreren europäischen Ländern na-
tionale Zentren der IANDS gegründet.

Verbreitung des Phänomens

KENNETH RING schätzte 1992 die Zahl der Amerikaner, die eine
Nahtodeserfahrung gemacht hatten, auf acht Millionen. 1994 kommt
BRUCE GREYSON, gestützt auf eine GALLUP-Studie, auf einen deutlich
höheren Anteil von dreizehn Millionen. Bei dieser Größenordnung
sind die Zahlen als solche nicht mehr sehr wichtig, sie stellen jedoch

den Beweis dar, daß diese Erfahrung einer beeindruckenden Anzahl von Personen widerfahren ist und daß Zweifel hinsichtlich ihrer Authentizität nun nicht mehr zulässig sind. Da sich aus allen durchgeführten Studien eindeutig ergibt, daß es sich bei der Nahtodeserfahrung um eine universale Erfahrung handelt, die nicht an geographische oder kulturelle Besonderheiten gebunden ist, sondern mit unserem Menschsein zusammenhängt, dürfen wir zweifellos verallgemeinern und davon ausgehen, daß ein entsprechender Prozentsatz von Nahtodeserfahrungen gleichermaßen in allen Ländern der Welt anzutreffen ist.

Besonderheiten der Erforschung von Nahtodeserfahrungen

Jede NTE ist einzigartig, da sie an das subjektiv Erlebte der betreffenden Person gebunden ist. Dennoch gleichen sich die Erfahrungen jeweils in ihrem Wesen und ihren Konsequenzen.

Zwar kann der Ablauf der Nahtodeserfahrung – obwohl Millionen von Betroffenen erstaunlich einheitlich darüber berichten – nicht verifiziert werden, weil er auf Zeugnissen beruht, die von subjektivem Empfinden durchsetzt sind, doch verhält es sich anders mit den bei diesen Personen festgestellten positiven Veränderungen. Die Experiencer gehen tiefgreifend und dauerhaft gewandelt, mit veränderten Wertbegriffen, aus ihrem Erlebnis hervor, und vom Wunsch beseelt, ihren Mitmenschen zu helfen, beschließen viele, ihrem Leben eine neue Orientierung zu geben. Auch diese Veränderungen sind bei allen Verschiedenheiten der Nahtodeserfahrenen durch eine große Ähnlichkeit gekennzeichnet. Diese radikalen Verhaltensänderungen erschließen sich leicht einer gründlicheren Analyse.

Was ein Mensch, der eine Nahtodeserfahrung erlebte, empfunden hat, ist definitionsgemäß subjektiv, persönlich und schwer zu verallgemeinern. Die Forschung sieht sich bei der Nahtodeserfahrung einem Phänomen gegenüber, das mit herkömmlichen wissenschaftlichen Methoden weder erfaßt noch quantifiziert, noch beobachtet werden kann. Mit Ausnahme der OBE (*out-of-body experience* = Erfahrung, sich außerhalb seines physischen Leibes zu befinden; außerkörperliche

Erfahrung = AKE; exakte und reversible Trennung von Körper und Bewußtsein), die sich relativ leicht verifizieren läßt, muß die Forschung über Nahtodeserfahrung sich mit dem Transzendenten auseinandersetzen. Es gibt zwei Möglichkeiten, die NTE anzugehen. Die erste besteht darin, die Nahtodeserfahrung als eine Berührung mit dem Transzendenten zu deuten. Die zweite ist kartesianisch. Man kann sich dafür entscheiden, sich strikt an das Beobachtbare zu halten, an das »Vernunftgemäße«, aber dann bleibt das Rätsel ungelöst, denn es scheint mir, daß gerade das Beobachtbare, das Meßbare, das Materielle uns den Zugang zur Wahrheit verwehrt, wie ein Schleier, der die Wahrheit jenseits des Sichtbaren überdeckt und verbirgt.

Zielrichtung der Forschung

Derzeit konzentriert sich die Forschung hauptsächlich auf die psychologischen Aspekte der Nahtodeserfahrung. Zahlreiche Studien haben sich mit der Analyse der Erfahrung, ihres Verlaufs und der positiven, tiefgreifenden und dauerhaften Veränderungen, die für den Betroffenen charakteristisch sind, befaßt. Obwohl die Hypothesen und Überlegungen, die von den Autoren geäußert wurden, keineswegs alle Aspekte dieses vielschichtigen Phänomens erfassen, scheint die Forschung sich nun stärker auf die physiologischen Seiten des Phänomens zu richten. Diese Untersuchungen stecken aber derzeit noch in den Kinderschuhen. Sie gehen über den Bereich des Mentalen hinaus und untersuchen die bei manchen Betroffenen festgestellten physiologischen Veränderungen.

Fragen, die sich aus der Nahtodeserfahrung ergeben

Die Vorstellung vom Überleben des Bewußtseins war seit je ein Akt des Glaubens und stellt das eigentliche Wesen aller großen Religionen dar. Mir scheint, daß es heute dank der Zeugnisse der Experiencer einen anderen, einen empirischeren und weniger persönlichen Einsatz erfordernden Weg gibt, der diese überlieferte Vorstellung bekräftigt.

Seit Urzeiten versucht der Mensch, die Realität einzukreisen, die weitaus mehr umfaßt als unsere Wahrnehmung des Wirklichen. Die Erforschung der Nahtoderfahrung bietet neue Möglichkeiten der Untersuchung, da sie den Zugang zu einer Dimension zu eröffnen scheint, die nicht mehr einfach nur ein rein theoretisches Konzept ist, sondern künftig auf empirischerer Ebene erforscht werden kann, da sie von unzähligen Experiencern erlebt und beschrieben wurde. Die Philosophie erforscht seit jeher die Realität, ausgehend von der Raum-Zeit-Entität. Nun, bei einer Nahtoderfahrung gibt es nicht mehr Raum noch Zeit im gewohnten Sinn, sondern einen völlig anderen Begriff von Raum und Zeit, der vielleicht dem der Quantenphysik verwandt ist. Es erscheint mir nicht zu gewagt, die Hypothese aufzustellen, daß die Erforschung der Nahtoderfahrung zu größeren Entdeckungen führen könnte, welche die Erkenntnisse der Quantenphysik bestätigen und die klassischen philosophischen Theorien vielleicht erschüttern könnten.

Das Leben, so wie wir es heute definieren, ist von der Zeit bestimmt. Die vitalen unterscheiden sich von den nichtvitalen Phänomenen durch den Faktor Zeit, der die eigentliche Ursache ihres Funktionierens ist. Die Erforschung der Nahtoderfahrung zwingt uns, so scheint es mir, die mögliche Existenz eines rationalen, emotionalen, extrem leistungsfähigen und also alle Eigenschaften des Lebendigen umfassenden Bewußtseins zu bedenken, das sich in einer zeitlosen Dimension befindet. Ist wohl das Gesetz, welches das Lebendige an den Faktor Zeit koppelt, hinfällig? Das philosophische Denken ist von der Idee des einverleibten Lebendigen, nie des vom Leiblichen losgelösten Lebendigen, bestimmt. Angesichts der zahlreichen Zeugnisse von Experiencern, die uns einhellig sagen, daß sie sich während ihrer Nahtoderfahrung bewußt oder vielmehr überbewußt, aber von ihrem physischen Leib losgelöst erlebten, stellt sich die Frage, ob wir nicht eine Hypothese des von der Materie und vom Raum-Zeit-Begriff befreiten Lebendigen überdenken sollten.

Untersuchungen auf dem Gebiet der Thermodynamik, im besonderen die von ILJA PRIGOGINE, führten zu den Begriffen der Entropie

und der negativen Entropie, mit anderen Worten, sie haben uns gelehrt, daß die Ordnung aus der Unordnung entsteht. Bei dieser Sichtweise kann man sagen, daß der Tod des Menschen aus einer vollständigen Desorganisation der lebenswichtigen Funktionen resultiert,
also aus maximaler Unordnung. Bewirkt man in einem lebendigen
System tiefgreifende Veränderungen, dann hat dies gewöhnlich zur
Folge, daß sich das System in die Richtung einer höheren, autonome-
ren, leistungsfähigeren Funktionsweise entwickelt. Diese Unordnung
– die im Augenblick des Todes eines Menschen entsteht – könnte
demnach ein zweckgerichteter Prozeß und dazu bestimmt sein, das
menschliche Bewußtsein, seine Essenz, zu einer Zustandsänderung zu
führen.

Da die Natur sich beständig zu größerer Komplexität entwickelt –
diese Feststellung bewahrheitet sich auf allen Ebenen –, scheint es logischerweise absurd, daß ein so kompliziertes Geschöpf wie der
Mensch, der ein höchst leistungsfähiges Bewußtsein besitzt, im Augenblick des Todes dem totalen Nichts anheimfallen sollte. Ausgehend von der allgemeinen Funktion des Lebendigen könnte man postulieren, daß sich der Mensch durch eine Zustandsänderung zu
höherer Reife entwickelt. Dann ließe er die Materie, deren Schicksal
die Auflösung ist, hinter sich, aber sein eigentliches Wesen würde einer ganz anderen Bestimmung zugeführt.

Der Experiencer

Die Nahtodeserfahrung verändert den Menschen, der sie erlebt, tiefgreifend und nachhaltig. Durch die Erfahrung, die er machen durfte,
wird der Experiencer zugleich empfindsamer und stärker. Er wird
feinfühliger, weil er, nur knapp dem Tode entronnen, ein schweres
Trauma erlitten hat. Nachdem er den Zustand des unmittelbar drohenden Todes überwunden hat, befindet er sich oft in einer kritischen
körperlichen Verfassung, infolge der Erkrankung oder des Unfalls, die
ihn an die Grenze des Lebens geführt haben. In zahlreichen Fällen

sind die Nahtodeserfahrenen außerstande, die Erfahrung, die sie gemacht haben, in Worte zu fassen, sie sind aber dennoch zutiefst überzeugt, daß diese für sie sehr bedeutsam ist.

Viele Menschen, die eine NTE erlebten, haben versucht, mit ihren
Ärzten, den Pflegepersonen oder ihren Freunden und Angehörigen
darüber zu sprechen, und trafen auf Verständnislosigkeit oder schwere
Vorbehalte hinsichtlich ihres Geisteszustandes! Über ihre körperlichen
Probleme hinaus werden diese Menschen dann ausgegrenzt, isoliert in
der Aneignung dieser Erfahrung, die sie als entscheidend für ihre Zukunft erahnen. Sie leiden unter der Kluft zwischen ihrer Sehnsucht
nach diesem Zustand von tiefer Ausgeglichenheit, Glück und Liebe,
den sie erlebt haben, und der Schwierigkeit, sich wieder in einen fa-
miliären und gesellschaftlichen Rahmen zu fügen, an dessen Tun und
Treiben sie sich, trotz gutem Willen, nicht mehr beteiligt fühlen und
dessen Wert- und Zielvorstellungen sie nicht mehr teilen können. Somit beginnt ein langer, schwieriger Weg, der sich manchmal über
Monate oder gar Jahre erstreckt, zu einer neuen Lebensweise.

Die Wandlung, die für alle Menschen, die eine Nahtodeserfahrung
machten, charakteristisch ist, setzt nicht schon am Tage nach diesem
Erlebnis ein. Sie ist das Ergebnis einer langen Suche, erfüllt mit Fragen, Innenschau und gescheiterten Versuchen, wieder wie zuvor zu
werden. Der Experiencer ahnt, daß sein Leben endgültig aus der Spur
geraten ist, aber welche neue Richtung soll er einschlagen? Oft stellt
er sich quer, versucht die Augen vor dieser neuen Realität zu schließen, aber die Eindringlichkeit und die Kraft, die das Bedürfnis nach
Veränderung beseelen, sind stärker als die Angst, die es ihm einflößt.
Auch wenn die Nahtodeserfahrung ein Geschenk ist – und ich bin
überzeugt, daß dies der Fall ist –, bleibt ihre Aneignung schwierig,
qualvoll, aber unerläßlich und unausweichlich. Haben die Experiencer
ihren Weg gefunden, sind sie stärkere und zweifellos bessere Menschen
als wir. Stärker, weil sie die Angst vor dem Tod überwunden haben,
besser, weil sie ihrem Leben einen wahren Sinn zu geben vermögen.
Die eher theoretischen Werte der Religionslehren werden ihnen zur
Wahrheit, zu einer Selbstverständlichkeit und einem vitalen Bedürfnis. Die gewählten Richtungen sind vielfältig, aber stets getragen vom
Willen, sich in den Dienst des Nächsten zu stellen. Der Nahto-

deserfahrene findet erst dann seinen Frieden, wenn er diesen neuen Weg, der sich ihm erschließt, erkennt und akzeptiert.

Der Mensch, der eine Nahtodeserfahrung gemacht hat, zeichnet sich auch durch bemerkenswerten Wissensdurst und Erkenntnisstreben aus. Seine Weltanschauung ändert sich radikal. Er fühlt sich in eine Gesamtheit integriert, deren Umrisse er erkannt hat, und er empfindet ein starkes Bedürfnis, ihr Walten zu begreifen.

Auch die Selbstbejahung, das Selbstwertgefühl nehmen nach einer Nahtodeserfahrung bedeutend zu. HENRY H., der mich an seiner Nahtodeserfahrung teilhaben ließ und dessen Zeugnis in dieses Buch aufgenommen wurde, drückt es sehr schlicht aus: »Was ich heute radikal anders erlebe, ist die Tatsache, daß ich mich vorbehaltlos bejahen kann, denn Gott liebt mich einfach so, wie ich bin.« Die Nahtodeserfahrung ist ein starkes Heilmittel, eine Soforttherapie, die es dem Nahtodeserfahrenen ermöglicht, sich so anzunehmen, wie er ist. Die Selbstbejahung ist der Schlüssel, um sich anderen zu öffnen. Es liegt auf der Hand, daß man sich seinem Nächsten erst zuwenden, ihm erst helfen kann – in welcher Weise auch immer –, wenn man mit sich im Frieden lebt. Diese tiefe Ausgeglichenheit ist eines der Geschenke, die der Experiencer erhalten hat.

Zwar scheint keiner der Experiencer die Rückkehr in diesen wunderbaren Zustand, den er während der Nahtodeserfahrung erlebte, provozieren zu wollen, aber alle artikulieren einmütig, daß sie keinerlei Angst vor dem Tod empfinden. Sie wissen, daß sie im gegebenen Augenblick wieder in diesen Zustand der Gnade gelangen werden, und sind daher gänzlich frei von der Angst vor dem Tod, dieser schweren Bürde, die uns Menschen auferlegt ist.

Die Experiencer zeichnen sich durch eine sehr große Toleranz gegenüber Religionen und Weltanschauungen aus. Der Name des Gottes, an den man sich wendet, ist ihnen unwichtig, da es sich um ein und dieselbe Wahrheit handelt. Ihre Einstellung zur Religion läßt sich in einem Satz zusammenfassen: Sie *glauben* nicht, sie *wissen*.

Persönlichkeitsprofil der Nahtodeserfahrenen

Wer hat das Privileg, eine Nahtodeserfahrung zu machen, diese überwältigende Freude, dieses unbeschreibliche Glück zu erleben, zu begreifen, was Liebe ist, und mit wahren Werten ins Leben zurückzukehren? Ist es ein Zufall, daß nur ein geringer Teil der Menschen,
deren Leben akut bedroht ist (dreißig Prozent), eine Nahtodeserfahrung macht, und die übrigen nicht? Die Forschung im Bereich der
exakten Wissenschaften scheint jedoch darauf hinzuweisen, daß der
Zufall nicht existiert, auf keiner Ebene. Gibt es also medizinische
Gründe, spielen die Ursachen eine Rolle, die den Betreffenden an den
Abgrund des Lebens geführt haben? Dies ist anscheinend nicht der
Fall. Die Statistik zeigt, daß der Anteil von dreißig Prozent sich gleich-
mäßig auf lebensbedrohliche Zustände verteilt, die durch Krankheit,
Unfall oder Versuch der Selbsttötung herbeigeführt wurden. Muß
man die Erklärung eher in der Persönlichkeit des Experiencers suchen
als in den Gründen, die ihn an den Rand des Todes geführt haben?
Zweifellos. Die Wissenschaftler haben in großem Maßstab Untersuchungen durchgeführt, um gemeinsame Punkte zu entdecken.
Kenneth Ring hat sich dieser schwierigen Aufgabe gewidmet und offenbar eine Spur gefunden … Sie geht bis in die Kindheit der Experiencer zurück. Erste Ergebnisse scheinen darauf hinzudeuten, daß see-
lisches oder körperliches Leiden, eine quälende, durch Traumata wie
schlechte Behandlung oder Krankheit belastete Kindheit einen auslö-
senden Faktor darstellen könnten. Wenn diese Hypothese sich be-
stätigte, dann könnte in dem Privileg der Nahtodeserfahrung eine Art
Entschädigung liegen oder – will man jegliche Ursachendeutung vermeiden – einfach eine besondere Veranlagung dieser Personen, sich
der Erfahrung des unmittelbar drohenden Todes zu öffnen, da sie
empfindsamer, empfänglicher, bereitwilliger sind, in diesen veränderten Bewußtseinszustand zu gelangen. Verständnis, erst recht Weisheit,
geht oft aus dem Leiden hervor.

Und die übrigen siebzig Prozent? Haben auch sie ein Nahtodes-
erlebnis gehabt, und ist die Erinnerung daran in ihr Unbewußtes verdrängt worden und durch irgendeinen Abwehrmechanismus blockiert?
Und wenn ja, warum hatten sie nicht das Privileg, sich daran zu erin-

nern und für ihr weiteres Leben Nutzen daraus zu ziehen? Gibt es einen äußeren Grund, eine Selektion, oder handelt es sich um eine individuelle, unbewußte Fähigkeit oder Unfähigkeit, sich dieser Erfahrung zu öffnen und durch sie bereichert zu werden? Zur Zeit weiß es niemand, und die Schwierigkeit, diese komplizierten Mechanismen zu verstehen, liegt auf der Hand.

Psychologisches Porträt der Nahtodeserfahrenen

Der Experiencer erlebt ein breites Spektrum von Emotionen. Der Beginn der Nahtodeserfahrung, der mit dem Verlassen des physischen Leibes zusammenfällt, wird manchmal als mehr oder weniger desorientierend oder beängstigend beschrieben. Im weiteren Verlauf des Erlebens werden die emotionalen Eindrücke zunehmend positiver, bis sie – vor allem bei der Begegnung mit dem Lichtwesen – in einem Zustand unbeschreiblicher Freude und Ekstase münden. Zweifellos ist es diese Phase, die den Experiencer am tiefgreifendsten verwandelt. Einer der Zeugen, die RAYMOND A. MOODY befragte, beschreibt es wie folgt: »*Niemals* hätte ich die Gegenwart dieses Wesens verlassen mögen.« Es ist möglich, daß das Gefühl der Fremdheit oder der Angst, das an das Verlassen des physischen Leibes zu Beginn der Nahtodeserfahrung gebunden ist, von allen Betroffenen empfunden wird, aber daß es ganz einfach durch das absolute Glück schwindet, das sich im Verlauf des Phänomens einstellt. Ich bin außerdem fest davon überzeugt, daß die negativen, beängstigenden Nahtodeserfahrungen, die bei einem geringen Prozentsatz der Fälle vorkommen, solche sind, die vorzeitig unterbrochen wurden. Wie dem auch sei, es fällt auf, daß die Betroffenen eine beschleunigte und tiefgreifende emotionale Entwicklung durchlaufen. Es ist wichtig hervorzuheben, daß die Experiencer den Eindruck haben, sie hätten ihr Schicksal ganz in der Hand. Zahlreich sind die Zeugen, die berichten, daß sie in einem bestimmten Augenblick der NTE den Entschluß faßten, in ihren Körper und ins Leben zurückzukehren. Übrigens scheint es auch, daß sie einen direkten Zugriff auf ihren physischen Leib haben, und das bestätigt die derzeitige Auffassung der Ärzte, daß beim Heilungs-

prozeß in hohem Maß psychosomatische Kräfte beteiligt sind. Lassen
wir zu diesem Punkt einen Zeugen von MOODY sprechen: »*Drüben
war alles wunderbar, und alles in allem hätte ich mir nichts Besseres
wünschen mögen, als dort zu bleiben. Doch die Vorstellung, auf Erden
noch etwas Gutes zu vollenden, war ebenfalls ein aufregender Gedanke.
Darum sagte ich mir:* ›*Gut, ich muß zurückkehren und weiterleben*‹*, und
so bin ich in meinen Körper zurückgekehrt.* Ich habe sogar den Eindruck, als hätte ich selber die Blutung gestillt. *Jedenfalls ging es mir
von da an zunehmend besser.*«

Persönliche Konsequenzen: für den Forscher, für die Leser

Die Erforschung von Nahtodeserfahrungen ist in vielerlei Hinsicht
faszinierend. Erstens spricht die NTE uns alle in unserem tiefsten Innern an, denn sie entspringt der Essenz des Menschseins und wirft
die Frage nach unserem Schicksal auf. Schließlich rührt sie an sämtliche Bereiche des menschlichen Denkens und veranlaßt uns, uns Fragen zu stellen über faszinierende Themen, wie etwa das Bewußtsein,
die Funktionsweise des Gedächtnisses oder des Gehirns, die Konsequenzen aus den Erkenntnissen der Quantenphysik und noch vieles
andere.

Zweifellos kann die Nahtodeserfahrung keinem anderen For-
schungsgebiet gleichgestellt werden. Die Erfindung des Rades oder
die Entdeckung des Gesetzes der Schwerkraft waren gewiß bedeutsam
für die Entwicklung der Menschheit, aber sie haben der Existenz des
Menschen keinen Sinn gegeben. Die Erforschung der Nahtodeserfahrung ist etwas völlig anderes, sie rührt an das Wesen des Menschen,
an sein Schicksal und an seine weitere Existenz jenseits der bekannten
Grenzen. Die NTE beinhaltet gleichzeitig eine ungeheure Hoffnung
und eine große Herausforderung. Sie fasziniert uns, denn sie wird
sich zweifellos niemals ganz erklären lassen. Nur eine Fragestellung,
die wesensgemäß ohne Antwort bleiben muß, besitzt diese magische

Kraft, unser Denken bis an seine Grenzen zu weiten, es zu sublimie-
ren. Die Nahtodeserfahrung gesteht uns Bruchstücke zu, Hinweise
von unschätzbarem Wert für das Verständnis unseres manchmal
glücklichen, oft schwierigen und immer von Fragen und unsicheren
Hoffnungen begleiteten Lebens. Es genügt, den Experiencern zu lauschen, damit die Teile des Lebenspuzzles beginnen, sich langsam aber
sicher an den richtigen Platz zu schieben, damit die Dinge ihren wirklichen Stellenwert bekommen, die echten Werte ans Licht drängen,
der Sinn des Lebens in feiner Schrift erkennbar wird. In den Zeugnissen der Experiencer schimmert das Magische der Nahtodeserfahrung
durch, oft schlicht, stets aber durch Authentizität und einen Sinn für
das Teilen gekennzeichnet. Ich teile KENNETH RINGS Überzeugung,
daß es Phänomene gibt, die erklärt werden müssen, sowie solche, die
zu erforschen sind (siehe Seiten 86ff.). Die Nahtodeserfahrung bereichert uns, sie verwandelt uns, während wir sie erforschen. Worauf es
ankommt, ist nicht die Antwort, sondern der Weg dahin. Die Lösung
ist zweifellos einem bestimmten Bewußtseinszustand während des unmittelbar drohenden Todes inhärent und kann nur unter dieser Be-
dingung assimiliert werden. Das letzte Teilchen des Puzzles wird sich
wahrscheinlich im entscheidenden Augenblick ganz natürlich und
harmonisch einfügen.

(1) Professor für Neurophysiologie, ehemals Direktor der Ecole Pratique des
    Hautes Etudes in Paris.
(2) Professor für Biologie, ehemals Laborleiter am Zentrum für Nuklearfor-
    schung in Saclay und ehemals Professor an der Universität von Paris.
(3) Professor für Psychologie an der Universität von Connecticut, Storrs, USA.
(4) Professor für Psychiatrie an der Universität von Connecticut, Storrs, USA.
(5) Kommentar von BRUCE GREYSON in: BARBARA HARRIS und LIONEL C. BASCOM,
    Full Circle. Pocket Books, New York 1990.
(6) *Leben nach dem Tod. Die Erforschung einer unerklärten Erfahrung.* Rowohlt
    Verlag, Reinbeck bei Hamburg 1993.

Analyse der Nahtodeserfahrung und ihrer verschiedenen Stufen am Beispiel der Zeugnisse von Experiencern

Dieses Buch hat sich eine vertiefte Analyse der NTE im Licht der exakten und der Humanwissenschaften zum Ziel gesetzt. Dieses und die beiden folgenden Kapitel werden sich indes überwiegend mit Zeugnissen und Erfahrungsberichten von Experiencern auseinandersetzen. Ich habe die NTE in ihre verschiedenen Stufen gegliedert. Sie sind in der folgenden Aufstellung typographisch unterschieden. Ich möchte betonen, daß diese Unterteilung auf einer persönlichen Analyse beruht, die übrigens stärker ins Detail geht als die Klassifikationen, deren sich NTE-Forscher üblicherweise bedienen. Dadurch ergeben sich Überschneidungen zwischen einigen Untergruppen. Außerdem möchte ich nochmals und nachdrücklich darauf hinweisen, daß meines Wissens noch niemals ein Experiencer sämtliche dieser bekannten Stufen der NTE durchlebt hat. Allerdings haben manche eine bemerkenswerte Anzahl dieser Stufen erfahren. Ebensogut ist es jedoch möglich, daß nur ein Teil dieser Elemente im Gedächtnis der Zeugen haftenbleibt, selbst wenn sie alle Stufen erfahren haben.

Ich fühle mich insbesondere den nachfolgend genannten Autoren verpflichtet, aus deren hier aufgeführten Werken ich mit Genehmigung der Verlage zitiere:

RAYMOND A. MOODY: *Leben nach dem Tod.* Die Erforschung einer unerklärten Erfahrung. Deutsch von L. Mietzner/H. Gieselbusch. Copyright © 1977 by Rowohlt Verlag GmbH, Reinbek bei Hamburg 1993.

MELVIN MORSE und PAUL PERRY: *Verwandelt vom Licht.* Über die transformierende Wirkung von Nahtodeserfahrungen. Deutsche Ausgabe © 1994 Droemer Knaur Verlag, München 1994.

KENNETH RING: *Den Tod erfahren – das Leben gewinnen.* Erkenntnisse und Erfahrungen von Menschen, die an der Schwelle zum Tod gestanden und überlebt haben. © Deutsche Rechte by Scherz Verlag, Bern und München 1986.

Im Zusammenhang mit einer Nahtodeserfahrung sind also folgende Faktoren zu diskutieren:

1. *Entkörperlichung*
2. *Tunnelerlebnis*
3. *Erscheinung von Wegbegleiter und Schutzengel*
4. *Begegnung mit Lichtwesen oder absolute Liebe*
5. *Gefühl umfassenden Begreifens und unendlichen Glücks*
6. *Wahrnehmung wunderbarer Landschaften*
7. *Erblicken einer Lichtstadt*
8. *Universale Erkenntnis*
9. Wissensdurst
10. *Steigerung der intellektuellen Fähigkeiten*
11. *Fortbestehen des Gefühls der eigenen Identität*
12. *Gewißheit, Teil des Universums zu sein*
13. *Verändertes Zeitgefühl*
14. *Verändertes Schweregefühl*
15. *Eindruck rasender Geschwindigkeit*
16. *Gefühl, ohne Körper zu sein oder einen anderen Körper zu haben*
17. *Begegnung mit verstorbenen Angehörigen oder nahestehenden Personen*
18. *Lebensrückblende*
19. *»Jüngstes Gericht«*
20. *Optische Wahrnehmung*
21. *Akustische Wahrnehmung*
    (*Hören von Stimmen lebender Personen – Hören von Stimmen verstorbener Personen oder des Lichtwesens*)
22. *Tastsinn*
23. Geruchs- und Geschmackssinn
24. *Vision einer Grenze*
25. *Rückkehr ins Leben*
    (*Rückkehrpflicht – Rückkehrwunsch – Unentschlossenheit – freier Entschluß*)

26. *Art und Weise der Reintegration des physischen Leibes*
27. Schwierigkeit, sich im normalen Leben wieder zurechtzufinden
28. Unmöglichkeit, Nahtodeserfahrung in Worte zu fassen
29. Prophetische oder hellseherische Nahtodeserfahrung
30. Durch Nahtodeserfahrung induzierte parapsychologische Fähig-
    keiten
31. Visionen im Augenblick des Sterbens

1. Die *Entkörperlichung* oder das Verlassen des Körpers stellt die erste
Stufe einer NTE dar. Sie erzeugt eine OBE *(out-of-body experience,*
außerkörperliche Erfahrung). Die betroffene Person sieht ihren Körper aus einer gewissen Höhe von außen. Es ist festzuhalten, daß eine
OBE unabhängig vom Zustand des unmittelbar drohenden Todes
eintreten kann. Entsprechend begabte Menschen können eine OBE
sogar willentlich herbeiführen. Sie zählt zu den häufigsten parapsychologischen Erscheinungen. MELVIN MORSE und PAUL PERRY zufolge *(Verwandelt vom Licht)* sollen sechzehn Prozent der Amerikaner
mindestens einmal im Leben eine Entkörperlichung erlebt haben.
Zweifellos läßt sich diese Stufe der NTE am ehesten verifizieren, ist
sie doch die einzige, die nicht gänzlich vom subjektiven Empfinden
des Experiencers abhängt. Unter den NTE-Forschern hat eine
entsprechende Anekdote die Runde gemacht, die sie gern bei ihren
Symposien erzählen: Im Verlauf eines chirurgischen Eingriffs erlebte
ein Amerikaner eine NTE. Während seiner Entkörperlichung fand er
sich auf dem Dach der Klinik wieder, in der er behandelt wurde. Er
war noch nie in der fraglichen Klinik gewesen, in die man ihn im ko-
matösen Zustand mit dem Krankenwagen eingeliefert hatte. Im Augenblick seiner Entkörperlichung sah er einen alten roten Schuh, der
in einen Winkel auf dem Dach des Klinikgebäudes eingeklemmt war.
Als er ins Leben zurückgekehrt war, erzählte er diese Episode dem
Ärzteteam, das die Beobachtung so abwegig fand, daß es sie nachprüfen ließ. Sie stellte sich als völlig zutreffend heraus. Es ist wahrhaftig
schwer, diese Tatsache zu erklären, ohne anzunehmen, daß während
einer OBE, im vorliegenden Fall im Zusammenhang mit einer Nahtodeserfahrung, eine Loslösung des Bewußtseins vom physischen
Leib erfolgte. Lassen wir dazu zwei Zeugen von RAYMOND A. MOODY

zu Wort kommen: »*Einer rief: ›Auf geht's, schwimmen wir über den See!‹ Das hatte ich zwar schon unzählige Male gemacht, aber an diesem Tag – warum, weiß ich nicht – ging ich fast in der Mitte des Sees unter … Ich trudelte immer auf und nieder, und dann hatte ich auf einmal das Gefühl, als ob ich mich in einiger Entfernung von meinem Körper befände, abseits auch von den anderen, in einem Bereich ganz für mich. Obwohl ich mich beständig auf der gleichen Höhe hielt, sah ich meinen Körper etwa einen Meter vor mir im Wasser auf und nieder taumeln. Ich sah ihn von hinten, ein bißchen von schräg rechts her. Ich hatte immer noch den Eindruck, eine ganze Körpergestalt zu besitzen, obwohl ich mich doch außerhalb meines Körpers befand. Ein fast unbeschreibliches Gefühl der Leichtigkeit erfüllte mich; ich kam mir vor wie eine Feder.*« – »*Ungefähr vor einem Jahr wurde ich wegen Herzbeschwerden ins Krankenhaus eingeliefert. Als ich am nächsten Morgen im Krankenhaus im Bett lag, spürte ich auf einmal einen sehr heftigen Schmerz in der Brust. Ich drückte auf den Knopf neben dem Bett, um die Schwestern zu rufen, und sie kamen herbei und begannen, sich um mich zu kümmern. Da ich es auf dem Rücken kaum aushalten konnte, drehte ich mich herum, und dabei stockte mir der Atem, und der Herzschlag blieb weg. Im selben Augenblick hörte ich die Schwestern rufen: ›Herzstillstand!‹ Ich fühlte, wie ich aus meinem Körper austrat und zwischen Matratze und Seitengitter des Bettes hinabglitt – es kam mir eigentlich eher so vor, als ob ich mich durch das Gitter hindurchbewegte –, bis ich am Boden ankam. Und von da stieg ich ganz langsam in die Höhe. Während des Emporsteigens sah ich immer mehr Schwestern ins Zimmer gelaufen kommen, es müssen wohl etwa ein Dutzend gewesen sein. Sie riefen meinen Arzt, der sich gerade auf seiner Runde durchs Krankenhaus befand, und auch ihn sah ich hereinkommen. Ich dachte: ›Was will er eigentlich hier?‹ Ich wurde immer weiter hinaufgetrieben, an der Lampe vorbei – ich sah sie ganz deutlich von der Seite –, bis ich unter der Decke zum Stillstand kam; dort oben schwebend, blickte ich hinunter. Fast kam ich mir vor wie ein Stück Papier, das zur Decke hochgeblasen wurde. Von da oben sah ich zu, wie man mich wiederbelebte! Klar und deutlich bot sich mir mein Körper dar, wie er da unten ausgestreckt auf dem Bett lag, um das sie alle herumstanden. Eine Krankenschwester hörte ich sagen: ›O Gott, sie ist tot!‹, während eine andere sich hinunterbeugte, um mir Mund-zu-Mund-Be-*

atmung zu geben. Dabei blickte ich ihr auf den Hinterkopf, *auf ihr ziemlich kurz geschnittenes Haar. Den Anblick werde ich nie vergessen. Und dann kamen sie mit ihrer Maschine an, und ich sah, wie sie mir die Elektroden auf die Brust setzten. Als sie mir den Schock gaben, konnte ich sehen, wie mein Körper förmlich vom Bett in die Höhe schnellte, und ich hörte sämtliche Knochen darin knacken und rucken. Das war wirklich furchtbar! Als ich sie da unten auf meinen Brustkorb klopfen und meine Arme und Beine reiben sah, dachte ich: ›Warum geben sie sich bloß so viel Mühe, wo es mir doch jetzt so gut geht!‹«*

Manchmal haben die Experiencer Schwierigkeiten, ihren Körper wiederzuerkennen. Es stimmt ja auch, daß wir nicht gewohnt sind, ihn von außen zu betrachten. Einer von MOODYS Zeugen äußerte sich dazu wie folgt: *»Daß ich so aussehe – Mann, nie im Leben hätte ich das gedacht! Wissen Sie, normalerweise kenne ich mich nur von Bildern her oder von vorne im Spiegel, und da sehe ich natürlich ganz* flach *aus. Aber auf einmal lag ich – oder vielmehr mein Körper – da vor mir, und ich konnte ihn mir besehen. Ich konnte ihn deutlich sehen, ganz genau, etwa eineinhalb Meter vor mir! Es dauerte tatsächlich ein Weilchen, bevor ich mich selbst erkannte.«*

Ein Mann, der sich in dem Buch von MORSE und PERRY äußert, nachdem er einige Jahre zuvor beinahe ertrunken wäre, kehrt die Frage um, indem er sagt: *»Ich glaub' sehr an Gott. Ich glaube, Gott hat mich aus meinem Körper rausgeholt und mich an einem sehr sicheren Ort behalten, als ich beinah ertrunken wär'.«*

2. Nach der Entkörperlichung hat der Experiencer das Gefühl, in einen dunklen *Tunnel* einzudringen und sich mit sehr großer Geschwindigkeit unaufhaltsam auf ein strahlendes Licht am Ende des Tunnels hin zu bewegen. Diese Stufe kann von einem harmonischen, gelegentlich auch von einem unangenehmen Geräusch begleitet sein. Ein Zeuge, den RAYMOND A. MOODY befragte, erklärte: *»Als erstes – es ging alles unglaublich schnell – jagte ich mit Supergeschwindigkeit durch ein finsteres, schwarzes Vakuum. Man könnte es wohl mit einem Tunnel vergleichen, nehme ich an. Es kam mir vor wie auf dem Jahrmarkt Achterbahnfahren, so mit enormer Geschwindigkeit durch diesen Tunnel zu fegen.«*

In diesem Zusammenhang ist auch ein Zeugnis bemerkenswert, das KENNETH RING notiert hat: »*Ich wußte, daß ich entweder schon tot war oder gleich sterben würde. Aber dann passierte etwas. Es war so ungeheuerlich, so mächtig, daß ich mein Leben vergaß, um zu sehen, was es war. Ich wollte dabeisein, dazugehören, und ich merkte, wie ich schwebte, auf etwas zuschwebte, das aussah wie ein langer Lichttunnel. Aber es war nicht nur Licht, es war auch Energie, und am Ende war es sehr hell. Ich wollte es sehen, es berühren. Es gab keine irdischen Geräusche. Nur Feierlichkeit, fremdartige Musik, wie ich sie noch nie gehört hatte. Eine Symphonie von unbeschreiblicher Schönheit, die sich mit dem Licht verband, dem ich mich näherte. Ich gab mein Leben auf, ließ es hinter mir zurück, um dahin zu kommen. Es war so wunderbar. Ich wollte nicht zurück ins Leben. Denn das, was dort vor mir lag, war so herrlich und schön, daß mich nichts davon abhalten konnte, dorthin zu gelangen.*«

3. Zahlreiche Experiencer berichten, in diesem Stadium der NTE von *Begleitern* oder *Schutzengeln* erwartet worden zu sein, die sie trösten und geleiten wollten. Hierzu ein Zeuge, den MOODY erwähnt: »*Als ich tot war und mich in jener Leere befand, da sprach ich mit anderen Menschen – aber ich könnte dennoch nicht behaupten, daß ich mit* Körperwesen *gesprochen hätte. Trotzdem hatte ich das Gefühl, daß sich rings um mich Menschen befanden. Ich konnte ihre Gegenwart spüren und fühlen, daß sie sich bewegten, obwohl ich niemals jemanden ›gesehen‹ habe. Ich sprach immer wieder einmal mit einem von ihnen, jedoch ohne sie dabei je zu Gesicht zu bekommen. Und jedesmal wenn ich fragte, was eigentlich vorgehe, sandte mir einer von ihnen getreulich einen Antwortgedanken zurück: Es sei alles in Ordnung, ich stürbe, es würde mir jedoch gutgehen. Deshalb machte ich mir nie Sorgen um meinen Zustand. Auf jede Frage, die ich stellte, bekam ich ausnahmslos eine Antwort. Sie ließen mich nie im unklaren.*«

Ich möchte hier noch die Aussage eines Jungen wiedergeben, die MORSE und PERRY zitieren: »*Ich schaute hoch und war plötzlich im Fallen, aber es fühlte sich mehr wie ein Schweben an. Ich hörte, wie eine Stimme zu mir sagte, keine Angst zu haben, sondern mich ganz still zu verhalten und nach oben zu schauen und das Genick nicht zu bewegen. Sie sagte, es würde weh tun, aber es würde noch mal gutgehen. Neben*

*mir sah ich ein kleines Mädchen in der Luft schweben. Es leuchtete ganz
hell, doch es tat mir nicht in den Augen weh, zu ihm hinzuschauen. Ich
machte, was mir gesagt worden war, und kam hart auf und brach mir
das Schlüsselbein. Als ich dann beim Arzt war, hörte ich ihn zu meiner
Mutter sagen, daß ich mir das Genick gebrochen hätte, wenn ich den
Kopf nach links oder rechts gedreht hätte. Ich hatte nur getan, was das
kleine Mädchen gesagt hatte, und war heil davongekommen.«*

4. Als nächste Episode folgt die Begegnung mit dem *Lichtwesen*, die
Vision eines strahlend schönen Lichts, Inbegriff absoluter Liebe und
absoluten Begreifens, das intensiver ist, als ein irdisches Licht je sein
könnte, und gleichwohl nicht blendet. Es scheint von starker symbolischer Bedeutung erfüllt zu sein. Die Kommunikation zwischen dem
Lichtwesen und dem Experiencer erfolgt augenblicklich und wortlos.
Ich zitiere hierzu vier Zeugen von KENNETH RING: »*Es ist, als würde
man selbst dazugehören, als wäre man eins mit diesem Licht. Ich könnte
sagen: ›Ich war Frieden, ich war Liebe.‹ Ich war die Helligkeit, sie war
Teil von mir …*« – »*Währenddessen breitete sich ein so starkes Gefühl in
mir aus, als würde mich das Licht, das dieses Wesen umgab, einhüllen
und zugleich in jeden Teil von mir eindringen. Als ich die Energie in mich
aufnahm, spürte ich eine tiefe Wonne.*« – »*Als das Licht auf mich zukam,
wurde es zu einer Person – das heißt, eigentlich war es keine ›Person‹. Es
war ein Wesen, das Strahlen aussandte. Und im Innern dieses strahlenden,
leuchtenden Lichts, das irgendwie silbrig aussah – weiß, mit einem Stich
ins Silbrige –, befand sich … ein Mensch … also, es sah jedenfalls aus wie
ein Mensch, wissen Sie, es war die erste Person, die auftauchte, und ich
spürte, wie dieses Gefühl der Liebe in mir immer ehrfürchtiger und reiner
wurde, je näher das Licht mir kam – ich würde das Gefühl jedenfalls Liebe nennen …*« – »*Und dieses enorm helle Licht schien mich einzuhüllen.
Ich schien nur noch in ihm zu existieren und ein Teil von ihm zu sein und
von ihm genährt zu werden, und dieses Gefühl wurde immer stärker und
stärker und immer wunderbarer und vollkommener. Und es war alles –
alles in einem –, wenn man die tausend schönsten Dinge nimmt, die einem im Leben begegnet sind, und sie mit einer Million multipliziert,
dann hat man vielleicht annähernd dieses Gefühl, ich weiß es nicht. Aber
es hüllt einen völlig ein, und man weiß plötzlich furchtbar viel.*«

Lassen wir noch einen Zeugen von MORSE und PERRY sprechen: »*Ich bat darum, von meinem Krebs befreit zu werden. Ich betete tatsächlich. Und das Licht sagte zu mir, daß das, was wir für ein Gebet halten, eher ein Sichbeklagen ist und daß wir häufig für etwas bestraft werden wollen, was wir in Zukunft gleich wieder tun werden. Es forderte mich auf, an meinen schlimmsten Feind zu denken, und das machte ich. Dann sagte es, ich sollte meinem schlimmsten Feind alles Licht in mir schicken. Das tat ich, und da schoß plötzlich Licht aus mir hervor und kam wieder zurück, als wäre es von einem Spiegel reflektiert worden. Ich wurde mir jeder Zelle meines Körpers bewußt. Ich konnte jede Körperzelle sehen. Es war der Klang und der Anblick des Lichts, das aus meinem Sein strömte. Ich weinte und lachte und zitterte, versuchte ruhig zu werden und tief Luft zu holen. Als ich mich schließlich wieder gefangen hatte, meinte das Licht: ›Jetzt hast du das erste Mal in deinem Leben gebetet.‹*«

5. Die Begegnung mit dem Lichtwesen erzeugt ein Gefühl *absoluten Glücks, allumfassender Erkenntnis und tiefen Friedens*. Ganz sicher ist dies eine der symbolischsten und am tiefgreifendsten verwandelnden Stufen. Zwei von KENNETH RING zitierte Zeugen beschreiben dies sehr eindringlich: »*Jetzt noch, beim Schreiben, bin ich von Ehrfurcht erfüllt. Es gibt keine Worte, in keiner Sprache, die etwas so Großartiges beschreiben könnten. Selbst der begabteste Literat könnte, wenn er das Glück hätte, diesen begnadeten Zustand zu erleben, nur einen dürftigen Abglanz dieser wahren Schönheit schaffen. Ich weiß bis heute nicht, wo ich war – meiner physischen Existenz auf der Erde, meiner Freunde, meiner Familie oder meiner Verwandten war ich mir nicht mehr bewußt. Ich befand mich in einem Zustand, der aus nichts anderem bestand als Bewußtsein, aber was für ein erhabenes Bewußtsein! Es war wie die Wiedergeburt in eine andere, höhere Art Leben…*« – »*Es schien, als würden sich* Wahrheiten *vor mir auftun. Gedanken rollten in Wellen über mich hinweg – Ideen, größer und reiner, als ich je zu denken gewagt hätte, kamen mir jetzt wie von selbst in den Sinn. Schwierige gedankliche Inhalte enthüllten sich mir mühelos in ihrem ganzen Umfang, wenn auch nicht in logischer Folge. Ich verstand einfach alles in Anwesenheit dieses herrlichen Wesens. Mir wurde klar, daß Leben Bewußtsein ist – dieses Bewußtsein, das hinter unserer Persönlichkeit steht, war immer da und wird immer*

dasein. Ich weiß jetzt, daß der Sinn des Lebens nichts mit mir, mit meinem kleinen Ich, zu tun hat; das Leben besitzt seinen eigenen Sinn. Mir wurde klar, daß es weiterströmen wird, wie auch ich weiterbestehen werde. Und eine heitere Ruhe erfüllte mich. Währenddessen breitete sich ein so starkes Gefühl in mir aus, als würde mich das Licht, das dieses Wesen umgab, einhüllen und zugleich in jeden Teil von mir eindringen. Als ich die Energie in mich aufnahm, spürte ich eine tiefe Wonne, anders kann ich es nicht beschreiben – dieses Gefühl war lebendig, bewegend, herrlich, anschwellend, überschwenglich – absolute Wonne. *Es wirbelte um mich herum und durchdrang meine Brust, strömte durch meinen Körper, und für eine unbeschreibliche Zeit war ich eingetaucht in Liebe und Bewußtsein.«*

6. Die Zeugen beschreiben *herrliche Landschaften,* die von prächtigen, fremdartigen Blumen geziert sind und in Farben von unvorstellbarer Schönheit und Intensität prangen. Diese Beschreibungen, die auf sublimierten irdischen Darstellungen gründen, lassen mich an eine Dimension denken, die für den Experiencer nur durch eine vom Imaginären erzeugte Symbolisierung verständlich wird. Diese Deutung wurde in dem Gespräch analysiert, das ich mit KENNETH RING geführt habe (siehe Seiten 86 ff.). Ich gebe hier den von MORSE und PERRY zitierten Bericht einer Frau, die mit neun Jahren eine NTE erlebte, ungekürzt wieder: *»Mit neun Jahren wurde ich aus einem unerfindlichen Grund krank. Ich hatte 41 Grad Fieber oder mehr und war einige Male beim Arzt. Als offensichtlich wurde, daß es nicht aufwärtsging mit mir, mußte ich auf Entscheidung des Arztes hin ins Krankenhaus. Das brachte aber auch keine Besserung. Im Laufe der nächsten Tage stieg das Fieber sogar noch. Sie machten alle nur erdenklichen Tests mit mir, konnten aber die Ursache für das Fieber nicht finden. Schließlich entschied ein Team von drei oder vier Kinderfachärzten, sie müßten das Fieber herunterbringen oder ich würde einen Hirnschaden erleiden. Ich war inzwischen schon sehr schwach, und die Ärzte gaben ihrer Besorgnis Ausdruck, daß ich dieses Fieber nicht mehr lange würde überstehen können. Zuletzt beschlossen die Ärzte, drastische Maßnahmen zu ergreifen: Sie zogen mich nackt aus und packten mich zwischen Eiswürfel mit einem Leintuch über dem Ganzen. Eine Schwester stand daneben, um alle paar Minuten meine Temperatur zu messen. Als sie mich auf diese Weise*

ganz einpackten, wurde ich ohnmächtig. Ich kam mir vor, als ob ich schwebte, und alles um mich herum war dunkel und angenehm. Und dann kam er, dieser Tunnel aus Licht mit dem ungemein hellen Licht am Ende. Irgend jemand stand mir bei, durch diesen Tunnel hochzukommen. Als ich an seinem Ausgang anlangte, hatte ich eine wunderschöne Aussicht: Vor mir lagen lauter Blumenwiesen, und rechts von mir lief eine hübsche Straße, und die Bäume waren bis zur halben Höhe weiß angestrichen, und ein weißer Zaun war auch da. Es war wunderschön. Und auf der Wiese ganz rechts waren die phantastischsten Pferde, die ich je gesehen hatte. Ich mußte zwar über zwei Zäune klettern, wenn ich zu ihnen hinkommen wollte, aber mit meinen neun Jahren war das kein Problem, und ich machte mich auf den Weg. Nachdem ich ein Stück in diese Richtung gelaufen war, tauchte neben mir so ein weißes Licht auf, so eine Erscheinung, die freundlich und gar nicht bedrohlich war. Die Erscheinung sagte: ›Wohin willst du?‹ Und ich antwortete: ›Ich möchte da hinüber.‹ Und sie sagte darauf: ›Prima! Gehen wir zusammen.‹ Unterwegs gab es viele Blumen, deren Namen ich nicht kannte, und ich fragte, wie sie hießen, und pflückte welche im Gehen. Und dabei redete ich mit diesem blendenden weißen Licht, das alle Farben hatte und gleichzeitig gar keine Farbe. Und es hatte an sich kein Gesicht mit Gesichtszügen, aber das störte mich gar nicht. Ich erinnere mich, daß ich zurückschaute und durch den Tunnel auf die Leute hinuntersah, die da alle um mein Bett herumstanden, und es kümmerte mich nicht, daß ich hier oben war und mein Körper da unten. Es ging mir sogar sehr gut dabei. So redete ich also mit diesem Licht und wanderte zu diesen Pferden hinüber. Und gerade hatte ich das Bein über den obersten Querbalken des Zauns geschwungen und wollte auf die Pferdeweide, als so eine Stimme aus dem Nichts sagte: ›Das geht nicht. Ihre Zeit ist noch nicht gekommen. Sie muß zurück.‹ In dem Moment umklammerte ich den Querbalken, weil ich nicht zurückwollte. Das war das allerletzte, was ich wollte. Und dann haben die Stimme und das weiße Licht noch ein wenig miteinander gesprochen und beschlossen, daß ich zurückkehren müsse. Da rastete ich völlig aus. Ich klammerte mich am Zaun fest und schlang die Arme und Beine drumherum und ließ nicht los. Die Stimme lachte nur. ›Komm, das kannst du später noch haben. Aber jetzt ist nicht die Zeit dafür. Und einen Wutanfall zu kriegen tut dir gar nicht gut.‹ Und ohne mein Zutun schwebte

ich über der Weide und hinein in den Tunnel und war auf dem Rück-
weg. Und ich schrie und kreischte, beißend und um mich schlagend,
doch diese Hand führte mich sachte den Tunnel hinunter, den ich hoch-
gekommen war. ›Warum kann ich denn nicht bleiben?‹ zeterte ich. ›Weil
es für dich noch etwas zu tun gibt‹, erwiderte die Stimme. Und ich spür-
te, wie diese Hand mich sanft durch denselben Tunnel, den ich heraufge-
kommen war, wieder hinunterführte und ich in meinen Körper zurück-
schnellte. Ich weiß noch, wie ich in meinem Bett lag und zu einem Arzt
hochschaute, der erschrocken neben dem Bett stand. Mit einem Seufzer
der Erleichterung sagte er zu einer der Schwestern: ›Ach, wie gut! Sie ist
zurück!‹«

7. Die Zeugen erzählen auch von einer *Lichtstadt,* die sie mit folgenden Worten beschreiben *(Den Tod erfahren...):* »*Plötzlich brach ein*
ungeheures Licht herein, und ich wurde umgedreht ... zu diesem Licht
hin. Ganz weit von mir entfernt sah ich eine Stadt ... aber nicht so, als
würde man von einem Flugzeug aus plötzlich eine Stadt unter sich liegen
sehen ... Selbst aus dieser ungeheuren Entfernung wirkte sie riesig! *Alles*
schien gleich groß zu sein, und nichts schien die Stadt irgendwie zu stüt-
zen, und es schien auch gar nicht nötig, *sie zu stützen. Und dann wurde*
mir klar, daß das Licht aus dieser Stadt kam, daß es sich nur um einen
Laserstrahl aus Licht handeln konnte, der aus ihrer Mitte zu kommen
schien und direkt auf mich gerichtet war (...) Das erste, was ich sah, war
die Straße. Eine solche Pracht! Das einzige, womit ich sie in diesem Leben
in Verbindung bringen kann, ist Gold, aber alles war so rein und klar ...
so transparent ... Alles besaß eine derartige Reinheit und Klarheit ... Der
Unterschied [zwischen hier und dort] war auch, daß man bei Gold an et-
was Hartes und Sprödes denkt; aber dort – alles war glatt und weich.«

8. Das Lichtwesen vermittelt nicht nur ein Gefühl absoluter Liebe
und unbekannten Glücks, sondern auch den Eindruck, daß sich das
universale Wissen erschließt. Das während einer NTE erlangte Wissen
manifestiert sich auf verschiedene Weisen. Ich lasse einen Zeugen von
MORSE und PERRY zu Wort kommen: »*Plötzlich befand ich mich auf*
der anderen Seite, und alle Schmerzen waren vorbei. Ich hatte alles Inter-
esse an meinem biologischen Leben und all meine Bindung daran verlo-

*ren. [Mir wurde klar,] die Grenze zwischen Leben und Tod ist eine seltsa-
me Schöpfung unseres Geistes. Sie ist furchterregend und real, wenn man
sie von dieser Seite [der Seite der Lebenden] aus wahrnimmt, und ist
doch unbedeutend, von der anderen Seite her gesehen. Mein erster Eindruck war der vollkommener Überraschung. Wie konnte ich hier nur so
gut existieren, und wie konnte ich wahrnehmen und denken, wo ich doch
tot war und keinen Körper hatte?«*

Bei seiner Rückkehr ins Leben erinnert sich der Experiencer, daß er
Zugang zur absoluten Erkenntnis hatte, aber die Details weiß er nicht
mehr. Zwei von KENNETH RING befragte Zeugen äußerten sich folgendermaßen: *»Es war niemand, den ich kannte. Und ich sagte zu ihm:
›Ich weiß, was passiert ist, ich weiß, daß ich gestorben bin.‹ Und es sagte:
›Ja, aber du wirst nicht hierbleiben, denn deine Zeit ist noch nicht gekommen.‹ Und ich erwiderte: ›Es ist alles so wunderschön, es ist alles so
vollkommen, aber was ist mit meinen Sünden?‹ Und es antwortete: ›Es
gibt keine Sünden. Nicht so, wie ihr sie auf der Erde versteht. Das einzige, worauf es hier ankommt, ist, wie man denkt.‹ ›Was ist in deinem
Herzen?‹ fragte es mich. Und plötzlich konnte ich irgendwie in mein
Herz sehen, und ich sah, daß in meinem Herzen nur Liebe war. Und ich
verstand genau, was es meinte, und sagte: ›Ja, natürlich.‹ Und ich fühlte,
daß ich es schon immer gewußt und nur vergessen hatte, bis es mich daran erinnerte. ›Ja, natürlich!‹ Und dann fragte ich: ›Da ich nicht bleiben
kann, da ich zurück muß, möchte ich noch etwas wissen. Kannst du mir
sagen, was das alles zu bedeuten hat?‹ [Mit anderen Worten, sie wollte
wissen, wie ›das alles funktioniert‹.] Und das Wesen hat es mir gesagt. Es
brauchte nur zwei oder drei Sätze dazu, und ich verstand sofort alles.
Und wieder sagte ich: ›Ja, natürlich!‹ Und erneut war mir sofort klar,
daß es etwas war, das ich schon immer gewußt, aber vergessen hatte. Und
so fragte ich: ›Kann ich das alles mitnehmen, wenn ich zurückgehe? Ich
möchte es den andern dort erzählen.‹ Und es sagte: ›Die Antwort auf deine erste Frage darfst du mitnehmen – die über die Sünde –, aber die Antwort auf die zweite Frage wirst du vergessen haben.‹ [Und wie sie fest-
stellte, konnte sie sich später tatsächlich nicht mehr daran erinnern.] Und
das waren seine letzten Worte … [bevor sie ins physische Leben zurück-
kehrte].«*

Die folgende erstaunliche Beschreibung einer Stadt des Wissens gab ein Experiencer beim Gespräch mit Kenneth Ring: »... *Ich bewegte mich näher auf die Lichter zu und stellte fest, daß es Städte waren – Städte aus Licht. Und im selben Augenblick wurde mir klar, daß wir ... angekommen waren. Die Reise war zu Ende. Und ich schwebte auch nicht mehr. Ich stand auf dem Platz einer hellen, sehr schönen Stadt. Ich will die Stadt beschreiben: Das Gebäude, in das ich ging, war eine Kathedrale – gebaut im Stil der Markuskirche oder der Sixtinischen Kapelle, aber die Ziegel und Steine schienen aus Plexiglas zu sein. Es gab Plätze, die hatten eine Dimension, aber man konnte durch sie hindurchsehen, und in der Mitte jedes Platzes war dieses golden und silbern schimmernde Licht. Man konnte das Gebäude sehen – aber aufgrund der Helligkeit auch wieder nicht ... Also, diese Kathedrale bestand buchstäblich aus Wissen. Ich war am Ort des Lernens. Ich konnte es spüren ... ich wurde geradezu bombardiert mit Daten. Von allen Seiten stürzten Informationen auf mich ein – als hätte ich den Kopf in fließendes Wasser getaucht, und jeder Wassertropfen war eine Information, die an meinem Kopf vorbeifloß.*«

Mit diesem Zugang zum Wissen verbinden sich zahlreiche Fragen, die in dem Gespräch, das ich mit Kenneth Ring führte, analysiert werden: Liegt dieses Wissen, das zu normalen Zeiten unzugänglich, aber in einem bestimmten Bewußtseinszustand bei einer NTE verfügbar ist, in uns verborgen, oder wird es uns von außen vermittelt?

9. Nach der Rückkehr ins Leben zeigt sich die Folge dieses vorübergehenden Zugangs zum universalen Wissen oft als enormer Wissensdurst. Zahlreiche Experiencer verwandeln sich in fleißige Leser mit einem leidenschaftlichen Erkenntnisdrang, und nicht selten geschieht es, daß sie wieder die Schulbank drücken, um mehr und immer mehr zu lernen. Unter den Themen, denen sich Experiencer mit Eifer zuwenden, scheint die Quantenphysik eine bevorzugte Stellung einzunehmen, aber auch die Wissenschaft von der Organisation und den Mechanismen des Universums. Über die Veränderungen, die eine Frau bei ihrem Ehemann nach seiner NTE beobachtete, berichtet Kenneth Ring: »... ›*Was sagst du?*‹ *fragte seine Frau, die neben ihm lag.* ›*Quant*‹, *wiederholte Tom.* ›*Quant.*‹ ›*Tom, wovon um alles in der Welt redest du?*‹ ›*Ich weiß nicht*‹, *sagte Tom wie zu sich selbst. (...) Oft ver-*

wendet er Begriffe, die er in seinem ganzen Leben noch nicht gehört haben kann – wie Worte aus einer anderen Sprache –, die er aber im Zusammenhang mit der ›Licht‹-Theorie ... lernt ... Er spricht manchmal von Dingen, die sich schneller als mit Lichtgeschwindigkeit bewegen, und es fällt mir ziemlich schwer, ihn zu verstehen ... Wenn Tom ein Physikbuch aufschlägt, weiß er die Antworten bereits im voraus, scheint sie zu fühlen...«

Bei KENNETH RING findet sich ein weiteres Zeugnis zu diesem Punkt: *»Mein ganzes Leben wurde von diesem Augenblick an zu einer Suche ... gute Bücher wurden meine Freunde [früher las sie, wie sie sagte, nur Unterhaltungsliteratur] ... Ich fand mich plötzlich auf dem Campus eines College wieder. Das war mein Wunsch von jeher gewesen, aber früher war es nie dazu gekommen ... Jetzt ging ich wieder in die Schule ...«*

10. Eine *deutliche Zunahme der intellektuellen Fähigkeiten* während der NTE ist ebenfalls hervorzuheben. Sie äußert sich durch größere Schärfe und Schnelligkeit des Denkens und Urteilens. Um die ungewöhnliche Leistungsfähigkeit des Intellekts zu illustrieren, schlage ich vor, daß Sie sich folgendes Bild vor Augen halten: Bekanntlich wird das menschliche Gehirn in seiner normalen Funktion nur zu einem geringen Teil genutzt, und man könnte sagen, daß es während der NTE maximal funktioniert, seine gesamte Kapazität ausschöpft. Ich will damit nicht sagen, daß das Gehirn bei einer NTE funktionstüchtig ist. Alles scheint darauf hinzuweisen, daß dies nicht der Fall ist, und genau diese Tatsache gibt uns Rätsel auf.

So äußerte sich ein von KENNETH RING befragter Experiencer: *»Neben mir stand ein herrliches Wesen. Ich konnte keine genauen Umrisse erkennen, nur ein Licht, dessen Strahlen alles um mich herum erleuchtete und das mit einer Stimme sprach, die so sanft war ... so sanft, wie man es sich kaum vorstellen kann ... Während dieses liebevolle, aber zugleich ehrfurchtgebietende Wesen zu mir sprach, erhielt ich einen so tiefen Einblick in die Bedeutung der Dinge, daß ich es nicht mit Worten wiederzugeben vermag. Ich begriff den Sinn von Leben und Tod und hatte plötzlich keine Angst mehr.«*

11. Während der NTE besteht *das eigene Identitätsgefühl* fort. Der Ex-

periencer hat die Gewißheit, er selbst zu sein, seine Persönlichkeit, seinen Charakter, seine Erfahrung bewahrt zu haben. Mehr noch, er hat die Überzeugung, daß er noch nie so vollständig, so umfassend er selbst gewesen ist, die Konzentration, ja die Essenz seines tiefen, wahren Wesens. Eine von MORSE und PERRY zitierte Zeugin drückt es wie folgt aus: *»Es ist schwer zu erklären. In dem Moment war ich nicht die Frau meines Mannes. Ich war nicht die Mutter meiner Kinder. Ich war nicht das Kind meiner Eltern. Ich war ganz und vollständig ich selber.«* Bei MOODY erklären zwei Zeugen es so: *»Ich hatte meinen Körper verlassen und besah ihn mir nun aus etwa zehn Meter Entfernung, aber mein Denken lief noch immer in den gleichen Bahnen wie im physischen Dasein. Der Ort, an dem ich mich aufhielt und meinen Gedanken nachhing, lag etwa in meiner normalen Körperhöhe. Ich befand mich jedoch nicht in einem ›richtigen‹ Körper...«* – *»Mein Denken und Bewußtsein waren absolut dasselbe wie im Leben, aber ich konnte mir das Ganze einfach nicht erklären.«*

12. Während einer NTE empfinden die betroffenen Personen häufig die *Gewißheit, daß sie Teil eines harmonischen universalen Ganzen* sind. Sie sind überzeugt, einer kosmischen Logik anzugehören, selbst wenn diese Erkenntnis sich nach der Rückkehr ins Leben verwischt. Nichtsdestoweniger bewahren sie die Erinnerung an die Gewißheit, von der sie während der NTE durchdrungen waren. Zwei von KENNETH RINGS Zeugen beschreiben dies: *»Wenn man in dieses herrliche goldene Licht sieht, kommt es einem so vor, als würde seine Energie irgend etwas ganz tief in einem selbst zum Leben erwecken. Es fand eine Übertragung von höherer Kraft, Wissen und Verstehen statt, und man bekam eine Ahnung von der ›Einheit aller Dinge‹ – wenn man in das Licht sah.«* – *»Dieses herrliche Licht schien sich aus einem leuchtenden Kristall zu ergießen. Man würde sagen, daß es direkt aus der Mitte des Bewußtseins strahlte, in dem ich mich befand, und in alle Richtungen durch das Universum in seiner unendlichen Weite leuchtete. Ich machte mir klar, daß das Licht integrierender Bestandteil aller lebendigen Wesen war und gleichzeitig alle lebendigen Wesen integrierender Bestandteil des Lichts waren.«* MORSE und PERRY erwähnen einen Mann, der folgendes aussagte:

»Das erste, was ich sah, als ich im Krankenhaus aufwachte, war eine Blume, und ich weinte. Ob Sie es glauben oder nicht, ich hatte noch nie wirklich eine Blume gesehen, bis ich aus dem Tod zurückkam. Eines habe ich gelernt, als ich starb: Wir sind alle Teil eines einzigen, großen, lebendigen Universums. Wenn wir glauben, wir könnten einem anderen Menschen oder einem anderen Lebewesen weh tun, ohne uns selbst weh zu tun, dann ist dies ein trauriger Irrtum.«

13. Während einer NTE ist das *Zeitgefühl stark verändert.* Die Zeugnisse lassen an eine Dimension ohne Zeit oder an Zeit von anderer Natur denken, die vielleicht dem Zeitbegriff der Quantenphysik nahe kommt. Ein Zeugnis in diesem Sinn findet sich bei MOODY: *»Der eindrucksvollste Moment des ganzen Erlebnisses war der, als mein ›Ich‹ genau über dem vorderen Teil meines Kopfes verharrte. Fast hatte es den Anschein, als ob es sich zu entscheiden versuchte, ob es nun lieber gehen oder bleiben sollte. In dem Augenblick schien die Zeit stillzustehen. Am Anfang und am Ende des Unfalls ging alles so rasend schnell, aber in diesem besonderen Moment, gerade so zwischendrin, als mein ›Ich‹ über mir schwebte und der Wagen über die Böschung stürzte, da schien es endlos lange zu dauern, bevor der Wagen schließlich aufsetzte; und während der ganzen Zeit war ich effektiv nicht mit meinem Auto oder dem Unfall oder mit meinem Körper beschäftigt – sondern allein mit meinem Bewußtsein ...«*

Die veränderte Wahrnehmung der Zeit hält noch nach der NTE an. Sie scheint in der Tat eine der tiefen und dauerhaften Veränderungen zu sein, die den Experiencer charakterisieren und seine Einstellung zum Leben wandeln. Sie gestattet, die Ereignisse des Alltags zu relativieren, sie auf das richtige Maß zurechtzurücken und in ein erweitertes und authentisches Ganzes zu stellen. Lassen wir eine Frau sprechen, die MORSE und PERRY zitieren: *»Als ich wieder ins Leben zurückkam, wußte ich, daß ich im Himmel gewesen war. Von da an war alles ganz anders für mich. Ich nahm die Dinge viel leichter als meine Schwestern. Sie regten sich auf über Sachen – wie etwa, ob sie jetzt einen Freund hatten oder nicht. Aber so etwas berührte mich eigentlich gar nie. Ich glaube, die Veränderung in mir kam durch die Art, wie ich jetzt die Zeit betrachtete. Das war nach jener Erfahrung ganz anders geworden.«*

Mir wurde klar, daß die Zeit, wie wir sie von der Uhr ablesen, nicht die wirkliche Zeit ist. Was wir für eine lange Zeit halten, ist in Wirklichkeit nur der Bruchteil einer Sekunde. So zu denken ließ mich weniger materialistisch sein.«

14. Einer radikalen Veränderung unterliegt bei einer NTE das *Schweregefühl.* Die Betroffenen nehmen sich entweder als körperlos wahr oder als extrem leicht, können sich mit sehr hoher Geschwindigkeit fortbewegen und haben die Fähigkeit, sich einfach auf Grund der Tatsache, daß sie den Wunsch danach verspüren, in einem Augenblick an einen anderen, sogar weit entfernten Ort zu versetzen. Während der NTE sind alle Gesetzmäßigkeiten unserer irdischen Existenz offensichtlich aufgehoben, und wie im Märchen wird alles möglich, was wir uns nur wünschen. Ich zitiere einen Zeugen von KENNETH RING: *»Danach stellte ich fest, daß ich ganz leicht fliegen konnte, selbst wenn ich es gar nicht vorhatte, ... und entdeckte, daß ich nicht nur dahinschwebte, befreit von den Gesetzen der Schwerkraft, sondern daß auch sämtliche anderen Einschränkungen des Fliegens fehlten ... Es war also nicht so, wie wenn man mit dem Flugzeug fliegt, vielleicht erinnerte es am ehesten an einen Segelflug ... Ich merkte also, daß ich mit ungeheurer Geschwindigkeit fliegen konnte. Es machte mir großen Spaß und vermittelte mir ein Gefühl, als gäbe es nichts anderes, als gäbe es nichts als diese totale Vollkommenheit des Fliegens.«*

15. Aus dem von vielen Experiencern beschriebenen Eindruck der *Geschwindigkeit* bei der Passage durch den Tunnel ergeben sich zahlreiche Fragen. CARL GUSTAV JUNG zum Beispiel hat behauptet, bei seiner NTE eine enorme Entfernung schwindelerregend schnell zurückgelegt und die Erde aus der Astronautenperspektive gesehen zu haben. Lassen wir einen Zeugen von RING sprechen: *»Dann geht es immer schneller und schneller ... Man hat das Gefühl, sich mindestens mit Lichtgeschwindigkeit fortzubewegen. Vielleicht ist es ja sogar Lichtgeschwindigkeit oder noch schneller als Lichtgeschwindigkeit. Man merkt, wie schnell man vorankommt und in Hundertstelsekunden riesige Entfernungen zurücklegt ... Und dann sieht man allmählich ganz, ganz weit hinten – wieder über eine unvorstellbar große Entfernung hinweg – so*

was wie das Ende des Tunnels. Und alles ist in ein weißes Licht getaucht
... und die ganze Zeit merkt man, wie schnell alles geht. Und dieser
ganze Vorgang dauert nur ... sagen wir, eine Minute, und ich muß noch
mal betonen, daß man das Gefühl hat, bis in die Unendlichkeit gereist zu
sein, unzählige Meilen zurückgelegt zu haben.«

16. Ein Teil der Experiencer erzählte, bei der NTE *körperlos* gewesen
zu sein. Sie seien reines Bewußtsein oder ein mächtiges Energiezen-
trum ohne Körperhülle gewesen. Dagegen erklärten andere, sie hätten
einen *leichten Körper* mit fließenden Konturen gehabt. Beim Durch-
arbeiten der Berichte der Experiencer habe ich mich gefragt, ob es
nicht naheliegend wäre, eine Parallele zu Gliedmaßenamputationen
zu ziehen. Tatsächlich spüren Amputierte nach Verlust eines Arms
oder Beins weiterhin die betroffene Gliedmaße, oft leiden sie sogar in
dem amputierten Körperteil unter heftigen Schmerzen, sogenannten
Phantomschmerzen. Nun ist zwar der Körper, wie ihn manche Experiencer empfunden haben, nicht schmerzhaft, sondern wird ganz im
Gegenteil weniger hinderlich gefunden als der gewohnte physische
Leib, aber ich frage mich dennoch, ob die Wahrnehmung dieses neu-
en Körpers nicht ein Relikt unseres normalen Körpergefühls ist, so
wie ein amputiertes Glied, das in unserer sinnlichen Wahrnehmung
präsent bleibt. In diesem Zusammenhang ist die Aussage eines Zeugen von RAYMOND A. MOODY interessant, dem nach dem Unfall, der
seine NTE auslöste, ein Bein teilamputiert wurde und der folgende
Feststellung machte: *»Ich konnte meinen Körper fühlen – er war unbe-*
schädigt. Das weiß ich ganz genau. Ich fühlte mich heil und als ob ich im
Besitz aller meiner Gliedmaßen wäre, obwohl das ja nicht stimmte.«
Der Mensch, der eine NTE erlebt, scheint nicht ein reales Körperschema zu bewahren – in diesem Stadium wird der materielle Aspekt
zweitrangig –, jedoch etwas, das ich analog als psychologisches Schema bezeichnen würde. Um dies zu verdeutlichen, erteile ich einem
Zeugen von MOODY das Wort: *»[Als ich aus dem stofflichen Körper*
austrat,] schien es mir, als ob ich meinen Körper verließe, um in einen
anderen Zustand einzutreten. Ich hatte nicht den Eindruck, mich in
nichts aufgelöst zu haben ... Da war ein anderer Körper, jedoch kein
›normaler‹ menschlicher Körper; das verhält sich ein wenig anders. Er

entsprach im Grunde dem menschlichen Körper nicht, war aber anderer-
seits auch kein grober Klumpen Materie ... Er besaß wohl eine Form, je-
doch keine Farben. Ich weiß noch genau, daß ich noch immer so etwas
wie Hände besaß.«

Ein von MORSE und PERRY zitierter Zeuge formuliert es so: *»Außer-*
dem hatte ich das Gefühl, keinen Körper zu haben, aber doch ein voll-
ständiges Wesen zu sein.«

17. Wenn die Experiencer während ihrer NTE *verstorbenen naheste-*
henden Personen begegnen, erkennen sie diese wieder. Lassen wir zwei
Zeugen von RAYMOND A. MOODY sprechen: *»Ich hatte dieses Erlebnis*
bei der Geburt meines Kindes. Es war eine überaus schwierige Entbin-
dung, bei der ich sehr viel Blut verlor. Der Arzt gab mich schließlich auf
und erklärte meinen Angehörigen, ich läge im Sterben. Ich war jedoch die
ganze Zeit über hellwach, und genau in dem Augenblick, in dem ich ihn
das sagen hörte, hatte ich das Gefühl, aus einer Ohnmacht heraufzukom-
men. Und da bemerkte ich auf einmal auch die ganzen Menschen, die da
in hellen Scharen, wie mir schien, überall an der Zimmerdecke entlang-
schwebten. Es waren alles Leute, die ich in meinem früheren Leben ge-
kannt hatte, die aber schon vor mir gestorben waren. Ich erblickte meine
Großmutter und ein Mädchen, das ich aus meiner Schulzeit kannte, und
viele andere Verwandte und Freunde. Ich sah wohl hauptsächlich ihre
Gesichter und spürte ihre Gegenwart. Sie machten alle einen fröhlichen
Eindruck. Es war ein freudiges Zusammentreffen, und ich hatte das Ge-
fühl, daß sie gekommen seien, um mich zu schützen und zu führen. Fast
schien es so, als ob ich nach Hause gekommen wäre und sie mich nun be-
grüßen und willkommen heißen wollten. Die ganze Zeit über empfand
ich alles als leicht und schön. Es war ein wunderbarer und herzerfreuen-
der Augenblick.« – *»Mehrere Wochen bevor ich beinahe gestorben wäre,*
war Bob, ein guter Freund von mir, ums Leben gekommen. In dem Au-
genblick, als ich nun meinen Körper verließ, hatte ich sofort das Gefühl,
daß Bob da war, daß er genau neben mir stand. Innerlich konnte ich ihn
sehen, und ich spürte auch, daß er anwesend war – und doch war es
merkwürdig. Ich sah ihn nicht in seinem normalen Körper. Ich erkannte
ihn ganz deutlich, sein Äußeres und alles, nur eben nicht in seiner physi-
schen Gestalt. Klingt das verständlich? Er war da, aber nicht in seinem

stofflichen, sondern in einem irgendwie durchscheinenden Körper – ich konnte jeden Körperteil erahnen, Arme, Beine und so weiter, jedoch richtig plastisch vor mir sehen *konnte ich ihn nicht. Damals hielt ich mich nicht weiter damit auf, wie seltsam das war. Ich fand es gar nicht notwendig, ihn jetzt unbedingt mit meinen Augen zu sehen – außerdem hatte ich ja gar keine Augen mehr.«*

Meist ist dieses Erkennen gegenseitig; stets kennt das verstorbene Wesen den Experiencer, denn es kommt ihm entgegen, wohingegen der Experiencer die verstorbene Person, die ihn erwartet, nicht immer identifiziert – es kann sich beispielsweise um einen Vorfahren handeln, den der Experiencer nach seiner NTE auf einem Familienfoto erkennt. Lassen wir dazu einen Mann zu Wort kommen, den MORSE und PERRY zitieren: *»Als Kind wurde ich nach einem schlimmen Sturz beim Spielen in einem baufälligen Gebäude auf schnellstem Wege ins Krankenhaus gefahren. Ich war bewußtlos gewesen, und in der Nacht dann spürte ich, wie ich aus meinem Körper herausschwebte, und als ich so auf mich selber hinuntersah, war ich überzeugt, ich wäre tot. Jemand kam auf mich zu, und eine Stimme sagte mir, daß es mein Vater war, der vor meiner Geburt gestorben war. Er streckte seine Arme aus, aber vor ihm war eine Grenzlinie. Ich schluchzte, und mir war klar: Wenn ich diese Grenze überschritt, gab es kein Zurück mehr.«*

Gelegentlich kommt es auch vor, daß der Experiencer jemandem begegnet, von dessen Ableben er noch nichts weiß. Im Buch von MORSE und PERRY berichtet eine Frau über eine solche Erfahrung: *»Ich bekam nach der Geburt meiner Tochter sehr starke Blutungen und war gleich von medizinischem Personal umringt, das sich um mich kümmerte. Ich hatte große Schmerzen. Dann waren die Schmerzen plötzlich vorbei, und ich schaute auf die hinunter, die sich da an mir zu schaffen machten. Einen Arzt hörte ich sagen, er könne den Puls nicht mehr finden. Als nächstes ging ich durch einen Tunnel hinab auf ein helles Licht zu. Aber ich kam nie ans Ende des Tunnels. Eine sanfte Stimme sagte zu mir, daß ich zurückkehren müsse. Dann traf ich einen lieben Freund, einen Nachbarn aus der Stadt, aus der wir weggezogen waren. Auch er sagte mir, ich solle umkehren. Wie von einem elektrischen Schlag getroffen, knallte ich aufs Krankenhausbett auf, und die Schmerzen waren wieder da. Nun wurde ich schnellstens in den Operationssaal gefahren, wo man*

*die Blutungen operativ zum Stillstand bringen wollte. Erst drei Wochen
später fand mein Mann, daß es mir wieder gut genug ging, um mir's sagen zu können: Der liebe Freund dort in der anderen Stadt war an dem
Tag, als meine Tochter geboren wurde, bei einem Autounfall tödlich ver-
unglückt.«*

18. Die *Lebensrückblende* stellt eines der wichtigsten Elemente einer
NTE dar. Der Experiencer erblickt außerhalb der Zeit und dreidimensional alle bedeutenden Ereignisse seines Lebens, die herausra-
gendsten ebenso wie die ganz banalen. Hinsichtlich des Wesens der
Botschaft, die sie von dem Lichtwesen erhalten haben, stimmen die
Experiencer völlig überein: Ihr sollt lieben und lernen. Dazu die Aussage eines Zeugen von KENNETH RING: *»Dann fragte es mich: ›Weißt
du, wo du bist?‹ ... Ich erwiderte: ›Ja.‹ ... Und es fragte weiter: ›Hast du
dich entschieden?‹ Als es das sagte ... da hatte ich das Gefühl, als sei jede
Einzelheit, jede Kleinigkeit, die je in meinem Gehirn gespeichert worden
war, augenblicklich präsent. Alles, was ich von Beginn meines Lebens an
je gewußt hatte, wußte ich jetzt wieder. Und was mich auch irgendwie
erschreckte, war, daß ich alle im Zimmer kannte, wußte, daß ich sie
kannte und daß es nichts gab, was man hätte verbergen können – die
guten Zeiten nicht, die schlechten Zeiten nicht, gar nichts ... Ich besaß
das totale, vollständige Wissen von allem, was je in meinem Leben geschehen war, hatte es klar vor Augen – selbst die nebensächlichen Dinge, die
ich längst vergessen gehabt hatte ... einfach alles, was mir in diesem Moment half, die Dinge zu begreifen. Alles war so klar ... Mir wurde bewußt, daß es bestimmte Dinge gibt, die jeder Mensch verstehen und lernen muß – etwa Liebe, daß man Liebe teilen, anderen schenken muß.
Daß das Wichtigste im Leben die menschlichen Beziehungen sind, Liebe
– und nicht das Materielle. Man muß sich darüber klar sein, daß alles,
was man im Leben tut, jede noch so kleine Einzelheit, aufgezeichnet
wird; auch Dinge, die man selbst sofort wieder vergessen hat, kehren später wieder ins Bewußtsein zurück.«*

Ein Zeugnis hierzu wird von MOODY ausführlich zitiert: *»Als das
Licht erschien, sagte es als erstes zu mir: ›Was hast du in deinem Leben
getan, was du mir jetzt vorweisen kannst?‹ oder so ähnlich. Im selben Augenblick fingen die Rückblenden an. ›Nanu, was ist denn jetzt?‹ dachte*

ich, als ich mich plötzlich in meine Kindheit zurückversetzt sah. Von da an durchschritt ich dann praktisch jedes einzelne Jahr meines Lebens, von meiner frühesten Kindheit bis zur Gegenwart. Es war auch schon so eigenartig, womit es anfing: als ich als kleines Mädchen unten am Bach bei uns in der Nachbarschaft spielte. Aus jener Zeit folgten noch mehrere Szenen – Erlebnisse, die meine Schwester und ich gemeinsam gehabt hatten, Einzelheiten über Leute aus der Nachbarschaft und reale Orte, an denen ich gewesen war. Dann kam die Zeit im Kindergarten, als ich ein Spielzeug, das mir besonders lieb war, kaputtmachte und deswegen noch lange weinte. Das war wirklich ein traumatisches Erlebnis für mich. Die Bilder führten mich weiter voran zu den Jahren, als ich zu den Pfadfinderinnen gehörte und zelten ging, und dann stiegen zahlreiche Erlebnisse aus der ganzen Zeit in der Grammar School wieder vor mir auf. Als ich dann in die Junior High School ging, bedeutete es eine ganz große Ehre, in die Scholastic Achievement Society (Club der besten Schüler) gewählt zu werden, und ich erlebte in der Erinnerung noch einmal, wie ich damals aufgenommen wurde. Weiter ging es durch die Junior High School, dann durch die Senior High School bis zum Schulabschluß und schließlich durch meine ersten Jahre im College bis zu dem Punkt, an dem ich mich damals befand. Die Ereignisse rollten jetzt noch einmal in derselben Reihenfolge wie im Leben vor mir ab, und sie waren vollkommen lebensecht. Die Bilder wirkten so, als ob man sie draußen in Wirklichkeit vor sich sähe; sie waren ungemein plastisch und in Farbe – und sie waren bewegt. Bei der Szene, als ich mein Spielzeug zerbrach, konnte ich zum Beispiel alle meine Bewegungen sehen. Es war nicht so, daß ich alles aus meiner damaligen Perspektive beobachtet hätte, beileibe nicht. Das kleine Mädchen, das ich sah, schien jemand anderes zu sein, eine Gestalt aus einem Film, irgendeine Kleine unter all den anderen Kindern, die sich da auf dem Spielplatz tummelten. Und doch war ich es selbst. Ich sah mich selbst als Kind in all diesen Situationen, in genau denselben Situationen, die ich erlebt hatte und an die ich mich erinnern kann. Ich hatte das Licht nicht mehr gesehen, während ich mit der Rückblende beschäftigt war. Sobald es mich nach meinem Leben gefragt hatte, war es verschwunden und die Rückschau hatte begonnen. Dennoch wußte ich, daß es die ganze Zeit über mir war und mich durch die Rückblenden aus meinem Leben führte, weil ich seine Gegenwart spürte und weil es ab und zu Be-

merkungen machte. Es wollte mir mit jedem dieser Rückblicke etwas zei-
gen. Es ging ihm nicht darum, zu erfahren, was ich in meinem Leben
getan hatte – das wußte es bereits –, sondern es suchte ganz bestimmte Er-
eignisse aus und führte sie mir vor, damit ich sie wieder frisch im Ge-
dächtnis hätte. Es betonte immer wieder, wie wichtig die Liebe sei. Am
deutlichsten zeigte es mir das an den Stellen, an denen meine Schwester
vorkam, zu der ich immer ein sehr enges Verhältnis gehabt hatte. Erst
führte mir das Wesen einige Beispiele vor, wo ich mich ihr gegenüber
selbstsüchtig verhalten hatte, dann jedoch auch genauso viele Male, wo
ich liebevoll und freigebig gewesen war. Es erklärte mir, ich solle versu-
chen, auch an andere zu denken, und mich dabei nach Kräften
bemühen. All das enthielt jedoch nicht den geringsten Vorwurf. Zu den
Vorfällen, bei denen ich egoistisch gehandelt hatte, meinte das Wesen nur,
daß ich auch aus ihnen gelernt hätte. An Wissensfragen schien ihm eben-
falls sehr zu liegen. Wiederholt machte es mich auf Dinge aufmerksam,
die mit dem Lernen zu tun hatten, und es erklärte ausdrücklich, daß ich
auch in Zukunft weiterlernen würde. Selbst wenn es mich das nächste
Mal riefe (zu diesem Zeitpunkt hatte es mir schon gesagt, daß ich zurück-
kehren würde), ginge die Suche nach Wissen doch immer weiter. Es
sprach davon als von einem kontinuierlichen Prozeß; deshalb nehme ich
an, daß diese Suche auch nach dem Tode andauern wird. Ich glaube, daß
das Lichtwesen die Rückblenden mit mir durchging, um mich zu beleh-
ren.«

19. Das »*Jüngste Gericht*« scheint durchaus zu existieren, aber anders,
als es uns seit Jahrhunderten ausgemalt wurde. Offenbar hilft das Lichtwesen dem Experiencer, seine guten und vor allem seine bösen Handlungen zu verstehen und zu erkennen, welche Folgen sein Handeln
für seine Mitmenschen hatte. Der Experiencer wird nicht durch das
Lichtwesen, sondern durch sich selbst gerichtet. Überlassen wir zwei
Zeugen das Wort, die von KENNETH RING befragt wurden: »*Man bekommt sein Leben vor Augen geführt – und man urteilt über sich selbst.
Hatte man getan, was man hätte tun sollen? ... Man urteilt über sich
selbst. Es sind einem alle Sünden vergeben worden, aber kann man sich
selbst verzeihen, daß man etwas, das man hätte tun sollen, nicht getan
hat und daß man manchmal kleine Gemeinheiten begangen hat? Kann*

man sich vergeben? Du selbst sprichst dein Urteil.« – »[Während der Nahtodeserfahrung] fühlte ich mit aller Macht ... wußte ich einfach: Da ist Gott. Aber es war nicht Gott, wie ich ihn mir immer als kleines Mädchen vorgestellt hatte ... also ein alter Mann mit Bart ... Ich sah niemanden ... Aber ich würde alles, was ich besitze, dafür hergeben und wünschte nur, ich könnte beweisen, daß da etwas ganz Wunderbares bei mir war, einfach wunderbar. Eine allumfassende Kraft ... Was immer dort bei mir war, liebte mich so, wie ich war.«

20. Wenden wir uns nun dem *Sehen* zu: Der Experiencer sieht seinen Körper von außen, im allgemeinen von einem Punkt aus, der sich oberhalb seines physischen Körpers befindet. Ein Zeuge von RAYMOND A. MOODY erzählt: *»An den Aufprall erinnere ich mich nicht mehr, aber ich sah mich plötzlich von oben. Ich sah meinen Körper unter meinem Fahrrad eingeklemmt und mein gebrochenes Bein, das blutete. Ich erinnere mich, daß ich meine Augen betrachtete: Sie waren geschlossen. Ich befand mich oben. Ich schwebte etwa zwei Meter über meinem Körper. Um ihn waren unheimlich viele Leute. Der Rettungswagen fuhr los, und ich versuchte ihm zu folgen. Ich war über ihm und folgte ihm. Ich sagte mir, daß ich tot war.«* Von manchen Zeugen (R.A. MOODYS) erfahren wir, daß sie während ihrer NTE über ein deutlich besseres Sehvermögen verfügten als gewöhnlich: *»Mir ist unbegreiflich, wie ich so weit sehen konnte.« – »Es schien, als ob es für das spirituelle Sehen gar keine Schranken gäbe, als ob ich wirklich überall alles und jedes hätte mit ansehen können.« – »Viele Menschen rannten um den Unfallwagen herum, und überhaupt war eine Menge los. Und jedesmal wenn ich den Blick auf eine bestimmte Person richtete, um herauszukriegen, was sie sich wohl so dachte, hatte ich ein Gefühl, als ob ich wie mit einem Zoom-Objektiv ganz dicht an sie heranfahren könnte, und schon war ich genau an der jeweiligen Stelle. Doch blieb anscheinend immer ein Teil von mir – ich nenne ihn jetzt einmal mein Bewußtsein – dort zurück, wo ich mich zuvor befunden hatte, nämlich mehrere Meter von meinem Körper entfernt. Wenn ich in einiger Entfernung jemanden sehen wollte, schien sich ein Teil von mir wie eine Art Fühler zu ihm hinzubewegen. Und mir kam es in dem Augenblick so vor, als ob ich überall in der Welt, wo immer auch etwas passieren mochte, zugegen sein könnte.«*

Der Fall der Blinden oder stark Sehbehinderten, die während ihrer
NTE dennoch sehen können, läßt darauf schließen, daß das Sehvermögen nicht als sinnliche Wahrnehmung erhalten bleibt, sondern
daß Sehen auf andere Weise, auf einer anderen Ebene geschieht. Diesen Punkt möchte ich durch die Aussage einer Zeugin von KENNETH
RING illustrieren: »*Ich bin nämlich sehr kurzsichtig und kann normalerweise in fünf Metern Entfernung gerade noch erkennen, was die meisten
Leute auf 130 Meter sehen ... Sie hatten mich mit einer Maschine verbunden, die sich hinter meinem Kopf befand. Und mein erster Gedanke
war: ›Großer Gott, ich kann sehen! Ich kann es nicht fassen, aber ich sehe
alles!‹ Ich konnte die Zahlen auf der Maschine hinter meinem Kopf lesen,
es war furchtbar aufregend. Und ich dachte: ›Sie haben mir meine Brille
wieder aufgesetzt.‹*«

21. Was das *Gehör* betrifft, scheinen die Experiencer eher die Gedanken anderer zu lesen, als daß sie Töne hören. In diesem Punkt gibt es
zwei Arten von Zeugnissen. Im ersten Fall hört der Betroffene *lebende
Personen* während seiner NTE. Viele »hören« die Gedanken, bevor sie
als Sätze ausgesprochen werden. Oft passiert es auch, daß die Experiencer hören, wie ein Mitglied des ärztlichen Teams ihren Tod aus-
spricht. Der Experiencer versucht dann, sich den Personen, die um
ihn herumstehen, mitzuteilen, aber er kann sich nicht verständlich
machen. Eine Frau erklärte MOODY gegenüber: »*Überall um mich herum sah ich Leute, und ich konnte auch verstehen, was sie sagten. Ich
›hörte‹ sie jedoch nicht akustisch, so wie ich Sie jetzt höre. Es war eher so,
daß ich wußte – ganz genau wußte, was sie dachten, und zwar nicht in
ihrer jeweiligen Ausdrucksweise, sondern nur in meinem Bewußtsein. Ich
erhaschte es jedesmal genau in dem Augenblick, bevor sie den Mund zum
Sprechen aufmachten.*«
    Die zweite Art von Zeugnis in bezug auf das *Gehör* bezieht sich auf
die – dieses Mal gegenseitige – Kommunikation, die zwischen dem
Experiencer und *verstorbenen Personen oder dem Lichtwesen* erfolgt.
Diese Gedankenübertragung geschieht ohne Worte, von Bewußtsein
zu Bewußtsein, so wie eine telepathische Verständigung, ohne über
die Sinnesorgane vermittelt zu werden. Das Begreifen scheint augenblicklich, unzweideutig, zu erfolgen. KENNETH RING hat dazu zwei

Zeugenaussagen zu bieten: »*Ich wurde gefragt, ob ich bereit sei zu blei-ben. [Wer hat Sie das gefragt?] Dieses Licht. [Hatte man bei dem Licht das Gefühl, da sei irgend jemand?] O ja. Und ich muß auch sagen, als ich ... mit dem Licht Kontakt aufnahm, da wurden überhaupt keine Worte gewechselt. Ich meine, es wurde nichts gesprochen. Es ist wie den-ken, wie wenn man einen Gedanken hat und sofort die Antwort weiß – also Gedankenübertragung. Es passierte alles auf einmal.*« – »*Ich habe keine Worte mit den Ohren gehört, sondern die Gedanken wurden un-mittelbar in mein Bewußtsein übertragen.*«

22. Während einer NTE ist der *Tastsinn* ausgeschaltet. Die Expe-riencer erzählen, daß sie versuchten, eine Person beim Arm zu fassen, oft um zu verhindern, daß sie sich an ihnen zu schaffen machte, aber sie treffen auf keinerlei Widerstand. Sie gehen durch die Leute und durch Gegenstände hindurch. Zwei Personen, die von RAYMOND A. MOODY hierzu befragt wurden, gaben folgendes zu Protokoll: »*Die Ärzte und Schwestern trommelten auf meinen Körper, um die Infusionen zu unterstützen und mich zurückzuholen, während ich beständig ver-suchte, ihnen zu sagen:* ›*Laßt mich in Ruhe. Ich möchte weiter nichts als meine Ruhe. Hört doch endlich auf, auf mir herumzutrommeln!*‹ *Aber sie hörten mich nicht. Deswegen versuchte ich, ihre Hände wegzuschieben, damit sie meinen Körper nicht länger bearbeiteten. Aber nichts geschah. Ich konnte nichts machen. Anscheinend – ich begreife gar nicht richtig, was denn eigentlich passiert war, aber ich konnte einfach ihre Hände nicht wegdrücken. Zwar sah es schon so aus, als ob ich sie berührte, und ich gab mir alle Mühe, sie wegzuschieben – doch selbst wenn ich mit aller Kraft da-gegendrückte, blieben ihre Hände da, wo sie waren. Ich weiß nicht, ob mei-ne Hände durch die ihren hindurch oder um sie herumgingen oder was ei-gentlich los war. Sosehr ich auch versuchte, sie zu bewegen, schien doch auf ihre Hände überhaupt kein Druck zu wirken.*« – »*Aus allen Richtungen kamen die Leute zur Unfallstelle herbeigeströmt. Ich sah sie genau. Ich war in der Mitte eines sehr schmalen Gehsteigs. Also auf jeden Fall gingen sie da an mir vorbei und sahen mich offensichtlich überhaupt nicht. Sie liefen einfach weiter und schauten stur geradeaus. Sowie sie ganz dicht herankamen, versuchte ich jedesmal, mich zur Seite zu drehen, um sie vorbeizulassen – aber sie liefen doch tatsächlich durch mich hindurch!*«

23. Die beiden letzten Sinne, nämlich Geruchs- und Geschmackssinn, scheinen während einer NTE keine Rolle zu spielen. Ich habe
kein einziges Zeugnis gefunden, das diese Sinne erwähnt hätte.
Beiläufig ist darauf hinzuweisen, daß nur diese beiden Sinne direkt
auf chemische, molekulare Reize reagieren.

24. Oft berichten die Experiencer von der Wahrnehmung einer *Grenze*, die auf verschiedene Weise symbolisiert wird und deren Überschreitung die Rückkehr in den physischen Leib unmöglich machen
würde. Ich beziehe mich im folgenden auf zwei Zeugen von RAY-
MOND A. MOODY: *»Als ich im Sterben lag, fand ich mich auf einmal in
einem wogenden Kornfeld wieder. Es war wunderschön, alles war leuch-
tend grün – von einer Farbe, wie es sie hier auf Erden nicht gibt. Vor mir
auf dem Feld erblickte ich einen Zaun und schickte mich an, auf ihn zu-
zugehen. Da sah ich einen Mann sich von der anderen Seite her ebenfalls
dem Zaun nähern, als ob er mir entgegenkäme. Ich wollte zu ihm hinge-
hen, doch merkte ich auf einmal, wie ich unaufhaltsam zurückgezogen
wurde. Gleichzeitig mit mir sah ich auch ihn umkehren und sich vom
Zaun weg in die andere Richtung bewegen.«* – *»Nach einem Herzanfall
fand ich mich auf einmal in einer schwarzen Leere wieder und wußte,
daß ich meinen physischen Körper hinter mir zurückgelassen hatte und
starb. ›Herr, ich habe immer nach bestem Wissen und Gewissen gehandelt, bitte hilf mir‹, durchfuhr es mich. Im selben Augenblick wurde ich
aus der Finsternis herausgehoben. Kurze Zeit war alles blaßgrau um mich
herum, und dann schwebte oder glitt ich eilends weiter, auf den grauen
Nebel zu, den ich weit in der Ferne vor mir sah. Mir war, als könnte ich
gar nicht so rasend schnell dort hinkommen, wie ich eigentlich gerne gewollt hätte. Als ich mich ihm immer mehr näherte, konnte ich schließlich
durch den Nebel hindurchsehen: Jenseits davon erblickte ich Menschen, in
der gleichen Gestalt wie auf der Erde, und auch etwas, was man für Gebäude halten konnte. Alles war in ein prächtiges Licht getaucht, in ein
volles, tiefgoldenes Glühen, das gedämpft war und ganz anders als der
harte Goldton hier auf der Erde. Als ich dichter herankam, war ich mir
ganz sicher, daß ich diesen Nebel jetzt durchqueren würde. Ein herrliches,
freudiges Gefühl erfüllte mich, ein Gefühl, das man mit den Worten unserer menschlichen Sprache nicht wiedergeben kann. Doch war die Zeit,*

diesen Nebel zu durchschreiten, für mich noch nicht gekommen. Von der anderen Seite her sah ich meinen Onkel Carl auf mich zukommen, der schon vor vielen Jahren gestorben war. Er stellte sich mir in den Weg. ›Kehre zurück‹, befahl er mir. ›Deine Arbeit auf Erden ist noch nicht getan. Kehre dorthin zurück.‹ Ich wollte nicht umkehren; dennoch konnte ich nichts anderes tun. Noch im selben Augenblick fand ich mich in meinem Körper wieder. Ich fühlte den quälenden Schmerz in meiner Brust und hörte meinen kleinen Jungen flehen: ›Lieber Gott, bring mir meine Mami zurück!‹«

25. Die *Rückkehr ins Leben* kann erzwungen oder gewünscht werden oder der Initiative des Experiencers überlassen sein. Es scheint, daß die Rückkehr häufiger erzwungen als erwünscht ist.

Die *erzwungene Rückkehr:* Der einzige Grund, der die Rückkehr rechtfertigt, scheint eine unvollendete Aufgabe zu sein, ein abzuschließendes Werk, ein noch ungelöstes Problem. Lassen Sie mich ein Beispiel aus dem Buch von MORSE und PERRY anführen: »*Mitten in all dem Durcheinander dort im Krankenhaus wurde ich aus meinem Körper heraus und in einen Tunnel hineinkatapultiert. Ich ging den Tunnel hinunter auf ein wunderschönes Licht zu, das mich am Ausgang warm umfing. Ich fühlte mich von allen Seiten liebevollst in die Arme genommen, und an der Wange spürte ich warm ein Wesen, an das ich mich anscheinend anlehnte. In der Ferne waren Leute zu sehen, und ich wollte zu ihnen hin, um sie zu begrüßen. Die Stimme eines Mannes, eine sehr warme, liebevolle Stimme, hielt mich zurück. Sie schien von demjenigen zu kommen – wer oder was immer dies auch war –, der mich so wunderbar lieb und warm umfaßt hielt. Die Stimme sagte: ›Suzanne, dreh dich um!‹ Ich wandte mich um und sah meine Kinder mitten in der Luft stehen. Dann sagte die Stimme: ›Geh zurück, und sei eine gute Mutter!‹«*
Der Experiencer akzeptiert die Rückkehr, die das Lichtwesen befiehlt, leichter, wenn er den Grund dafür begreift, wie es zum Beispiel eine Zeugin bei MORSE und PERRY beschreibt, die als Kind eine NTE hatte: »*Als ich sechzehn war, hatte ich während einer Operation eine Nahtodeserfahrung … Auf einmal bewegte ich mich in irgendeine Richtung und gelangte schließlich zu einem Wesen, das unendliche Liebe ausstrahlte. Ich fühlte mich wohl und war sehr froh, bei ihm zu sein. Ich*

dachte über mein junges Leben nach, und mir kamen all die körperlichen Beschwerden in den Sinn, die ich schon gehabt hatte, und ich sagte: ›Ich bin froh, daß damit jetzt Schluß ist.‹ Dieser Meinung war das Wesen aber nicht. ›Du hast noch nicht viel gemacht‹, meinte es geduldig. Sofort kam in mir das Gefühl auf, daß ich noch eine Mission zu erfüllen hätte, und ich sagte: ›Du hast ja recht, vielleicht sollte ich zurückkehren.‹ Und eh' ich mich versah, war ich wieder in meinem Körper mit all seinen Schmerzen. In so einem Körper drin empfand ich mich als ganz schwer und eingeengt. Das machte mich völlig wütend. Ich hatte doch gesagt, ›vielleicht‹ sollte ich zurückkehren, und nicht, ich will zurückkehren. Doch ich beruhigte mich schnell wieder. Seitdem aber habe ich das Gefühl einer unerfüllten Mission. Immer meine ich, ich müßte etwas für die Menschheit tun. Ich wurde Krankenschwester, und doch komme ich nicht los von dem Gefühl, daß ich erst noch herausfinden muß, was genau ich eigentlich tun soll.«

Die vom Experiencer *erflehte Rückkehr* hängt oft mit dem Wunsch zusammen, sich um Angehörige, vor allem um Kinder, zu kümmern, die ihn brauchen. Ich lasse einen Experiencer aus KENNETH RINGS Buch sprechen: »*Diese Liebe, die in alle Richtungen ausstrahlte, schien die einzige Realität zu sein … Später spürte ich wegen meiner Kinder und meiner Frau den Wunsch zurückzukehren … aber ich erinnere mich nicht mehr, wie ich zurückgekommen bin.*« Eine Frau, die MORSE und PERRY zitieren, drückte sich wie folgt aus: »*Es war eine wunderbare Erfahrung, aber plötzlich kam mir, daß ich dabei war, diese Welt zu verlassen, daß ich am Sterben war. Doch das wollte ich nicht! Ich hatte ja zwei Kinder und wußte nicht, was mit ihnen werden würde, wenn ich nicht mehr bei ihnen war. Als ob er meine Gedanken lesen könnte, lachte der Mann neben mir und sagte: ›Du stirbst schon nicht. Du hast noch nicht erledigt, was es für dich zu erledigen gibt.‹ Etwas zog mich den Weg zurück, den wir gekommen waren. Dann war ich wieder bei Bewußtsein.*«

Manchmal ist ein Experiencer *unentschlossen*, ob er bleiben oder ins Leben zurückkehren soll, wie jener von KENNETH RING erwähnte: »*Ich wurde gefragt, ob ich bereit sei zu bleiben. Und ich wußte es nicht. Ich wußte es wirklich nicht. Und man sagte mir, daß ich einen Entschluß fassen müßte. Daß ich mich entscheiden müßte ... Später, bevor ich diese Entscheidung traf ... ließ ich mein Leben noch mal an mir vorüberziehen.«*

In manchen Fällen kann der Experiencer *nach seinem freien Willen entscheiden,* ob er bleiben oder ins Leben zurückkehren will; ein Zeuge von MORSE und PERRY beschreibt es folgendermaßen: *»Aber daran [erinnere ich mich], daß ich das Empfinden hatte, vor der Wahl zu stehen, ob ich zurückkehren wollte oder nicht. Irgendwie, so entsinne ich mich, entschied ich mich dafür, zurückzukehren und wieder in meinen Körper einzutreten.«* Anscheinend hat der Experiencer aber nur die freie Wahl, wenn er seine Aufgabe auf Erden weitgehend erfüllt hat. Hierzu noch eine weitere Zeugin von MORSE und PERRY: *»Ich unterhielt mich mit meinen Großeltern, aber ich sprach nicht dabei. Ich erinnere mich auch nicht, etwas gedacht zu haben. Aber ich war direkt bei ihnen, als sie redeten. Und was haben sie gesagt? Daß ich fast alle meine Probleme gelöst hätte und jetzt in die Richtung gehen könne, in die ich wolle. Das hieß, ich konnte entweder bei ihnen im Licht bleiben oder wieder in meinen Körper zurückkehren. Das liege bei mir, und ich müsse nicht unbedingt bei ihnen bleiben.«*

26. Nur selten beschreiben die Zeugen die Art und Weise, wie sie *wieder in den physischen Leib integriert* wurden. Meistens äußern sie Sätze wie: »Plötzlich fand ich mich in meinem Körper wieder«, ohne weiter ins Detail zu gehen. Ein von MORSE und PERRY befragter Zeuge beschreibt diese letzte Stufe der NTE etwas präziser: *»Das nächste, was ich weiß, ist, wie mein Leben blitzschnell vor meinen Augen ablief, alles, was ich je in meinem Leben gemacht hatte. Danach spürte ich, wie ich den Tunnel wieder hinunterfiel, immer schneller, bis ich wieder in meinem Körper war.«*

27. Ein wesentliches Merkmal der NTE ist die Schwierigkeit, sich wieder im Leben zurechtzufinden. Der Experiencer nimmt die oft gegen seinen Willen auferlegte Rückkehr gehorsam hin, behält aber ständig eine Sehnsucht nach dem Zustand der Gnade, den er während seiner NTE erlebt hat. Wenn er wieder bei Bewußtsein ist, kommt es für ihn jedoch nicht in Frage, diese Rückkehr ins Leben abzulehnen,

sondern er bemüht sich, die ihm eingeräumte zusätzliche Lebenszeit so umfassend wie möglich und meist im Dienst am Nächsten zu nutzen. Dennoch kann dem Sichfügen in die Rückkehr mitunter eine zeitweilige, aber heftige Phase der Revolte vorausgehen. Dies beschreibt auch eine Zeugin von KENNETH RING: »*Wieder hörte ich meinen Namen rufen ... und mir wurde klar, daß ich zurück in meinem Körper war, in dieser physischen Gestalt. Und auch der Schmerz war wieder da ... [Wie haben Sie sich gefühlt, als Sie zurückkamen?] Ach, wütend! Wütend, wütend, wütend. [Wie lange?] Oh, ein gutes Jahr lang. Einmal, weil ich überhaupt zurückmußte von jenem wunderwunderschönen Ort – mir fehlen einfach die Worte, um die Schönheit der Formen, den Frieden, die Liebe, die Sprachen, die Musik, dieses Wesen, die Mauer, den Glanz über allem beschreiben zu können. Und dann diese Geschwindigkeit, mit der ich mich von selbst fortbewegte, ohne durch einen Körper behindert zu sein! Und all das Wissen – es ist, als würde man einen Schritt zurück machen, wissen Sie. Zurückkehren zu müssen in diese Enge – geistig und räumlich.*«

Diesen inneren Widerstand schildert eine von MORSE und PERRY erwähnte Frau so: »*Plötzlich aber spürte ich, wie es mich hinunterzog und ich zurück in meinen Körper katapultiert wurde. Ich war zornig. Ich glaube, ich war noch nie zuvor so wütend! Ich schrie und tobte vor Zorn und Wut, weil ich zurückwollte – dorthin, wo die Wolken waren!*«

28. Die NTE ist ganz eindeutig mit Worten nicht vermittelbar. Die Experiencer sagen, daß ihnen die Worte fehlen, um auszudrücken, was sie erlebt haben, und daß niemand sie verstehen wird. Ich zitiere einen Experiencer: »*Ich bin dorthin gegangen, wo noch kein Mensch jemals hingegangen ist.*« Wie soll man auch eine Erfahrung mit anderen teilen, von der man glaubt, daß man sie als einziger erlebt hat? Alles läuft auf die Hypothese hinaus, daß in der Dimension, in der die NTE geschehen, die irdische Raum-Zeit-Dimension nicht existiert. Die Folgen, die sich daraus ergeben, müssen ernsthaft bedacht werden. Es trifft zu, daß die Experiencer nicht dieselbe Sprache sprechen wie wir, da unsere Sprache ausschließlich auf dreidimensionalen Raum-Zeit-Vorstellungen gründet. Dieses Gefühl der Nicht-Mitteilbarkeit kann den Experiencer sehr einsam machen. Dazu möchte ich

zwei Zeugen von RAYMOND A. MOODY sprechen lassen: *»Also, wenn ich versuche, Ihnen das alles zu erzählen, stehe ich vor einem richtigen Problem – weil sich doch alle Wörter, die ich weiß, auf den dreidimensionalen Bereich beziehen! Noch mitten in meinem Erlebnis habe ich immer wieder gedacht: ›Nun ja, früher in Geometrie hieß es doch immer, es gebe nur drei Dimensionen, und ich habe das ja auch immer bereitwillig geglaubt. Aber das war falsch – es gibt tatsächlich mehr.‹ Natürlich ist unsere Welt – die, in der wir gegenwärtig leben – dreidimensional, aber die folgende ist es mit Sicherheit nicht. Deshalb fällt es mir eben auch so furchtbar schwer, Ihnen dieses alles zu erzählen. Ich muß es Ihnen gegenüber in den Begriffen von Raum und Zeit ausdrücken, und damit komme ich dem Ganzen ja auch so nah, wie es überhaupt nur möglich ist, aber trotzdem ist es nicht das Richtige. Ich bin tatsächlich außerstande, Ihnen ein vollständiges Bild zu vermitteln.«* – *»Meine Erfahrung, alles, was ich dabei erlebte, war so wunderschön, aber eben doch unbeschreiblich. Ich wünschte mir so sehr, daß andere es mit mir zusammen hätten erleben können, denn ich hatte das Gefühl, daß ich niemandem je mitteilen könnte, was ich gesehen hatte. Da kam ich mir dann doch sehr einsam vor, weil keiner bei mir war, um das Erlebnis mit mir zu teilen. Dabei wußte ich freilich die ganze Zeit, daß kein anderer dort je dabeisein könnte. Dieses Gefühl, mich ganz in meiner eigenen Welt zu befinden, deprimierte mich in jenem Augenblick tief.«*

Ein Zeugnis aus der Sammlung von KENNETH RING beschreibt die Schwierigkeit, die Begegnung mit dem Lichtwesen zu erklären: *»Ich spürte die Wärme und die Liebe zu diesem Wesen so stark, so voller Vertrauen, nicht wie die Liebe, die ich früher jemandem entgegengebracht habe. Das läßt sich schwer beschreiben, denn es ist schwer, eine durch und durch hingebungsvolle Liebe zu begreifen, eine absolute Liebe, in der man irgendwie versinkt. So in der Art von: Egal, was es von mir verlangt hätte, ich hätte es getan ...«*

29. Die prophetischen oder hellseherischen NTE sind ein faszinierendes Thema, stellen sie doch unsere gewohnte Auffassung von der Raum-Zeit-Dimension in Frage. Auch hier schlägt die Quantenphysik uns interessante Theorien vor, insbesondere jene, die sich auf eine Dimension beruft, in der alle Ereignisse gleichzeitig stattfinden, seien

sie in der Vergangenheit, in der Gegenwart oder in der Zukunft angesiedelt (siehe dazu das Gespräch mit RÉGIS DUTHEIL, Seiten 185 ff.). Manchmal sieht der Experiencer bei der Lebensrückblende Ereignisse in der Zukunft, so wie es eine von KENNETH RING erwähnte Person beschrieb, die als Kind eine NTE erlebte und dabei eine Vision ihres künftigen Lebens hatte: *»›Du wirst mit 28 Jahren heiraten.‹ Diese erste ›Erinnerung‹ wurde als einfache Erklärung wahrgenommen – Emotionen waren damit nicht verbunden ... Und so kam es auch, obwohl ich an meinem 28. Geburtstag die Frau, die ich dann heiratete, noch gar nicht kannte. ›Du wirst zwei Kinder haben und in dem Haus leben, das du siehst.‹ Im Gegensatz zur ersten Vorhersage ›fühlte‹ ich diese ... ›erlebte‹ ist vielleicht zutreffender. Ich erinnere mich lebhaft daran, in einem Sessel zu sitzen und zwei Kindern zuzuschauen, die vor mir am Boden spielten. Und ich* wußte, *daß ich verheiratet war, obgleich diese Vision keinen Hinweis darauf gab, mit wem ich verheiratet war. Ein verheirateter Mensch weiß, wie es ist, allein zu sein, denn früher war er ja allein, und er weiß auch, wie es ist, verheiratet zu sein, denn er ist ja verheiratet. Aber für einen alleinstehenden Menschen ist es unmöglich zu wissen, wie man sich fühlt, wenn man verheiratet ist – und ein zehnjähriger Junge* kann *unmöglich* wissen, *wie es ist, verheiratet zu sein! Es ist dieses merkwürdige, unmögliche Gefühl, an das ich mich so gut erinnere, und deshalb ist mir dieses Ereignis auch so deutlich im Gedächtnis geblieben. Ich ›erinnerte‹ mich an etwas, das erst fünfundzwanzig Jahre später ge-schah! Aber ich habe die Zukunft nicht ›gesehen‹, ich habe sie* erlebt. *Die Zukunft fand* jetzt *statt ...«*

Auch MORSE und PERRY warten mit einem Zeugnis zu diesem Punkt auf: *»Meiner Frau und mir war gesagt worden, daß sie keine Kin-der mehr bekommen konnte. Aber dann, im Juni 1959, geriet ich in ei-ner Kohlenzeche in ein schweres Grubenunglück hinein. Ich wurde ins Krankenhaus gebracht und war laut Befund tot, als ich dort ankam. Aber irgendwie haben sie mich wiederbelebt, und ich lag eine Woche lang im Koma. Während ich bewußtlos war, hatte ich eine Vision. Ich spazier-te an den Sonnenstrahlen entlang hoch und sah eine Hand in einem lan-gen weißen Ärmel zu mir herunterlangen. Fast berührte ich die Hand, als ich plötzlich spürte, wie es mich nach hinten zog, und ich hörte eine Stimme sagen: ›Hab keine Angst. Dir wird's wieder gutgehen, und mit* *deinem Sohn wird auch alles in Ordnung sein.‹ Ein paar Monate später erfuhren wir, daß meine Frau schwanger war, und unser Sohn kam beinahe auf den Tag genau ein Jahr nach meinem Unfall auf die Welt.«*

30. Eine große Zahl von Experiencern entwickeln nach der NTE parapsychologische Fähigkeiten. Diese neu in Erscheinung tretenden Fähigkeiten umfassen sowohl die Telepathie, hellseherische und prophetische Gaben, die Fähigkeit, Geschehnisse andernorts wahrzunehmen oder die Gedanken anderer Menschen zu lesen, als auch die Gabe, Krankheiten zu erkennen und sogar zu heilen. Relativ häufig geschieht es, daß ein Experiencer die Erscheinung eines ihm nahestehenden Menschen in dem Augenblick sieht, wenn dieser stirbt. Ich zitiere hierzu den Bericht eines Mannes, der sich KENNETH RING mitteilte: *»Ende Juli 1980 begegnete ich in einer Art Vision einem Freund, der an Leukämie litt. Ich konnte mich mit ihm zusammen sehen. Er sagte: ›Komm, mein Freund, komm mit mir.‹ Und wir gingen durch einen dichten Wald und dann auf einen Berg, von dem aus man in das schönste Tal hinabsehen konnte, das ich je erblickt habe. Alles glühte und funkelte. Er sagte: ›Weiter kannst du mich nicht begleiten‹, und er ging hinunter in das Tal, und ich war von einem ungeheuren Frieden erfüllt. Mir kommen noch immer die Tränen, wenn ich daran denke; ich werde es nie vergessen. Am nächsten Tag rief seine Schwiegertochter an und teilte mir mit, daß er in der Nacht zuvor gestorben war.«*

Oft sehen die Experiencer einen Unfall oder den Tod eines nahestehenden Menschen voraus. Diese Vorahnungen manifestieren sich häufig während eines Traums. MORSE und PERRY zitieren als Beispiel für hellseherische Fähigkeiten während NTE ein Kind: *»Regelmäßig träume ich, was am nächsten Tag passieren wird. Oft bin ich in meinen Träumen Zeuge von Unterhaltungen, die tatsächlich am Tag darauf stattfinden, oder ich träume von Ereignissen, die am nächsten Tag eintreffen. Zum Beispiel träumte ich, daß ich einen Typ auf der Straße treffen würde und wir den ganzen Tag miteinander verbringen würden. Genau am Tag darauf dann geschah das auch. So etwas habe ich bestimmt mehr als hundertmal erlebt. Ich hab' eigentlich nicht geglaubt, daß an meinen Träumen was Reales dran ist, bis ich dann vom Tod meines Onkels träumte. Er war vollkommen gesund, aber in dieser Nacht träumte ich, daß er* *plötzlich sterben würde. Am nächsten Tag starb er an einem Herzanfall. Als meine Eltern es mir erzählten, sagte ich nur: ›Ich wußte schon, daß es passieren würde.‹ Seitdem glaube ich meinen Träumen immer.«*

KENNETH RING erwähnt eine Frau, die ihre besondere Gabe in einem Krankenhaus in den Dienst des Nächsten stellte: *»Meine eigene Nahtodeserfahrung hilft mir bei meiner Arbeit ... bei Patienten, die langsam sterben, merke ich, wann sie noch ›in ihrem Körper‹ sind und wann sie ihn ›verlassen‹. Ich zeige ihnen auch verschiedene Möglichkeiten der Entspannung, um das ›Verlassen‹ des Körpers zu erleichtern, während sie unangenehme Untersuchungen wie etwa eine [Knochenmarks-]Punktion durchstehen müssen. Wenn ich auf der Notstation bin und zwischen dem Patienten und seiner Familie eine Art Mittlerfunktion übernehme, dann fühle ich mich oft mit dem Teil des Patienten innerlich eins, der während einer Nahtodeserfahrung ›drüben in der Ecke an der Zimmerdecke‹ schwebt, und bitte ihn auf telepathischem Weg, nicht böse zu sein, weil wir versuchen, ihn zurückzuholen, und versichere ihm, daß ich weiß, wie schön es ›da draußen‹ ist. Ich gebe ihm auch zu verstehen, daß ich seiner Familie helfe. Und manchmal, wenn der Patient am Leben bleibt, kommt es vor, daß er später sagt: ›Ich erinnere mich, auf der Notstation mit Ihnen gesprochen zu haben‹, oder: ›Sie kommen mir bekannt vor. Haben wir uns schon mal irgendwo gesehen?‹ Oder: ›Sie waren bei meiner Familie und standen ihr bei.‹ Natürlich waren sie während ihrer Begegnung mit dem Tod ohne Bewußtsein. Ich habe das Gefühl, daß es für die meisten Patienten angenehm ist, ihre Nahtodeserfahrung mit mir teilen zu können, vielleicht weil sie sich in gewisser Hinsicht darüber im klaren sind, daß ich genau weiß, was sie erlebt haben.«*

31. Die Visionen im Augenblick des Sterbens sind nichts Neues, vielmehr Erscheinungen, die unsere Vorfahren für völlig normal und alltäglich hielten. Die angstvolle und abwehrende Haltung unserer Gesellschaft gegenüber dem Tod begünstigt sicher nicht, daß man sich Sterbenden liebevoll zuwendet und ihnen Mut macht. Die letzten Worte eines Sterbenden können indes den Angehörigen tiefen Trost spenden, wenn diese sie zu deuten wissen. Am Ende seiner langwierigen und qualvollen Erkrankung kämpfte mein Großvater einen schweren Todeskampf. Und doch wurde sein Gesichtsausdruck weni-

ge Augenblicke vor seinem Tod plötzlich sanft, als hätte er etwas
Schönes erblickt, und in einem versöhnten und friedlichen Tonfall
murmelte er: »Wenn ich das gewußt hätte.«

Auch Menschen, die Zeugen einer Vision im Augenblick des Todes
wurden, können davon tief und anhaltend geprägt werden. In diesem
Zusammenhang ist die Erfahrung einer alten Frau interessant, die von
MORSE und PERRY zitiert wird: »*Seltsamerweise war für mich aufgrund
der Vision, die meine Nichte auf dem Sterbebett hatte, der Tod meines
Mannes im Alter von 44 Jahren viel leichter zu bewältigen. Meine Nichte starb mit zehn Jahren an Krebs. Zum Schluß war sie so krank, daß sie
den Kopf nicht mehr vom Kissen heben konnte. Doch wenige Stunden bevor sie starb, setzte sie sich plötzlich im Bett auf und sagte zu ihrer Mutter: ›Du kannst nicht mit mir mitgehen! Das Licht kommt jetzt und holt
mich, aber du kannst nicht mit! Wenn du es nur sehen könntest! Es ist so
wunderschön!‹ Kurz darauf ist sie gestorben.*«

Man darf niemals vergessen, daß die Experiencer, die einen lieben
Menschen durch den Tod verlieren, keine der unseren vergleichbare
Trauer erleben, ganz im Gegenteil. KENNETH RING berichtet über eine
Frau, die während der Geburt ihres zweiten Kindes eine NTE erlebte.
Während ihrer NTE kündigte ihr das Lichtwesen an, daß ihr Baby –
Tari – am vierten Tag nach seiner Geburt sterben werde, und diese
Ankündigung erfüllte sie mit großer Freude: »*Ich glaube, es wäre mir
leichter gefallen, meinen eigenen Namen zu vergessen als dieses wunder-
bare Gefühl, diese Woge reiner Freude, die mich erfaßt hatte, als er meine
Hand ergriff und mir sagte, er sei gekommen, um* mein *Kind zu holen.
Das war der größte Augenblick in meinem Leben … Jedenfalls wurde
mir schon bald klar, daß ich ›so tun‹ mußte, als würde ich um mein Baby
trauern, wenn ich in dieser Welt wieder akzeptiert werden wollte. Folglich tat ich es – für die andern. Nur mein Mann glaubte mir, und indi-
rekt half mein Erlebnis auch ihm ein bißchen … Ich habe nach Tari
noch drei weitere Kinder geboren. Mein geliebter Mann starb sechs Jahre
nach meinem Erlebnis, mein erstgeborener Sohn wurde fünfundzwanzig
und kam dann, sieben Jahre nach dem Tod meines Mannes, bei einem
Autounfall ums Leben (sofort – ohne Schmerz und Leid). Mein Kummer
wurde jedesmal schwächer und kürzer. Die Leute sagten: ›Sie steht unter
einem Schock, sie wird später trauern.‹ Und später sagten sie: ›Sie muß*

sehr stark sein, um all das, was ihr zugestoßen ist, so ruhig ertragen zu
können.‹ Beides stimmte nicht. Es tut gut, einmal jemandem die Wahrheit sagen zu können. Sie sind nicht tot. Sie leben und warten auf mich.
Unsere Trennung ist nur vorübergehend und von sehr kurzer Dauer – gemessen an der Ewigkeit.«

Erfahrungsbericht von Professor Jean-Pierre Girard

Evelyn Elsaesser Valarino: *Herr Professor Girard, Sie sind Mediziner und haben sich auf Immunologie spezialisiert. Sie praktizieren in Genf. Die Ironie des Schicksals hat es gewollt, daß Ihr Unfall, der in der Erfahrung gipfelte, die unser Gesprächsthema sein soll, eng mit Ihrem Fachgebiet zusammenhängt. Würden Sie bitte berichten, was Ihnen widerfahren ist?*
Professor Jean-Pierre Girard: Vor einigen Jahren erlitt ich nach einem Bienenstich einen Herzstillstand. Ich befand mich im Garten und lief über blühenden Weißklee, den die Bienen sehr lieben. Eine Biene reagierte auf meinen vermeintlichen Angriff und stach mich in den Fuß. Ich machte mir keine Sorgen, denn ich war früher schon öfter gestochen worden, ohne Folgen, außer daß ich einmal ein leichtes Unbehagen bemerkt hatte. Dieses Mal jedoch spürte ich nach vier oder fünf Minuten ein heftiges Jucken, das am Bein aufwärts zog, den ganzen Körper erfaßte und im Bereich der behaarten Kopfhaut besonders unangenehm war. Im gleichen Augenblick überkam mich ein leichtes Unwohlsein. Ich ging daher ins Haus, um mir Adrenalin zu spritzen, das bei derartigen Notfällen das Mittel der Wahl ist. Der Garten liegt etwas abseits, und es dauert ein paar Minuten, ins Haus zu gelangen. Als ich mein Sprechzimmer betrat, fühlte ich mich ganz elend. Damals gab es noch keine fertigen Spritzen-Sets, das heißt, man mußte erst eine Ampulle köpfen, die Spritze aufziehen und so weiter. Ich war gerade dabei, die Injektion vorzubereiten, als mir alles aus den Händen glitt, weil mir entsetzlich übel wurde und ich einen unwiderstehlichen Brechreiz hatte. Ich schleppte mich ins Badezimmer nebenan, und dort brach ich zusammen und wurde ohnmächtig. Als meine Frau nach Hause kam, fand sie mich in diesem Zustand, sie wußte nicht recht, wie lange ich schon da lag, und holte rasch den Dorfarzt, der ganz in unserer Nähe wohnt. Als der Arzt kam, führte er sogleich die notwendigen therapeutischen Maßnahmen durch, und ich erwachte

nach vielleicht zwanzig Minuten oder einer halben Stunde aus diesem Koma. Das läßt sich schwer genau sagen. Doch um auf den Punkt zu kommen, der uns hier besonders interessiert: Als ich ohnmächtig wurde, hatte ich ganz deutlich eine äußerst lebhafte und heftige Empfindung, etwas Schönes, Angenehmes zu erleben. Es war ein schwer zu beschreibendes Gefühl – denn unsere gewohnten Sinne sind in diesen Fällen ausgeschaltet –, als sei ich in eine Art blendendweißer, leuchtender Atmosphäre eingetaucht. Gleichzeitig hatte ich den Eindruck, körperlos und somit äußerst leicht zu sein. In meiner Erinnerung scheint es mir, daß diese Atmosphäre von Helligkeit und Leichtigkeit überaus lange angedauert hat. Während dieser Phase kamen mir bestimmte Dinge über mein Leben in den Sinn, ohne daß ich mich später genau erinnern konnte, was ich erlebt hatte. Allerdings erinnere ich mich sehr genau, daß mir Episoden meines Lebens gegenwärtig wurden, daß ich Situationen wiedererlebt habe, die in diesem Augenblick wieder zu durchleben ich keine triftigen Gründe hatte. Nach der Behandlung, die man mir angedeihen ließ, bin ich dann allmählich wieder an die Oberfläche emporgetaucht und habe diese strahlende, leuchtende, extrem leichte und friedliche Atmosphäre verlassen. Ich richtete mich auf, ich saß am Boden, gegen die Badewanne gelehnt, umgeben von dem Arzt und von meiner Frau, und meine ersten Worte waren: »Wie einfach ist es doch zu sterben.«

E.E.V.: *Sie kennen den klassischen Ablauf einer Nahtoderfahrung. Fühlten Sie sich auch durch einen Tunnel gezogen, oder hatten Sie das Gefühl, sich außerhalb Ihres Körpers zu befinden?*

Prof.J.-P.G.: Ich hatte keinerlei Tunnelgefühl. Ich hatte von vornherein den Eindruck, in eine sehr strahlende, leuchtende, helle Atmosphäre eingetaucht zu sein, und ich hatte das Gefühl zu schweben. Ich kann mich jedoch nicht erinnern, daß ich mich von der Decke des Badezimmers aus hätte beobachten können.

E.E.V.: *Haben Sie Geräusche gehört?*

Prof.J.-P.G.: Ich hörte tatsächlich ein Geräusch, wie fließendes Wasser oder vielmehr etwas, das eher einem Wasserfall glich.

E.E.V.: *Hatten Sie Kontakte mit Verstorbenen, oder ist Ihnen das »Lichtwesen« erschienen?*

Prof.J.-P.G.: Niemand ist mir begegnet.

E.E.V.: *... oder hatten Sie vielleicht eine gedankliche Kommunikation mit jemandem, der sich in der gleichen Sphäre wie Sie aufhielt?*

Prof.J.-P.G.: Nur etwas ist mir im Gedächtnis geblieben, im Zusammenhang mit der Episode, während der ich einige Ereignisse meines Lebens wiedererlebte. Ich habe sehr deutlich meine Mutter gesehen. Das ist die einzige konkrete Erinnerung, die mir blieb.

E.E.V.: *... Ihre Mutter lebt nicht mehr?*

Prof.J.-P.G.: Ja, sie ist tot. Ich bin überzeugt, sie war es, die ich gesehen habe.

E.E.V.: *Hatten Sie einen Gedankenaustausch mit ihr?*

Prof.J.-P.G.: Ja, wahrscheinlich.

E.E.V.: *Welches Gefühl hatten Sie in dem Augenblick, als Sie wieder zu Bewußtsein kamen?*

Prof.J.-P.G.: Ich hatte ein überaus friedliches Gefühl. Ich hatte etwas erlebt, was ich mit einem kurzen Tod verglich und was mir äußerst harmonisch und glücklich erschien. Wie ich vorhin schon erwähnte, lautete mein erster Satz: »Wie einfach ist es doch zu sterben.« Tatsächlich war ich ganz von diesem Gefühl durchdrungen: Es ist sehr einfach, ganz leicht, gar kein Problem.

E.E.V.: *In einem unserer Vorgespräche gestanden Sie mir, Sie seien nicht sehr froh gewesen, daß man Sie ins Leben zurückgeholt hatte.*

Prof.J.-P.G.: Stimmt, ich wußte nicht so recht, warum dieses Erlebnis so schnell zu Ende gegangen war.

E.E.V.: *Sie waren nicht sehr froh darüber?*

Prof.J.-P.G.: ... Nein, gar nicht, nein.

E.E.V.: *Hatten Sie das Bedürfnis, sich über diese Erfahrung Ihrer Umgebung mitzuteilen?*

Prof.J.-P.G.: Nein, ich habe wenig darüber gesprochen.

E.E.V.: *Glauben Sie, daß sich eine Nahtoderfahrung überhaupt mit Worten vermitteln läßt?*

Prof.J.-P.G.: Nein, das glaube ich nicht. Die Eindrücke, die ich wahrgenommen habe, sind schwer in Worten wiederzugeben. Vermutlich ist die Ebene der Sinneswahrnehmungen in diesem Augenblick praktisch nicht vorhanden. Es handelt sich um eine Botschaft, die wahrscheinlich auf andere Weise vermittelt wird. Mir erschien es immer sehr unzulänglich, sehr unangemessen, dies mit Worten zu beschreiben.

E.E.V.: *Ich gehe davon aus, daß Sie als Mediziner bereits vor Ihrer NTE mit dem Tod konfrontiert waren. Hatten Sie, was dieses Thema angeht, eine genaue Vorstellung?*

Prof.J.-P.G.: Ich hatte vom Leben und von dem, was danach kommt, eine spirituelle Vorstellung, die meinem Wesen und meinen Bedürfnissen entsprach. Was den Übergang betrifft, hatte ich jedoch keine ganz genaue, konkrete Idee.

E.E.V.: *Hat einer Ihrer Patienten eine NTE erlebt und mit Ihnen darüber gesprochen?*

Prof.J.-P.G.: Ja, das ist aber schon sehr, sehr lange her, ich war damals ein ganz junger Arzt. Es handelte sich um eine junge Frau, die an Leukämie litt und während einer akuten Krise mehrere Stunden im Koma lag. Nachdem sie wieder zu sich gekommen war, erzählte sie mir, daß sie wunderbare Augenblicke erlebt hatte und gar nicht glücklich war, wieder das Bewußtsein zu erlangen, vor allem, weil sie nun erneut Elend und Schmerzen ertragen mußte. Damals machte ich mir nicht die Mühe, diesen Vorfall zu deuten. Ich fand es einfach nur sehr schön, daß die Patientin dies so erlebt hatte, weiter nichts.

E.E.V.: *Hatten Sie vor Ihrem Erlebnis Bücher gelesen, die sich mit NTE auseinandersetzen, zum Beispiel die Publikationen von MOODY oder RING?*

Prof.J.-P.G.: Nein, die habe ich erst nach meiner NTE gelesen.

E.E.V.: *Wie haben Sie dieses Ereignis in Ihre Einstellung zum Leben integriert?*

Prof.J.-P.G.: Für mich wurde dadurch eindeutig ein Prozeß des Reifens ausgelöst. Ich glaube, daß es ein Vorher und ein Nachher gibt. Heute lebe ich in dem Bewußtsein, daß ich sterblich bin und daß ich eines Tages sterben werde, ich weiß nicht, wann, aber das beunruhigt mich nicht, ich habe keine Angst. Seit dem Ereignis hat sich etwas grundlegend verändert. Für mich ist das ganz klar.

E.E.V.: *Halten Sie diese Erfahrung für wichtig?*

Prof.J.-P.G.: Aber ja, unbedingt.

E.E.V.: *Hat Ihre NTE einen Einfluß auf Ihre Lebensweise gehabt?*

Prof.J.-P.G.: Ganz zweifellos dadurch, daß sie mein Dasein und mein Denken von einer gewissen Angst im Zusammenhang mit dem Ende der Existenz, mit dem Ende des Lebens befreit hat. Ob wir wollen oder nicht, diese Angst ist in jedem Menschen. Also das hat aufgehört, das kann ich versichern. Ein Ereignis, eine Erfahrung, die einem eine doch existentielle Angst nimmt, muß ja auf die Seinsweise und Lebensweise zurückwirken.

E.E.V.: *Sehen Sie seit der NTE Ihre Aufgabe auf Erden anders?*

Prof.J.-P.G.: Ich glaube ehrlich, ich hatte immer eine Idee von einer ganz konkreten Aufgabe. Allerdings hat die gemachte Erfahrung diese Vorstellung, diese Idee abgewandelt, modifiziert im Sinn einer Überzeugung, einer Ganzheit kosmischer Kräfte anzugehören, einem zusammenhängenden Ganzen, das ich vorher nicht so klar erkannt hatte.

E.E.V.: *Glauben Sie, daß diese Erfahrung Sie verwandelt hat?*

Prof.J.-P.G.: Ich denke, sie war sehr wichtig für mich.

E.E.V.: *Welche religiöse Einstellung hatten Sie vor Ihrer NTE?*

Prof.J.-P.G.: Ich war doch sehr stark von meiner christlichen Erziehung geprägt, die mir stets im religiösen Bereich das Wesentliche zu bedeuten schien. Ein eifriger Kirchgänger war ich nie; ich glaube indessen, daß ich seit dieser Erfahrung eine stärkere Orientierung zum Mystischen habe.

E.E.V.: *Hat die NTE Ihre Beziehung zur Kirche verändert? Betrachten Sie sie jetzt eher als Mittlerin?*

Prof.J.-P.G.: Ich möchte nicht anmaßend sein. Ich denke, die Kirche ist in der Tat eine notwendige und wichtige Institution, für manche Menschen mehr, für andere weniger. Ich meine, daß man auch eine persönliche Auffassung haben kann, die von der der Kirche abweicht, also nicht die Idee von einem Gebäude mit Glockenturm und Uhr und Sonntagspredigt. Ich habe eine andere Auffassung von Kirche; wenn ich mich in der freien Natur aufhalte, ihre Schönheit bewundere, dann fühle ich mich in einer Kirche. Tatsächlich gibt es eine vielleicht etwas erweiterte Form der Teilhabe am Begriff des Universums im Sinne von Kirche, von Tempel für den Menschen.

E.E.V.: *Was meinen Sie, beweisen die NTE, daß es ein Leben nach dem Tod gibt?*

Prof.J.-P.G.: Meine persönliche Erfahrung hat mir die Überzeugung vermittelt, daß der Tod nicht einfach einen vollständigen Bruch und das Nichts bedeutet. Was ein Danach betrifft, meine ich, daß es ein wenig Sache des Glaubens ist. Persönlich bin ich überzeugt, daß bestimmte Formen von Energie, die der Mensch ausstrahlt, nach dem Tod weiterbestehen und sich auf irgendeine Weise mit der kosmischen Energie verbinden. Das ist etwas vereinfacht, aber wir wissen ja auch nicht viel mehr darüber. Ich glaube jedoch ganz fest daran, daß es etwas in dieser Art gibt, auch wenn ich es nicht näher präzisieren kann.

E.E.V.: *Könnte man das als »Bewußtsein« bezeichnen?*

Prof.J.-P.G.: Vielleicht, ja, möglich.

E.E.V.: *Was würden Sie einem Menschen sagen, der weiß, daß er bald sterben wird?*

Prof.J.-P.G.: In dieser schwierigen Lage habe ich mich tatsächlich schon befunden. Ich würde ihm meine persönliche Erfahrung und meine Überzeugung klarmachen, daß der Tod ein Übergang von einem Zustand in einen anderen ist, da es ja kein Nichts gibt. Es kann sich um einen Zustand handeln, der wahrscheinlich sehr heilsam für die menschliche Seele ist. Sagen wir, daß das Energiesystem in dem Maße den Menschen überlebt, wie der Tod einfach akzeptiert wird, wie man sich bewußt ist, daß man zu einem allumfassenden System gehört, in welchem Leben wie Tod gleichermaßen wichtig und identisch sind, um das mal so auszudrücken. Ich würde ihm ganz schlicht meinen Standpunkt zu diesem Thema erklären und somit versuchen, seinen Ängsten möglichst weitgehend entgegenzuwirken.

E.E.V.: *Was empfinden Sie heute, wenn Sie vom Tod eines Menschen erfahren, den Sie gekannt haben?*

Prof.J.-P.G.: Der Tod eines Menschen, der einem nahestand, ist in jedem Fall schmerzlich. Es ist ein Verlust, jemand wird einem genommen, etwas affektiv Wertvolles wird einem geraubt. Davon abgesehen, haben wir vielleicht eine Neigung, den Tod ein bißchen zu dramatisieren. Der Tod ist notwendig, er muß kommen, er kann früher oder später eintreten, gewiß, aber ich glaube, in unserer Kultur fürchtet man ihn viel zu sehr. Man hat Angst davor, und das kommt von der Einstellung der Menschen, die glauben, daß mit dem Tod alles zu Ende ist. Dem Leben wird um so größerer Wert beigemessen, weil es ein Ende der irdischen Existenz gibt. Meines Erachtens ist das eine falsche Einstellung.

E.E.V.: *Eigentlich könnte man sagen, daß der Tod nur für die Hinterbliebenen traurig ist, aber nicht für den, der geht.*

Prof.J.-P.G.: Zweifellos kann der Tod für den, der geht, sogar eine Befreiung und eine Freude sein. Es ist normal, daß die, die zurückbleiben, Traurigkeit empfinden, wenn ein geliebter Mensch von ihnen geht. Nicht normal erscheint mir allerdings, daß diese Traurigkeit manche Menschen in einen Abgrund der Verzweiflung stürzt, die endlos andauern kann. Das ist falsch, ich finde es falsch.

E.E.V.: *Wenn diese Menschen wüßten, daß nach dem Tod noch etwas geschieht, dann wären sie traurig, ohne aber in eine Depression zu fallen.*

Prof.J.-P.G.: Genau, sie wären dann wohl nicht so maßlos deprimiert.

E.E.V.: *Betrachten Sie die Tatsache, daß Sie eine NTE erlebt haben, als ein Privileg?*

Prof.J.-P.G.: Habe ich ein Recht, mich privilegiert zu fühlen? Ich weiß nicht, aber ich glaube, ich hatte Glück, dies zu erleben.

E.E.V.: *Meinen Sie, das Phänomen der NTE sei wichtig für die Menschheit?*

Prof.J.-P.G.: Ich glaube, daß darin vielleicht ein gewisser Determinismus liegt. Betrachtet man die Essenz der Religionen im Laufe der Menschheitsgeschichte, dann wurde der Tod nie als Unglück gewertet, als Ende an sich, ganz im Gegenteil. Die Erleuchteten, die auf ein Jenseits hin lebten, sahen den Sinn und Zweck des Lebens darin, sich optimal auf diesen Augenblick vorzubereiten. Es gab keine Furcht, der Mensch trug alles in sich, was notwendig war, um dem Tod auf angemessene Weise gegenüberzutreten, und war sich eines entsprechenden Jenseits gewiß. Mit dem Niedergang der Spiritualität in unserer sehr materialistischen Gesellschaft, die letztlich alles verwirft, was nicht sichtbar und beweisbar ist, ging eine massive Zunahme der Furcht vor dem Tode als unerklärtem Phänomen einher. Ich wage zu sagen, daß heute die Menschen, jedenfalls viele von ihnen, irgendwie von ihren wahren himmlischen Wurzeln völlig losgelöst sind. Ich glaube, daß die Todesfurcht durch die Kenntnis der NTE, die manche Menschen erlebt haben, gemindert werden kann.

E.E.V.: *Wie verträgt sich Ihre Denkweise als Wissenschaftler mit der »Wunderseite« Ihrer NTE?*

Prof.J.-P.G.: Ich kann das gut vereinbaren. Die Haltung des Wissenschaftlers gegenüber dem Wunder der Schöpfung, gegenüber allen Welten um uns, die wir nicht genügend bewundern oder gar geringachten, sollte äußerst bescheiden sein. Unsere wissenschaftlichen Erkenntnisse sind letzten Endes sehr begrenzt und vordergründig. Nein, ich glaube, es gibt da keine Unvereinbarkeit.

E.E.V.: *Wie beurteilen Sie die Tatsache, daß die paranormalen Fähigkeiten von Menschen, die eine NTE gemacht haben, nach diesem Erlebnis offenbar erheblich zuzunehmen scheinen?*

Prof.J.-P.G.: Könnte nicht die einfache Tatsache, mit dem persönlichen Jenseits, mit der Todesfurcht im Frieden zu sein, den Menschen ermöglichen, in ihrem Unbewußten   wieder zu Verhaltensweisen zu finden, die sonst blockiert sind? Ich weiß nicht, ich habe keine wirkliche Erklärung anzubieten.

E.E.V.: *Haben Sie dieses Phänomen auch bei sich selbst beobachten können?*

Prof.J.-P.G.: Bei aller Bescheidenheit, ich kann nur sagen, daß ich mich mit mir und meinen Mitmenschen mehr im reinen fühle und daß mir in diesem Sinne mein Leben verändert erscheint. Wenn Sie aber den Begriff der Parapsychologie thematisieren wollen, würde ich das verneinen.

E.E.V.: *Sie haben nicht bemerkt, daß Sie parapsychologische Fähigkeiten bekamen, die Sie zuvor nicht besaßen?*

Prof.J.-P.G.: Nichts dergleichen, was vollkommen klar, konkret, unbestreitbar und beweisbar wäre.

E.E.V.: *Als Mediziner kennen Sie sich mit Halluzinationen aus. Handelt es sich bei den NTE um Halluzinationen?*

Prof.J.-P.G.: Ich bin überzeugt, daß dies nicht zutrifft. Halluzinationen implizieren eine Funktion der Sinnesorgane, die etwas übersteigert oder verschoben sein mag, aber jedenfalls vorhanden ist.

E.E.V.: *Glauben Sie, daß die NTE durch einen Sauerstoffmangel im Blut oder durch eine physiologische Störung im Augenblick des Todes hervorgerufen sein könnten?*

Prof.J.-P.G.: Ich meine, daß das Vorhandensein überirdischer Energie nicht vom Sauerstoffgehalt des Blutes abhängt!

E.E.V.: *Wäre es denkbar, daß die NTE aus den Tiefen des psychischen Apparates aufsteigen, wie eine letzte Schutzreaktion gegen die Aggression des unmittelbar drohenden Todes?*

Prof.J.-P.G.: Mir ist nicht recht klar, wie ein derartiger Schutzmechanismus beschaffen sein könnte.

E.E.V.: *Ich stelle Ihnen diese Frage, weil ich gerade die Beschreibung einer negativen NTE gelesen habe. Der Kardiologe und NTE-Forscher* RAWLINGS *berichtet über die Erfahrung eines Mannes, der bei einem stenokardischen Anfall mehrere Herzstillstände erlitten hatte und während der Wiederbelebungsmaßnahmen mehrfach die Grenzen des Lebens überschritten hatte. Jedesmal, wenn er wieder zu Bewußtsein kam, rief der Mann aus, er sei in der Hölle gewesen, habe entsetzliche, unerträgliche Augenblicke erlebt, und er flehte den Arzt an, ihn nicht wieder dorthin gehen zu lassen. Der Arzt war sehr beeindruckt, denn der Patient hatte wirklich einen entsetzten Gesichtsausdruck, als hätte er wahrhaftig grauenhafte Dinge gesehen. Es gelang dem Arzt, den Patienten zu retten, und er besuchte ihn ein paar Tage später am Krankenbett. Er kam sehr vorsichtig auf die vorausgegangenen Ereignisse zu sprechen und war verblüfft, daß der Mann sich an nichts Grauenhaftes erinnerte. Vielmehr erinnerte er sich schwach an ein eher angenehmes, positives Erlebnis. Bekanntlich werden wirklich schreckliche Ereignisse ins Unbewußte verdrängt und tauchen nicht mehr an die Oberfläche empor, denn das Bewußtsein kann nicht das Risiko eingehen, offen mit ihnen konfrontiert zu sein. In diesem Sinne stelle ich meine Frage.*

Prof.J.-P.G.: Zu diesem Problem habe ich keine entschiedene Meinung. Nach meiner Erfahrung ist im Gegenteil der vorherrschende Eindruck der von Heiterkeit und Frieden, allerdings von ungewöhnlicher Art, nämlich vollkommener Frieden, das erlebt man nicht jeden Tag, nicht wahr.

E.E.V.: *Glauben Sie, daß unsere Persönlichkeit als solche nach dem Tod*

weiterexistiert, daß es sich nicht um irgendeine abstrakte Sache, eine
entpersonalisierte kosmische Energie handelt?
Prof.J.-P.G.: Ich glaube, es gibt einen persönlichen inneren Weg.
Auch hier sind, betrachtet man wieder die buddhistische oder
hinduistische Esoterik, verschiedene Stufen erkennbar, und ich
glaube, daß diese Stufen existieren, ob wir das wollen oder nicht.
E.E.V.: ... *Stufen der inneren Erkenntnis?*
Prof.J.-P.G.: Ja, der inneren Erkenntnis, der Projektion auf das Abso-
lute, das Ewige.
E.E.V.: ... *in der spirituellen Entwicklung?*
Prof.J.-P.G.: Ja, genau. Es ist keineswegs ausgeschlossen, daß eine
NTE je nach der erreichten Stufe auf etwas verschiedene Art erlebt
werden kann. Das fände ich ziemlich einfach und normal.

Erfahrungsbericht von Henry H.

Evelyn Elsaesser Valarino: *Würdest du dich bitte kurz vorstellen und erzählen, welche Erfahrung du gemacht hast?*

Henry H.: Ich heiße Henry H.. Ich bin siebenunddreißig Jahre alt. Ich habe an verschiedenen amerikanischen Universitäten Psychologie im Hauptfach und Wirtschaftswissenschaften im Nebenfach studiert. Mich interessierte vor allem die kindliche Entwicklung, und ich wollte in die Jugendarbeit gehen. Von 1972 bis 1975 habe ich in der amerikanischen Armee gedient. Ich war achtzehn und absolvierte gerade meinen Wehrdienst, als ich nach Hause fahren mußte, weil mein einziger Bruder – er war ein Jahr jünger als ich – gestorben war; er hatte sich das Leben genommen. Es war das erste Mal, daß ich mit dem Tod eines nahen Angehörigen konfrontiert wurde. Damals nahm ich bereits Drogen. Am Tag der Beerdigung steckte ich meinem verstorbenen Bruder ein paar Marihuana-Joints in den Anzug, denn ich dachte, er würde sie dort, wo er hinging, vielleicht gerne rauchen.

Meine Nahtodeserfahrung erlebte ich am 17. Juli 1991. Damals lief gerade die Scheidung von meiner zweiten Frau. Ich kann Trennungen schlecht verkraften, ich habe Selbstbestrafungstendenzen. Ich hatte wieder angefangen, Drogen zu nehmen. Seit meinem Militärdienst habe ich mit Unterbrechungen immer wieder Drogen genommen. Als ich diese NTE machte, war ich allein in meinem Apartment in San José. An jenem Tag hatte ich zwei Sorten Stoff, Heroin und Kokain, genommen, wie ich das bereits seit einiger Zeit gewohnt war. Bis dahin hatte ich das Zeug noch nie überdosiert. An jenem Abend war ich gegen sechs Uhr heimgekommen und ins Bad gegangen, wo ich immer mein Dope vorbereitete. Ich hing an der Nadel. Ich hatte gerade mit Caroline, meiner Exfrau, geredet und war deprimiert. Ich weiß nicht, was passiert ist. Ich hatte je eine Dosis Heroin und Kokain gekauft und präparierte das Zeug auf meinem Löffel. Etwa zehn Sekunden nach der Injektion wußte ich, daß ich mir zuviel gespritzt hatte. Ich fing an, mich in Krämpfen zu winden. Soviel ich weiß, bewirkt die Injektion einer zu hohen Kokaindosis, daß der Herzrhythmus aus dem Takt gerät und das Herz einfach aufhört zu schlagen. Kokain ist eine sehr starke Droge. Das ist mir also passiert.

E.E.V.: *Du hast also einen Herzstillstand gehabt?*

H.H.: Ich weiß nicht, ob das der exakte medizinische Begriff ist. Mein Herz hat einfach aufgehört zu schlagen. Ich erinnere mich, daß ich nicht mehr stehen konnte und zu Boden sank. In diesem Moment hatte ich Halluzinationen, und ich sah sechs Personen, die in mein Apartment eindrangen. In dem Augenblick war das sehr, sehr wirklich.

E.E.V.: *Wer waren diese Personen?*

H.H.: Es waren Freunde und Nachbarn, die wußten, daß ich drogenabhängig bin. Ich konnte ganz deutlich ihre Gesichter erkennen. Im nachhinein glaube ich, daß sie die Personen darstellten, die mich geliebt und sich während meiner gesamten Drogenkarriere um mich Sorgen gemacht hatten und die den Schmerz und das Leid, das ich nicht nur ihnen, sondern ebenso mir bereitete, nicht mehr ertrugen. Sie kamen zu mir ins Bad und fingen an, mich zu schlagen, bis ich eine blutige Masse wäre. Ich erinnere mich, daß ich ihre Bemerkungen und ihren Spott hörte. Sie sagten, sie würden mir eine Lektion erteilen, ich hätte zwanzig Jahre lang Gelegenheit gehabt, clean zu werden, und hätte es nicht fertiggebracht. Weil ich hartnäckig immer wieder Drogen nahm, täten sie mir einen Gefallen, indem sie mich schlugen und mich in einen blutigen Fleischklumpen verwandelten. Das war sehr real. Während ich auf dem Boden lag, habe ich die Schläge in meinem Gesicht körperlich gespürt. Ich erinnere mich, daß ich am Boden lag und beschloß, mich totzustellen. Ich dachte, sie würden dann aufhören, mich zu schlagen. Ich bemühte mich, meine Herzschläge anzuhalten und meine Atmung zu unterbrechen, um sie glauben zu machen, daß ich tot war. In diesem Moment sah ich im Geist eine Tür; ein Licht erschien, in dem ich Gott erkannte, und ich vernahm eine sehr deutliche Stimme. Ich sah mich auf dem Boden hingestreckt und ging gleichzeitig auf diese Tür zu.

E.E.V.: *War die Tür real oder symbolisch?*

H.H.: Es war eine symbolische Tür, welche die Grenze zwischen Leben und Tod darstellte. Ich war von meinem physischen Leib, der immer noch auf dem Boden lag, getrennt, und mein Geist strebte dieser Tür zu, um dem Leben zu entrinnen. Ich wollte gerade die Tür öffnen, als diese Stimme, die das Licht war, sprach: »Henry, ich bin noch nicht mit dir fertig. Du hast eine Aufgabe auf Erden zu erfüllen. Ich lasse dich nicht durch diese Tür gehen.« Dreimal versuchte ich, durch die Tür zu gehen, und es war immer *meine* Initiative und *meine* Art zu versuchen, dem Ganzen ein Ende zu machen. In dem Moment, als die Stimme, von der ich sicher wußte, daß sie Gott war, zum drittenmal sagte: »Nein, du hast noch ein Ziel hier auf der Erde, du darfst noch nicht durch diese Tür gehen«, da sagte ich: »Okay, Gott, machen wir es auf *deine* Weise. Du läßt diesen unerträglichen Schmerz, den ich empfinde, aufhören, und ich tu' alles, was du willst.« Nach dem dritten Versuch, auf *meine* Weise vorzugehen, sagte ich: »In Ordnung, ich mach' es auf *deine* Weise.« Heute, ein Jahr nach meiner NTE und nachdem ich seit 95 Tagen total clean bin, verstehe ich, daß ich meinen jetzigen Zustand, der so ganz anders ist als jemals nach meinen vielen Entziehungskuren, dieser NTE verdanke. Jetzt bin ich hundertprozentig engagiert, den Willen der göttlichen Macht anzunehmen und zu befolgen. Heute unterliegt mein ganzes Leben seinem Willen, und ich bin ganz aufrichtig überzeugt, daß dieses Erlebnis, das ich vor einem Jahr hatte, den Beginn meines Wunsches markiert, mich seinem Willen ganz zu unterwerfen. Dann bin ich zu mir gekommen, und die Schläge gingen weiter.

E.E.V.: *Waren das deine Herzschläge?*

H.H.: Nein. Ich hab' versucht, da durchzublicken, und kam darauf, daß ich während meiner Krämpfe mit meinem Kopf gegen die Badewanne oder gegen die Badezimmerwand geschlagen sein muß.

E.E.V.: *War diese Überdosis eigentlich ein Selbstmordversuch?*

H.H.: Nein, das war kein Selbstmordversuch. Ich kannte den Dealer und wußte, daß er guten Stoff hatte. Ich hatte an dem Tag meinen normalen Tagesbedarf gekauft, das heißt für hundert Dollar Heroin und für hundert Dollar Kokain. Ich erinnere mich, daß mein Dealer mich warnte, das Dope sei absolut rein. Meine Großmutter war im Januar dieses Jahres gestorben und hatte mir was vererbt. In den vergangenen fünf Monaten hatte ich an die 50 000 Dollar für Drogen ausgegeben.

E.E.V.: *Beschreibst du mal genauer die Stimme, die du gehört hast? War es eine männliche oder eine weibliche Stimme?*

H.H.: Es war eine männliche Stimme.

E.E.V.: *Und du hast ein Licht gesehen?*

H.H.: Ja, ich habe *das* Licht gesehen, ich sah keine Form oder etwas dergleichen. Aber die Stimme und das Licht und die höhere Macht ließen mich nicht durch diese Tür gehen. Und das hat sich dreimal wiederholt.

E.E.V.: *Als du versuchtest, durch die Tür zu gehen?*

H.H.: Genau.

E.E.V.: *Was glaubst du, wäre passiert, wenn du durch die Tür gegangen wärst?*

H.H.: Ich wäre gestorben.

E.E.V.: *Was ist dann geschehen?*

H.H.: Nach meinem dritten Versuch begann ich, Gott Versprechungen zu machen: »Wenn du sie hinderst, mich zu schlagen, tu' ich alles, was du willst.«

E.E.V.: *Was solltest du denn für ihn tun?*

H.H.: Das hat er nicht genau gesagt. Er sagte bloß: »Deine Stunde ist noch nicht gekommen, du hast auf Erden noch eine Aufgabe für mich zu erfüllen.«

E.E.V.: *Hat er dir gesagt, um welche Aufgabe es sich handelte?*

H.H.: Nein, aber ich war immer zutiefst überzeugt, daß ich für ihn bestimmte Aufgaben auf Erden zu erfüllen hätte.

E.E.V.: *Aber dein Glaube hat dir nicht geholfen, von den Drogen wegzukommen?*

H.H.: O nein.

E.E.V.: *Das hatte keinen Einfluß?*

H.H.: Nein. Schau, ein Drogensüchtiger wie ich kann Gott von morgens bis abends das Blaue vom Himmel versprechen. Tatsache ist, daß er am nächsten Morgen aufsteht und sich wieder eine Spritze macht. Weißt du, daß ich heute und mit dir überhaupt zum erstenmal über meine Nahtodeserfahrung spreche?

E.E.V.: *Warum hast du vorher nie darüber gesprochen?*

H.H.: An dem Abend, als ich mir die Überdosis spritzte, habe ich einen Vertrag mit Gott geschlossen. Er hat ihn eingehalten, aber ich nicht, denn ich habe danach weiter Drogen genommen, und ich hatte deshalb furchtbare Schuldgefühle. Diese Schuldgefühle, weil ich mein Versprechen nicht hielt, hinderten mich zu erkennen, wie entscheidend das war, was sich an jenem Abend ereignet hatte. Deswegen konnte ich mit keinem Menschen über meine Erfahrung reden.

E.E.V.: *Du sagtest, daß dich während deiner NTE sechs Leute totschlagen wollten. Aber du weißt, daß dies eine Halluzination war, die die Droge ausgelöst hatte?*

H.H.: In dem Augenblick wußte ich das nicht.

E.E.V.: *Aber jetzt weißt du es?*

H.H.: Ja, jetzt weiß ich, daß dieser Teil meiner Erfahrung auf Drogenwirkung beruhte.

E.E.V.: *Aber wie willst du wissen, daß deine Begegnung mit Gott nicht auch eine Halluzination war?*

H.H.: Das eine hatte überhaupt nichts mit dem anderen zu tun. Ich will versuchen, es dir zu erklären. Ich weiß, daß die Begegnung mit dem Licht, die ich hatte, als ich durch die Tür gehen wollte, keine Halluzination war. Als ich am Boden lag und sterben wollte, damit die Schläge aufhörten, war ich das Opfer einer Halluzination, das ist mir heute ganz klar. Diese Augenblicke der Halluzination waren erfüllt von Frustration, Schmerz und Entsetzen und bewirkten, daß ich aufgeben, sterben wollte. Es war eine gänzlich negative, erschreckende Erfahrung. Ich bin sicher, daß ich in dem Moment, als ich die Tür und das Licht erblickte, tot oder an der Schwelle des Todes war. Da hast du den ganzen Unterschied, denn die Begegnung mit dem Licht war friedlich und gut. Das Licht war tröstlich, es erschreckte mich nicht. Diese Begegnung war so wunderbar, daß ich nur eins wollte: durch diese Tür gehen. Als ich zum drittenmal zu mir kam, hatte ich begriffen, daß ich diese Tür noch nicht passieren konnte, daß meine Stunde noch nicht gekommen war und daß ich weiterleben mußte. Erst in diesem Augenblick, nachdem ich das Licht gesehen und nachdem Gott zu mir gesprochen hatte, tat ich das Nötige, um Hilfe herbeizurufen. Vor dieser Begegnung hätte ich niemals versucht, telefonisch Hilfe anzufordern, denn ich wollte ja sterben. Das zeigt klar, daß die Episode mit dem Licht heilsam für mich war, im Gegensatz zu den Halluzinationen, die erfüllt waren von Angst und dem Wunsch zu sterben. Die Offensichtlichkeit dieser Begegnung mit Gott war so stark, daß die drei Polizisten, die mit dem Rettungsdienst kamen, darauf verzichteten, mich wegen Drogenmißbrauchs anzuzeigen, obwohl für sie auf der Hand lag, daß mein Zustand einer Überdosis zuzuschreiben war. Durch diese Begegnung mit Gott muß etwas so Wahrhaftiges und Reales von mir ausgegangen sein, daß sie es sehen konnten. Einer von ihnen sagte zu mir: »Danke deinem Schutzengel, daß du noch am Leben bist. Hoffentlich hilft dir das, was du gesehen hast, zu leben.« Heute kann ich bestätigen, daß diese Begegnung mir hilft zu leben, aber am Tag nach diesem Erlebnis war das noch nicht der Fall.

E.E.V.: *Du hast also danach weiter Drogen genommen?*

H.H.: Ja, natürlich. Weißt du, ich hab' mir gesagt, daß ich den Tod besiegt hatte. Ich hatte noch Geld und nahm mir bloß vor, beim nächsten Mal vorsichtiger zu sein.

E.E.V.: *Aber welchen Einfluß hatte dann die NTE, wenn du doch weiter Drogen genommen hast?*

H.H.: Heute schau' ich zurück und verstehe, daß alles aus einem bestimmten Grund geschieht und was nötig war, damit ich aufhörte, Drogen zu nehmen. Zu jenem Zeitpunkt genügte die NTE nicht, wie eindrucksvoll sie auch gewesen sein mochte. Ich mußte zuerst ganz am Boden sein. Heute bin ich sehr spirituell, aber begriffen habe ich das erst vor fünfundneunzig Tagen, als ich aufhörte, Drogen zu nehmen. Jetzt bin ich seit fünfundneunzig Tagen absolut clean, zum erstenmal seit zwanzig Jahren.

E.E.V.: *Und du glaubst, daß der Beginn dieser Entwicklung durch deine NTE ausgelöst wurde?*

H.H.: Da bin ich ganz sicher. Aber ich brauchte eine gewisse Zeit, um ganz bei Null anzukommen. Die NTE ermöglichte mir, das Ausmaß meiner Isolierung, meiner Einsamkeit zu erkennen, den Kummer, keine Freunde, keine Familie zu haben, denn, das ist Tatsache, zu dieser Zeit hatten sich alle von mir abgewandt. Ich war ganz unten, ich tat Dinge, die mir gar nicht ähnlich sahen. Ich hatte zum

Beispiel einiges Geschick beim Wetten auf Pferderennen erlangt. So gewann ich im Frühjahr in einem Monat 20 000 Dollar. Die hab' ich in drei Wochen für Drogen rausgeschmissen. Zu der Zeit – es war Ende April, und ich saß in meiner Firma – schrieb ich eines Tages auf einen Zettel: »Gott, wenn du mich hörst, hilf mir.« Am Osterwochenende beschloß ich, mit den Drogen aufzuhören. Am Karsamstag bin ich in die Kirche gegangen; ich stand noch unter Drogenwirkung und hörte die beste Predigt meines Lebens über die Auferstehung Christi. Es war eine gewaltige Botschaft, und genau in diesem Moment habe ich beschlossen, ganz aus mir heraus, clean zu werden. Meine Exfrau, die an diesem Tag bei mir war, hatte nie wirklich klar erkannt, daß ich massiv drogenabhängig war, denn sie hatte mich immer topfit gesehen. Das Heroin hat ja die Besonderheit, daß du nach der Spritze immer gut drauf und voll leistungsfähig bist. Vierundzwanzig Stunden später war ich auf Entzug und wurde sehr krank. Zufällig war ich im November zuvor zum Entzug im Hospital für Militärveteranen in Palo Alto gewesen. Nach fünf Tagen war ich abgehauen, weil ich mir einbildete, ich wäre geheilt. Normalerweise ist es sehr schwer, wieder in ein Therapieprogramm dieser Krankenhäuser aufgenommen zu werden, weil unheimlich viele Exsoldaten Drogenprobleme haben, und die Klinikleitung trifft eine sehr strenge Wahl, um die Leute auszufiltern, die abbrechen werden oder die nur auf ein Bett und drei Mahlzeiten am Tag spekulieren. Sie machen es auf die Tour, daß sie den Leuten sagen, sie sollen sich in der nächsten Woche wieder melden. Das muß man gut einen Monat lang jede Woche tun, um seinen ernsthaften Willen zu beweisen, denn die haben anderes zu tun, als mit dir ihre Zeit zu verplempern. Als meine Exfrau mich auf Entzug sah, war sie so entsetzt, daß sie nicht mehr wußte, was sie tun sollte. Sie hatte mich nie in diesem Zustand gesehen. Sie wühlte in meinen Papieren und fand schließlich die Visitenkarte des Mitarbeiters der Aufnahme im Militärkrankenhaus von Palo Alto, wo ich nach fünf Tagen die Flatter gemacht hatte. Sie rief dort an, und ich redete mit dem jungen Mann, Kevin heißt er, und erklärte ihm, daß ich seit zwei Tagen keine Drogen angerührt hatte, daß ich clean werden wolle und daß ich mein Leben dem Willen Gottes unterstellt habe.

Und wunderbarerweise sagte Kevin, am nächsten Morgen wäre ein
Bett für mich frei.

E.E.V.: *Wieviel Zeit lag zwischen deiner NTE und dem Tag, an dem du
beschlossen hast, clean zu werden?*

H.H.: Neun Monate. Jetzt im Augenblick wird mir klar, daß dies eine
symbolische Zahl ist, die Zeit der Entwicklung, bis ein Mensch geboren wird.

E.E.V.: *Kannst du mir erklären, warum gerade dieser Entzug erfolgreich
war?*

H.H.: Ich hab' im Verlauf von zwanzig Jahren fünf verschiedene Entziehungskuren gemacht und bin jedesmal rückfällig geworden. Ein,
zwei Tage nach dem Entzug blieb ich abstinent, und dann war ich
bald wieder voll auf Drogen. Weißt du, ich hab' diese Entzüge nicht
um meinetwillen gemacht. Während meines Studiums war ich
sechs Jahre in einem Methadon-Programm. Ich glaubte, alles wäre
in Ordnung, ich schloß mein Studium ab, heiratete und bekam
zwei Kinder, aber ich stand nach wie vor unter Methadon, was ja
eine sehr starke Ersatzdroge ist, wie du weißt. Dieses Mal aber habe
ich eine tiefe spirituelle Entwicklung erfahren, die mich motivierte,
keine Drogen mehr zu nehmen. Etwas so Bewegendes habe ich nie
zuvor erlebt. Du mußt wissen, daß ich damals noch etwas Geld hatte. Ich hätte losziehen und Stoff kaufen und mich noch eine Zeitlang zuknallen können. Aber ich hatte beschlossen aufzuhören.
Weißt du, in der Zeit zwischen meiner Überdosis und dem Tag, an
dem ich auf Entzug ging, hätte ich versucht sein können, mich ins
Auto zu setzen und gegen einen Baum zu fahren, aber ich bin überzeugt, daß man es mich nicht hätte tun lassen, daß irgend jemand
mich daran gehindert hätte. Jetzt, während ich mit dir darüber rede, wird mir klar, das hängt mit dieser Nahtoderfahrung zusammen, bei der Gott mich gelehrt hat, daß ich nicht so einfach über
mein Leben verfügen kann, daß er noch etwas mit mir vorhatte. Er
hielt noch Aufgaben für mich bereit.

E.E.V.: *Weißt du, welche?*

H.H.: Ja, ich weiß es.

E.E.V.: *Kannst du darüber sprechen?*

H.H.: Also paß auf, ich weiß mich auszudrücken, ich kann verkaufen,

Menschen lenken. Wenn ich mir Mühe gebe, bekomme ich, was ich will – und das hab' ich immer mißbraucht, zum Bösen. So wie es Yin und Yang gibt, denke ich, gibt es Gut und Böse. Nun, ich bin sehr stark darin gewesen, sehr böse zu handeln, denn ich habe die Gaben, die Gott mir geschenkt hat, zu negativen Zwecken genutzt. Trotzdem wußte ich immer, daß Christus existiert. In meinem tiefsten Inneren war ich davon überzeugt. Es stimmt, daß ich nicht danach lebte, aber trotzdem war ich seit meiner frühesten Jugend davon überzeugt. Aber ich habe mich von Hochmut hinreißen lassen, und ich war der Typ, der sagt: »Seht mal, was ich alles kann, seht mal, was ich habe.«

E.E.V.: *Heute hast du es nicht mehr nötig, diese Rolle zu spielen?*

H.H.: Nein, das hab' ich nicht mehr nötig. Heute kann ich ich selbst sein und meine Gefühle sprechen lassen. Ich erkenne den Sinn meines Lebens und fühle mich innerlich im Gleichgewicht.

E.E.V.: *Der äußere Schein, das Geld zählen nicht mehr?*

H.H.: O nein, überhaupt nicht. Eigentlich hab' ich mir aus materiellen Dingen nie viel gemacht. Klar, wie hätte ich sonst soviel Geld für Drogen ausgeben können? Aber das ist ja typisch für den Wahnsinn der Drogensucht. Ich habe gerade von sozialem, körperlichem und spirituellem Gleichgewicht gesprochen. Verstehst du, ich bemühe mich, meine Einstellung und mein Verhalten zu ändern, aber meinen Charakter kann ich nicht ändern. Ich kann allenfalls versuchen, die Menschen nicht mehr zu manipulieren. Was sich heute geändert hat, ist die Tatsache, daß Gott mir ein Zeichen gegeben hat. Ich möchte es so ausdrücken: Das Leben ist eine Straße mit Wegweisern, die die Richtung angeben. Es hat sich herausgestellt, daß ich immer die Richtung einschlug, die mich in eine Einbahnstraße führte. Gott hat an mir so viele Wunder gewirkt, daß ich ihm seine Güte danken will, indem ich anderen Menschen helfe. Ich gehe gern in die Kirche. Neulich habe ich übrigens bei der Predigt geholfen, indem ich den jungen Leuten in der Kirche einen kleinen Vortrag über die Gefahren von Rauschgift hielt.

E.E.V.: *Du kümmerst dich also heute um junge Menschen?*

H.H.: Jungen Menschen zu helfen war immer das Ziel meines Lebens, seit mein Bruder mit siebzehn Jahren starb. Weißt du, als Jugendlicher war ich sehr aufsässig, ich wollte immer für alles eine Erklärung haben. Ich sah die Scheinheiligkeit der Kirche in den sechziger, siebziger Jahren, ich sah die vielen Ehescheidungen ringsum. Ich wußte nicht, wer ich war, und suchte meinen Weg. In Wirklichkeit tat ich genau das Gegenteil von dem, was meine sittliche und religiöse Erziehung mich gelehrt hatte. Erst nach meiner NTE ist es mir gelungen, diese Erkenntnisse zusammenzufügen, sie in mein Leben zu integrieren und mir bewußt zu werden, wie wichtig Gott in meinem Leben war. Erst jetzt bin ich imstande, die Bibel zu lesen und ihren wahren Sinn zu erfassen. Früher hielt ich das eher für phantasievolle Geschichten, etwas Erfundenes, Unwirkliches. Heute, nach meiner NTE, ist das alles sehr real geworden, obwohl ich unmittelbar danach nicht verstand, welche tiefere Bedeutung die NTE für mein Leben haben sollte. Ich brauchte erst eine Phase der Ernüchterung, ohne Drogen und ohne Alkohol, um das alles auf die Reihe bringen zu können. Heute beginne ich den Tag, indem ich in der Bibel lese, damit das Wort und der Wille Gottes mich durch den Tag begleiten.

E.E.V.: *Du versuchst also jetzt, wie ein anständiger Mensch zu leben?*

H.H.: Ja, jetzt habe ich ein Gewissen. Ich mag sogar keine gemeinen Wörter mehr benutzen, weil das mich hindert, ich selbst zu sein. Wenn du mich vorher gekannt hättest …! Es ist ein Wunder. Heute sehe ich den Wert der kleinen Dinge im Leben, und ich hatte die Freude, einige von tiefster Bedeutung zu erleben. Weißt du, nach der Scheidung von meiner ersten Frau wurde mir kein Besuchsrecht für meinen ältesten Sohn eingeräumt. Vor einer Woche hat meine Exfrau beschlossen, ihn mir anzuvertrauen, und am nächsten Wochenende wird er zu mir nach Kalifornien kommen. Ich werde ihn zum erstenmal nach zwei Jahren wiedersehen. Du siehst, Gott kennt mich, und er weiß, welche Wunder ich brauche, denn ich bin ja weiterhin drogensüchtig, auch wenn ich nichts mehr nehme. Ich habe mich um 180 Grad gedreht, ich will positiv leben, gute Beziehungen zu meinen Mitmenschen haben, anständig sein und die Sorge für mein Leben in Gottes Hand legen. Und es geht! Ich bin dabei, meine wahre Persönlichkeit wiederzufinden. Es stimmt, die Drogenszene paßte nicht zu mir. Dort war nicht mein Platz, aber auch unter den anständigen Menschen hatte ich meinen Platz nicht gefunden. Ich muß ehrlich sagen, daß ich noch nie so offen, so ausführlich wie mit dir über mein Leben und über den Vorfall mit der Überdosis gesprochen habe.

E.E.V.: *Eine NTE ist ja auch nicht gerade ein Thema für Small talk!*

H.H.: Das stimmt. Ich wußte ja, als das mit der Überdosis passierte, nicht einmal, daß es so etwas wie NTE gibt. Während meiner Entziehungskur passierte es dagegen häufig, daß Mitpatienten erzählten, der Tod habe sie gestreift. Es ist wahr, daß man ganz tief fallen muß, um wieder aufstehen zu können. Bei dem Sumpf, in den man fällt, kann es sich um Drogen handeln, um Alkohol, um Magersucht, um die Sucht, sich ständig in Lebensgefahr zu begeben … Es gibt unzählige lebensgefährliche Situationen, aber das sind keine Nahtodes*erfahrungen*. Tatsächlich habe ich nie über meine NTE gesprochen, weil ich immer noch nicht begriffen hatte, was mir da passiert war, bis ich dich kennenlernte. Bei der Therapie, die ich im Rahmen des Entzugsprogramms mache, lernte ich einen Veteranen des Vietnamkriegs kennen. Er hat eine NTE erlebt und mir davon erzählt. Ich habe ihm nichts von meiner Erfahrung gesagt, denn was ihm widerfuhr, schien viel gewaltiger als das, was ich erlebt habe, obwohl meine NTE für mich persönlich äußerst eindrucksvoll war.

E.E.V.: *Sie hat dein Leben verändert.*

H.H.: Ja, sie hat mein Leben von Grund auf gewandelt.

E.E.V.: *Glaubst du heute, daß es eine Daseinsform nach dem Tod gibt, oder warst du schon immer davon überzeugt?*

H.H.: Früher war ich mir dessen nie so sicher, aber heute bin ich überzeugt.

E.E.V.: *Bist du davon gleich nach deiner NTE überzeugt gewesen oder erst nach einer gewissen Zeit?*

H.H.: Es hat einige Monate gedauert. Schau, ich hab' immer geglaubt, daß es einen Himmel gibt, aber ich konnte ihn mir nie vorstellen. Das war etwas Unfaßbares, etwas da oben, außerhalb meines Begriffsvermögens. Die Art von Geschichten, die man dir als Kind erzählt und wo du dich im Garten Eden mit Löwen und Schäfchen spielen siehst. Du weißt, was ich meine: diese hübschen Geschichten. Heute ist das anders, nämlich ganz real.

E.E.V.: *Ich habe den Eindruck, daß du vorher sterben wolltest und daß du jetzt versuchst zu leben. Was hat diesen Drang zur Selbstzerstörung bei dir aufgehalten? Die Liebe hat ersichtlich nicht genügt, denn du warst zweimal verheiratet und hast zwei Kinder. Was war mächtiger als die Liebe?*

H.H.: Das ist eine gute Frage. Siehst du, ich versuchte, für die anderen clean zu werden: für meine Frau, für meine Eltern, für meine Kinder, aber das war nicht die richtige Motivation. Was dieses Mal anders ist, was mir ermöglichte, mich wirklich von der Droge zu befreien, ist die Tatsache, daß ich es für mich getan habe. Jetzt beginne ich zu erkennen, wer ich bin. Schon immer wollte ich mit anderen teilen und anderen helfen, aber ich handelte eigensüchtig, denn ich erwartete, etwas dafür zurückzubekommen. Das war kein uneigennütziges Teilen, keine bedingungslose Liebe, sondern eigensüchtige Liebe. Was ich heute radikal anders erlebe, ist die Tatsache, daß ich mich uneingeschränkt akzeptieren kann, weil Gott mich einfach so liebt, wie ich bin. Heute empfinde ich echte Freude, wenn ich jemandem helfen kann, ohne daß ich irgendwas zurückerwarte, und genau so liebt mich Gott. Bei meiner Begegnung mit ihm hat Gott mich gelehrt, wie ich anderen Menschen helfen kann. Doch bevor ich diese Gabe in die Praxis umsetzen konnte, mußte ich lernen, mich selbst zu lieben. Es ist schwer, sich zu lieben, wenn man Schuldgefühle hat, wenn man an der Nadel hängt und das Gehirn von Rauschgift überschwemmt ist.

E.E.V.: *Anscheinend hat der Selbstmord deines Bruders deine Drogenabhängigkeit mit ausgelöst. Hast du dich schuldig gefühlt, am Leben zu sein, während er so früh sterben mußte? Glaubtest du, du hättest kein Recht zu leben?*

H.H.: Ich glaubte nicht, daß ich kein Recht zu leben hätte, aber ich fühlte mich schuldig. Nachdem meine Eltern sich hatten scheiden lassen, heirateten beide andere Partner. Ich konnte mich all dem entziehen, indem ich erst aufs College und dann zum Militär ging, aber mein Bruder wurde zwischen beiden Haushalten hin und her gezerrt. Außerdem fühlte ich mich schuldig, weil ich meinen Bruder dazu verführt hatte, seinen ersten Joint zu rauchen. Und ich war es auch, der unseren Vater überredet hatte, ihm ein schweres Motorrad zu kaufen. Als mein vorgesetzter Offizier mich ins Büro rufen ließ, um mir die Nachricht vom Tod meines Bruders mitzuteilen, dachte ich sofort: »Er hat bestimmt einen Motorradunfall gebaut.« Ich fühlte mich auf der Stelle schuldig an seinem Tod. Ich fühlte mich verloren und verantwortlich, weil ich nicht dagewesen war, als er mich brauchte. Als Kinder haben wir uns oft verbissen geprügelt. Ich erinnere mich, daß wir uns einmal an einem Strand in Mexiko dermaßen geprügelt hatten – damals war ich ein schlimmes Kind –, daß meine Schwester zu mir sagte, ich würde ihn irgendwann umbringen, wenn ich mich nicht besser beherrschen lernte. Du siehst, ich hatte tausend Gründe, mich für seinen Tod verantwortlich zu fühlen. Ich habe zwanzig Jahre gebraucht, um den wahren Grund für seinen Selbstmord herauszufinden. Schließlich habe ich begriffen, daß er gestorben war, weil er es gewollt hatte, und daß ich ihn nicht daran hätte hindern können. Er war ein Junge, der immer zu Ende führte, was er sich vorgenommen hatte, und das bewunderte ich an ihm.

E.E.V.: *Ich möchte dir eine letzte Frage stellen: Manche Menschen benutzen bewußtseinserweiternde Drogen, um zu einem veränderten Bewußtseinszustand zu gelangen, der ihnen, so behaupten sie, eine spirituelle Dimension eröffnet. Könnte man sagen, daß du fast alle harten Drogen, die es gibt, ausprobiert hast?*

H.H.: Das stimmt genau.

E.E.V.: *Gleicht deine Begegnung mit Gott dem, was du unter dem Einfluß von Drogen erlebt hast? Würdest du sagen, daß es die gleiche Art der spirituellen Erfahrung war?*

H.H.: Keineswegs, nein, auf keinen Fall. Bei den Drogen handelt es sich um chemisch definierte, um künstliche Substanzen. Ich habe während meiner Drogenkarriere nie eine spirituelle »Reise« erlebt. Weißt du, wenn man von einer »Reise« zurückkehrt, fühlt man sich elend, jedenfalls hatte ich danach immer einen Kater. Diese Erfahrungen sind immer künstlich herbeigeführt, und hinterher gibt es nichts darüber zu sagen, außer daß vielleicht ein Junkie einem anderen erzählen will, wie oft er einen Baum zusammenschmelzen sah. Nein, wirklich, es gibt nichts darüber zu sagen, da ist keine greifbare Substanz vorhanden. Die NTE dagegen war sehr friedlich, sehr real, von tiefem Sinn erfüllt, das ist überhaupt nicht mit einer psychedelischen Erfahrung zu vergleichen.

Interview mit Professor Kenneth Ring

Häufigkeit und Wesen der Nahtodeserfahrung

Evelyn Elsaesser Valarino.: *Herr Professor Ring, wie lange beschäftigen Sie sich schon mit der Erforschung von Nahtodeserfahrungen?*
Professor Kenneth Ring: Seit fünfzehn Jahren.
E.E.V.: *Wie würden Sie eine typische Nahtodeserfahrung beschreiben?*
Prof.K.R.: Eine typische NTE hat mehrere Merkmale: ein Gefühl tiefen Friedens und Wohlbefindens; die Empfindung, dem physischen Leib entrückt zu sein und den physischen Leib von außen betrachten zu können; das Gefühl, sich durch einen dunklen Raum zu bewegen, der manchmal als Tunnel beschrieben wird, hin zu einem strahlend schönen, goldenen oder weiß-goldenen Licht. Manchmal sieht der Betroffene eine Art Lebensfilm vor sich ablaufen. Er kann vor die Entscheidung gestellt werden, ob er in den physischen Leib zurückkehren oder weitergehen will, oder er kann angewiesen werden, wieder in seinen physischen Leib zurückzukehren. Es gibt weitere Faktoren, die eine NTE definieren, aber die genannten sind die wesentlichen.
E.E.V.: *Was verstehen Sie unter einer Kernerfahrung?*
Prof.K.R.: Das ist eine Erfahrung, die die meisten dieser Merkmale und zusätzlich noch ein paar weitere aufweist, welche insgesamt auf eine ungewöhnlich intensive und tiefreichende NTE hinweisen.
E.E.V.: *Wie hoch ist der Prozentsatz der Menschen, die eine NTE machen, während sie klinisch tot sind?*
Prof.K.R.: Ich weiß es nicht, aber ich kann Ihnen eine andere Antwort geben. Es ist oft schwierig, anhand medizinischer Befunde festzustellen, ob ein Mensch klinisch tot ist; von den Menschen jedoch, die – ob klinisch tot oder nicht – dem Tod nahe kommen, berichten wohl grob gerechnet dreißig Prozent, daß sie eine NTE gemacht haben. Ich spreche nicht bloß von Personen, die klinisch tot waren, sondern von Personen, die dem Tod nahe waren.

E.E.V.: *Wie viele Amerikaner haben nach Ihrer Schätzung und hoch-gerechnet eine NTE gemacht?*

Prof.K.R.: Acht Millionen.

E.E.V.: *Kommen NTE, statistisch gesehen, häufiger bei Frauen oder bei Männern vor?*

Prof.K.R.: Es besteht kein Unterschied, aber es scheint, daß Frauen eher geneigt sind, über diese Erfahrung zu sprechen, als Männer.

E.E.V.: *In welchem Zusammenhang sind NTE am häufigsten: bei Krankheit, Unfall oder Selbstmordversuch?*

Prof.K.R.: Wenn Sie alle einschlägigen Studien berücksichtigen, finden Sie keinen Unterschied. Sie haben unabhängig von den Umständen, die einen Menschen in die Nähe des Todes bringen, praktisch den gleichen Prozentsatz von Personen mit NTE.

E.E.V.: *In Ihren Veröffentlichungen beziehen Sie sich auch auf Zeugnisse von NTE, die mehrere Jahre zurückliegen, manchmal zehn oder zwanzig Jahre. Meinen Sie nicht, daß diese Zeugnisse weniger zuverlässig als die jüngeren sind, denn die Experiencer hatten ja Gelegenheit, ihre Erfahrung auszuschmücken, dokumentarische Belege zu sammeln und ihre Erfahrung womöglich anhand von NTE zu deuten, die anderen Personen widerfuhren?*

Prof.K.R.: Das sind keine Faktoren, die den Bericht einer Person über ihre NTE verzerren, denn viele Experiencer haben mir erzählt, daß ihre NTE, obwohl sie sich vor zwanzig Jahren ereignet hatte, in ihrer Erinnerung so frisch war, als wäre es gestern gewesen. Im Laufe der Jahre habe ich auch mit vielen Experiencern Gespräche geführt und sie bei zahlreichen Anlässen – etwa in meinen Vorlesungen – über ihre NTE berichten gehört, und die Berichte der einzelnen bleiben sich nahezu immer völlig gleich. Die Leute malen gerade deshalb ihre Erfahrung nicht aus, weil sie einen so starken und bleibenden Eindruck in ihrem Gedächtnis hinterlassen hat. Es sind keine Geschichten, die im Laufe der Zeit aufgebläht oder dramatisiert werden. NTE-Berichte sind sehr konstant; sie sind sehr glaubwürdig. Daher mögen die jüngeren Erlebnisse zwar frischer im Gedächtnis sein, aber die Erinnerung ist deshalb nicht genauer.

E.E.V.: *Ist Ihnen ein Unterschied zwischen dem Wesen aktueller NTE und solcher, die Jahre zuvor gemacht wurden, aufgefallen?*

Prof.K.R.: Nur in einer Beziehung habe ich einen Unterschied bemerkt. In den heutigen NTE-Berichten finden sich mehr erschreckende und beängstigende Elemente. In der Literatur wurde jahrelang nur selten über derartige Erfahrungen berichtet. Heute scheinen die Forscher jedoch gerade diesen beängstigenden NTE mehr Aufmerksamkeit zu widmen. Aber im großen und ganzen war ich beeindruckt, wie ähnlich die NTE geblieben sind, seit ich darüber forsche. Im wesentlichen ist es die gleiche Erfahrung, übrigens die gleiche Erfahrung in vielen Ländern der Erde. Insgesamt fallen bei der NTE mehr Ähnlichkeiten und Konstanten auf als Unterschiede, allerdings mit der Ausnahme der erschreckenden NTE, die ich gerade erwähnte.

E.E.V.: *Ist der Anteil von NTE größer bei Personen, die vor ihrem Erlebnis an Gott glaubten?*

Prof.K.R.: Nein.

E.E.V.: *Unterscheidet sich die Art der NTE bei Gläubigen und Ungläubigen, oder weichen sie nur in der Symbolik voneinander ab, beispielsweise in der Vision himmlischer Wesen?*

Prof.K.R.: Grundsätzlich besteht kein Unterschied in den Erfahrungen von Gläubigen und religiösen Skeptikern. Der Unterschied besteht vor allem in der Deutung der Erfahrung, aber das Wesen der NTE scheint bei beiden Gruppen gleich zu sein.

E.E.V.: *Haben Sie inhaltliche Unterschiede der NTE ausmachen können, die objektiven Kriterien entsprachen, wie etwa Alter, Nationalität, intellektuelles, gesellschaftliches und kulturelles Niveau?*

Prof.K.R.: Im Gegenteil, ich habe festgestellt, daß die Erfahrung in all den verschiedenen Variablen, die Sie nannten, sehr einheitlich ist. Ich persönlich habe zwar keine Kinder mit NTE untersucht, aber Kollegen taten dies, und aus etwa sechs verschiedenen Studien ergab sich eine deutliche Übereinstimmung zwischen kindlichen Berichten über NTE und solchen von Erwachsenen. Kinder beschreiben ihre Erfahrung meist mit einfacheren Worten, etwas fragmentarischer, unschuldiger, aber die inhaltlichen Bestandteile der NTE sind weitestgehend gleich. Und dies gilt auch für verschiedene ethnische Gruppen, Nationalitäten und dergleichen.

E.E.V.: *Wie erklären Sie sich diese große Ähnlichkeit? Könnte das kollektive Unbewußte dabei eine Rolle spielen?*

Prof.K.R.: Ich glaube, daß wir, wenn wir sterben, in eine transzendentale Welt eintreten, die wie unsere irdische Welt strukturiert ist.
Und wir erleben einfach, was dort ist. Ich denke nicht, daß es etwas
ist, das sich in unserem Unbewußten abspielt. Wir scheinen in einen Bereich einzutreten, den ich imaginal – imaginal, nicht imaginär – nenne, dessen Eigenschaften die meisten Menschen nur
wahrnehmen, wenn sie dem Tod sehr nahe sind. Ich glaube also,
daß die Experiencer in einen realen Bereich eintreten, natürlich
nicht in der irdischen Welt, sondern innerhalb einer transzendentalen Ordnung.

E.E.V.: *Ist es denkbar, daß die Inhalte von NTE mehr oder weniger gleich
sind, weil die Menschen im Grunde alle gleich beschaffen sind und deshalb unter bestimmten Umständen identisch reagieren, oder besteht diese
Einheitlichkeit einfach, weil die NTE eine objektive Realität sind?*

Prof.K.R.: Natürlich ist es möglich, daß NTE sich deshalb so gleichen, weil die Menschen alle gleich sind – wir haben alle das gleiche Nervensystem –, und die letzten Phasen des Sterbens könnten
ebenfalls gleich sein. Ich glaube aber nicht, daß dies die richtige Erklärung ist. Meines Erachtens gibt es bei diesen Erfahrungen eine
objektive Realität, und die Tatsache, daß die Menschen gleich sind,
genügt nicht, um alle Merkmale einer NTE zu erklären. Ich glaube,
daß die Experiencer mit einer authentischen, objektiven Realität in
Berührung kommen, natürlich nicht in der irdischen Welt, sondern
in der – wie ich es nenne – imaginalen Welt.

E.E.V.: *Die Zeugnisse der Experiencer sind naturgemäß persönlich und
subjektiv. Welche objektiven und verifizierbaren Daten lassen sich daraus gewinnen?*

Prof.K.R.: Die objektivsten Daten, die als einzige sich auch verifizieren lassen, beziehen sich auf das Verlassen des Körpers, auf die
out-of-body experience, wenn Experiencer über Dinge berichten, die
sie angeblich gesehen haben, während sie sich außerhalb ihres Körpers befanden. In vielen Fällen, die wir nachprüfen konnten, machten die Leute Feststellungen, die auf Grund normaler Wahrnehmung nicht gemacht werden konnten und sich dennoch als
zutreffend erwiesen. Auf diesem Gebiet wurde bereits einige gründliche Arbeit geleistet und wird auch in Zukunft zu erwarten sein.

E.E.V.: *Sind Ihnen Menschen begegnet, die von Geburt an blind waren und während einer NTE zum erstenmal in ihrem Leben Farben sahen?*

Prof.K.R.: Solche Menschen sind mir noch nicht begegnet. Mir ist bekannt, daß andere Untersucher derartige Fälle beschrieben haben, aber ich kenne keinen in der Fachliteratur dokumentierten Fall, daß ein von Geburt an blinder Mensch imstande gewesen wäre, Farben zu sehen. Ich weiß nur von dem Fall einer von Geburt an blinden Frau, den mir Dr. FRED SCHOONMAKER mitteilte. Dieser Arzt leitete damals oder leitet auch heute noch die kardiologische Abteilung des St. Luke's Hospital in Denver, Colorado. Seinem Bericht zufolge erlebte diese Patientin während ihrer NTE, daß sie ihren Körper verließ. Sie konnte danach die Anzahl der Leute, die im Operationssaal waren, nennen, es waren vierzehn. Sie war nicht in der Lage, Farben zu erkennen, vermochte aber während ihrer NTE Gegenstände zu sehen. Schoonmaker zufolge konnte sie genau beschreiben, was sich im Operationssaal abgespielt hatte, insbesondere die medizinische Behandlung, die sie während ihrer NTE erhalten hatte. Dieser Fall wurde aber nur mir persönlich mitgeteilt; ich weiß nicht, ob er sich tatsächlich so ereignet hat und ob all diese Details stimmen. Ich habe von ähnlichen Fällen gehört, hatte aber nie die Gelegenheit, selbst eine solche Fallgeschichte zu untersuchen.

E.E.V.: *Ist das Wesen der NTE anders je nachdem, was sie auslöst?*

Prof.K.R.: Nein, das kann ich nicht bestätigen.

E.E.V.: *Unterscheiden sich die NTE der Menschen, die einen Selbstmordversuch machen, von denen anderer?*

Prof.K.R.: Das ist nicht der Fall.

E.E.V.: *Tritt bei Menschen, die überzeugt sind, bald sterben zu müssen, öfter eine NTE auf als bei Menschen, die ernsthaft vom Tode bedroht sind, ohne es zu wissen?*

Prof.K.R.: Ich bin nicht sicher, ob ich Ihre Frage definitiv beantworten kann. Wir wissen, daß bei Menschen, die glauben, im Sterben zu liegen – die zum Beispiel einen schweren Autounfall erlitten, aber überleben –, alle Elemente einer NTE auftreten können, ohne daß sie körperlich dem Tode wirklich nahe sind. Es scheint, daß einfach der drohende Tod oder die Erwartung des Todes eine NTE auslösen kann. Ich wüßte aber nicht zu sagen, ob der Prozentsatz von Menschen, die in dieser Lage sind und von einer NTE berichten, höher ist als der von Menschen, die nicht erwarten, daß sie sterben werden.

E.E.V.: *Das bedeutet also, daß eine NTE auch ohne jedes körperliche Trauma, einfach bei drohender Gefahr, eintreten kann?*

Prof.K.R.: Richtig. Eine Person könnte zum Beispiel beim Klettern in den Bergen abstürzen, sich dabei in Lebensgefahr wähnen, aber sicher landen. Während ihres Falls kann sie jedoch alle Elemente einer NTE durchleben. Sie müssen also nicht in echter Lebensgefahr schweben, um eine NTE zu machen.

E.E.V.: *In den Zeugnissen findet sich oft ein interessanter Punkt: Der Experiencer verliert das Zeitgefühl, oder, genauer, dort wo er ist, existiert keine Zeit. Das läßt mich an die Quantentheorie denken, die eine Dimension beschreibt, in der Raum und Zeit nicht mehr existieren. Wie denken Sie darüber?*

Prof.K.R.: Zunächst einmal ist ganz klar, daß Zeit während der NTE nicht existiert, jedenfalls nicht im herkömmlichen Sinn. Zeit scheint eine Funktion des Denkens, ein intellektuelles Konstrukt zu sein. Meines Erachtens könnte man sagen, daß Zeit, im Sinne absoluter Zeit, wirklich ein NEWTONsches Konstrukt ist. Und um die NTE zu verstehen, müssen wir natürlich auf Ideen zurückgreifen, bei denen solche absoluten Vorstellungen von Raum und Zeit überwunden sind. Die Quantentheorie liefert uns ein solches Verständnis von Zeit und Raum. In diesem Sinn ist sie also eine Theorie, die uns die NTE besser verstehen läßt, als es die traditionelle Newtonsche Sicht tut. Mir gefällt auch die Idee von einem holographischen Verständnis der NTE, denn auch sie ist eine Perspektive, die auf der Quantenphysik beruht und in deren Rahmen sich die NTE gut fügt. Das mindeste, was wir benötigen, sind neue Wege, uns dieser Art der Erfahrung denkend zu nähern, und die Quantentheorie kann uns da einige gute Anstöße vermitteln.

E.E.V.: *Die präkognitiven Visionen bei der NTE sind sehr beeindruckend. Ich denke da zum Beispiel an eine alleinstehende, kinderlose junge Frau, die sich während ihrer NTE in Begleitung ihres Ehemannes und ihrer zwei Kinder sah. Viele Jahre später, als sie verheira-*

tet war und inzwischen zwei Kinder geboren hatte, wurde ihr ganz plötzlich klar, daß sie genau so lebte, wie sie es blitzartig als Szene während ihrer NTE gesehen hatte. Dies deckt sich mit der Quantentheorie, die eine Dimension beschreibt, in der es keine Vergangenheit, Gegenwart oder Zukunft gibt, sondern eine absolute Gleichzeitigkeit aller Ereignisse. Beweist dies, daß sich die Experiencer wirklich in einer anderen Dimension – der von der Quantenphysik beschriebenen – befinden?

Prof.K.R.: Ob das ein Beweis ist, kann ich nicht sagen. Ich würde aber meinen, daß wir es hier mit einer Form der Erfahrung zu tun haben, die, falls sie authentisch ist – und das glaube ich –, gegen unser gewohntes Verständnis vom Wesen der Zeit verstößt. Es gibt eine holographische Gleichzeitigkeit, so als nähmen wir alles gleichzeitig wahr. Dies ist zwar kein Beweis, aber es deckt sich mit den Ideen von Zeit, denen wir in der Quantentheorie begegnen. Ich nehme an, daß ich als Psychologe wahrscheinlich nicht kompetent bin, die Verbindung zwischen NTE und Quantenphysik zu beurteilen. Ich kann nur sagen, daß die Denkweise, die Ihrer Frage zugrunde liegt, sicher zunehmend von Wissenschaftlern erforscht werden wird, die sich in der Physik auskennen und sich für NTE interessieren. Jedenfalls sollte man dem Zusammenhang, den Sie angesprochen haben, gründlicher nachgehen.

E.E.V.: *In den prophetischen Visionen können wir die präkognitiven Elemente ebenfalls finden. Ich zitiere einen von MOODYS Experiencern: »... das passierte, glaube ich, direkt nach dem Lebensfilm. Ganz plötzlich hatte ich das Gefühl, ich besäße das absolute Wissen, als wüßte ich alles, was von Anbeginn der Welt geschah, und alles, was in naher und fernster Zukunft geschehen wird. Sekundenlang hatte ich den Eindruck, Zugang zu den Geheimnissen der Vergangenheit und der Gegenwart zu haben, die Bedeutung des Universums, von Mond und Sternen und allem zu begreifen. Doch in dem Augenblick, da ich beschlossen hatte, ins Leben zurückzukehren, ist dieses Wissen verschwunden und ich konnte mich an nichts mehr erinnern.« Es ist interessant festzustellen, daß der Betroffene die empfangenen Erkenntnisse offensichtlich nicht erinnern soll, da er beschloß, ins Leben zurückzukehren. Etwas oder jemand muß da sein und der Person, die eine NTE macht, Er-*

kenntnis vermitteln, aber nicht wollen, daß die betreffende Person dieses Wissen mit sich zurücknimmt.

Prof.K.R.: Ich bin nicht sicher, ob das zutrifft. Vielleicht würde ich es etwas anders formulieren. Menschen in diesem Zustand haben Zugang zum absoluten Wissen. Ich glaube, dieses Wissen wird in sie hineingesenkt, ihnen einkodiert, aber es läßt sich einfach nicht durch unsere gewohnte Sprache ausdrücken. Das Wissen ist zweifellos da, ich glaube jedoch nicht, daß es bei der Rückkehr zum Leben zurückgehalten wird. Ich glaube eher, daß es vom Zustand abhängig ist, damit meine ich, daß in manchen Zuständen des erweiterten Bewußtseins – zum Beispiel bei mystischen, religiösen oder auch psychedelischen Erfahrungen – eine riesige Menge an Information in uns freigesetzt wird. Das Wissen wird in einem speziellen Bewußtseinszustand verankert. In diesem Zustand haben Sie dieses Wissen. Doch wenn Sie diesen Zustand verlassen, geht Ihnen das Wissen verloren, aber Sie wissen, daß Sie es besaßen. Meines Erachtens bedeutet es nicht, daß es Ihnen genommen wird, sondern einfach, daß es Ihnen nicht zugänglich ist, wenn Sie sich nicht mehr in diesem Zustand befinden.

E.E.V.: *Bedeutet das, daß uns allen das gesamte Wissen von Anfang an eingeschrieben ist, wir aber nur in einem bestimmten Zustand des erweiterten Bewußtseins Zugang dazu bekommen können?*

Prof.K.R.: Ja, und ich denke, daß es sehr dem gleicht, was PLATO meinte, als er sagte, daß alles Wissen im wesentlichen Erinnerung ist. Das Wissen wird in uns hineingelegt, und in diesen Bewußtseinserweiterungszuständen, wie zum Beispiel NTE, entfaltet sich dieses Wissen in uns und wird in unser Bewußtsein hinein aktiviert. Wir haben Zugang zu allem Wissen oder zumindest zu großen Bereichen des Wissens, aber wenn wir in unser begrenztes, geschrumpftes, egoistisches Selbst zurückkehren, reißt die Verbindung zu diesem Wissen ab. Es könnte noch in uns sein, aber wir können es nicht mehr wachrufen.

E.E.V.: *Die Experiencer berichten uns, sie hätten während ihrer Begegnung mit dem Lichtwesen Zugang zum totalen Wissen gehabt. Alles wird klar, verständlich, alle Dinge haben eine Bedeutung und werden in eine perfekte Logik integriert. Wenn sie ins Leben zurückkehren,* *scheinen sie, wenn nicht das gesamte Wissen, so doch zumindest die stille Gewißheit zu bewahren, daß alles in Ordnung, im Einklang und weise ist. Scheinen die Experiencer aus diesem Grund mit dem Leben versöhnt zu sein, was immer ihnen widerfährt oder widerfahren könnte?*

Prof.K.R.: Eine sehr interessante Frage. Ich würde sagen, daß diese Art totalen Wissens – diese Überzeugung, daß alles vollkommen ist insofern, als es während der NTE begriffen wird – für viele Menschen, die diese Erfahrung gemacht haben, eine starke Quelle des Trostes und des Gleichmutes ist. Aber vielleicht muß man gar nicht das totale Wissen in der NTE gewinnen, um dies zu empfinden, weil mit der NTE und ihren Gefühlen von Frieden, Liebe und Bejahung etwas verbunden ist, das zutiefst beruhigt. Daher könnte dies *ein* Faktor, aber vielleicht nicht der einzige sein, der für diese Gefühle des Sorglos-in-der-Welt-Seins verantwortlich ist.

E.E.V.: *Unterscheiden sich die NTE von Kindern und Erwachsenen? Wir haben diese Frage bereits erörtert – möchten Sie noch etwas dazu ergänzen?*

Prof.K.R.: Kindliche Erfahrungen sind nicht anders. Doch in einem Punkt unterscheiden sie sich statistisch, nämlich indem es weniger wahrscheinlich als bei Erwachsenen ist, daß Kinder über einen Lebensfilm berichten.

E.E.V.: *Weil ihr Leben erst so kurz war?*

Prof.K.R.: Richtig, weil sie noch nicht auf eine längere Lebensspanne zurückblicken können!

E.E.V.: *Das Phänomen der NTE ist neu, erst seit zwanzig Jahren gibt es Literatur zu diesem Thema. Glauben Sie, daß die Menschen auch früher schon NTE erlebten und daß es nur der modernen Massenkommunikation zu verdanken ist, wenn dieses Phänomen heute bekannt ist? Und meinen Sie, die doch recht große Häufigkeit von NTE sei nur darauf zurückzuführen, daß uns heute so raffinierte Möglichkeiten der Reanimation verfügbar sind, oder halten Sie es für möglich, daß es einen tieferen Grund für das Auftreten von NTE gerade in unserer Zeit gibt?*

Prof.K.R.: Ich denke, daß es NTE im Laufe der Geschichte immer gegeben hat. Dafür haben wir einige fragmentarische Hinweise in

historischen Zeugnissen. Aber es ist sicher richtig, daß die Fort-
schritte in der modernen Reanimationsmedizin vielen Menschen
ermöglichten, die Begegnung mit dem Tod zu überleben und somit
darüber zu berichten. Überdies hat in den vergangenen zwanzig
Jahren eine große Zahl interessierter Wissenschaftler diese
Erfahrungen erforscht, untersucht und dokumentiert und uns die
Möglichkeit gegeben, viel mehr über dieses Phänomen zu erfahren.
Also ja, dank der Reanimation konnten viele Menschen diese
Erfahrung machen und überleben. Ich neige aber auch – wie ich in
meinem letzten Buch (*The Omega Project*) geschrieben habe – zu
der Auffassung, daß es tiefere Gründe hinter dem Auftreten dieses
Phänomens gibt. Nach meiner Überzeugung gibt es eine höhere
Koordination dieser Erfahrungen von seiten einer, ich würde sagen:
planetarischen Intelligenz. Und so, wie in jedem Menschen etwas
ist, das ihn innerlich leitet und uns zu befähigen versucht, weise zu
handeln (zum Beispiel die Hilfe, die wir aus unseren Träumen bekommen, oder die Erfahrungen, die von positiven Kräften in uns
gelenkt zu werden scheinen), so glaube ich, daß auch der Erde ein
derartiger Regulationsmechanismus innewohnt, ein planetarisches
Bewußtsein oder eine planetarische Intelligenz, als Ausdruck unserer tiefsten Sehnsüchte und vielleicht auch unserer tiefsten Ängste.
Und die NTE ist ein Teil davon. Ich glaube, daß diese planetarische
Intelligenz um das Wohlergehen und um das Schicksal der Erde
sehr besorgt ist. Bedenkt man, daß die durch verschiedene Arten
unverantwortlichen Umgangs mit der Umwelt und durch Kriege
verursachte Zerstörung, die den Planeten verwüstet, im zwanzigsten
Jahrhundert ein so unvorstellbares Ausmaß erreicht hat, so scheint
es nur natürlich, daß diese planetarische Intelligenz, dieser im
großen waltende Geist, die Bedingungen schaffen wird, unter denen viele Menschen wachgerüttelt werden – wachgerüttelt zum
Bedürfnis nach Ganzheit, nach Harmonie unter den Menschen,
nach einer erhöhten ökologischen Sensibilität –, denn wenn wir, die
Menschen, nicht endlich aufwachen, dann werden wir vielleicht
bald keine bewohnbare Erde mehr haben. Wir werden unseren Planeten – und wir haben nur diesen einen – irreparabel vergiften. Wir
müssen lernen, die Erde zu einem Ort zu machen, wo wir das Le-

ben bewahren können. Und meines Wissens sind wir heute vielleicht mehr als jemals in der Geschichte der Menschheit in Gefahr,
unseren Lebensraum zu zerstören. In meinen Untersuchungen
konnte ich feststellen, daß Menschen nach einer NTE ökologisch
viel sensibler werden als zuvor, daß sie sich mehr um das Wohlergehen des Planeten sorgen und – um ALBERT SCHWEITZER zu zitieren –
größere »Ehrfurcht vor dem Leben« haben. Wäre unsere Erde nur
mit diesen Menschen bevölkert, dann erlebten wir wahrscheinlich
nicht die Umweltzerstörung und Ausplünderung des Planeten, deren Zeugen wir heute sind, wir würden nicht die Regenwälder ab-
fackeln oder die Ozonschicht zerstören, denn unser Gewissen ließe
es nicht zu. Daher begegnen uns heute die NTE so zahlreich nicht
nur wegen der Reanimationsmedizin, sondern weil die planetarische Intelligenz – unterstellt, daß sie wirklich vorhanden ist – wahrnimmt, wie sehr das Schicksal der Erde in Gefahr ist, und beschlossen hat, alles Mögliche zu tun, um Massenphänomene zu erzeugen,
in deren Folge viele Menschen ein neues ökologisches Bewußtsein
bekommen. Natürlich gibt es viele Wege, das ökologische Bewußtsein zu schärfen, und weltweit werden diese Wege von vielen Menschen beschritten. Es ist klar, daß Sie keine NTE erleben müssen,
um diese Einstellung zu unserer Erde zu haben. Die Tatsache jedoch, daß Menschen nach einer NTE diesbezüglich ein so starkes
Engagement entwickeln, legt doch nahe, daß hier mehr am Werk
sein muß als nur die Auswirkungen moderner Medizintechnik.

E.E.V.: *Und heute trauen sich die Leute, darüber zu sprechen, ohne daß
sie befürchten, für verrückt erklärt zu werden?*

Prof.K.R.: Ja. Wir haben heute, zumindest in einigen westlichen Ländern, ein Klima der Akzeptanz. Und darum fällt es heute den Menschen leichter als noch vor fünfzehn oder zwanzig Jahren, über diese
ungewöhnlichen Erlebnisse zu sprechen. Dies erleichtert sicherlich
die Verbreitung dieser Zeugnisse.

E.E.V.: *Die Erforschung von NTE ist noch ziemlich jung; sie setzte erst
vor einigen Jahren ein. Den Anstoß zu dieser Forschung gab der ameri-
kanische Arzt und Psychiater RAYMOND A. MOODY mit seinem Buch*
Leben nach dem Tod *(den amerikanischen Titel* Life after Life, *also
»Leben nach dem Leben«, finde ich unangemessen). Dieses Buch ist*

eher anekdotisch als wissenschaftlich. Moody wurde durch die NTE von GEORGE RITCHIE, *Psychiatrieprofessor, der seinen Studenten über seine NTE berichtete, zur Erforschung des Phänomens und schließlich zur Veröffentlichung motiviert. Als junger Soldat lag George Ritchie mit einer doppelseitigen Lungenentzündung im Militärkrankenhaus von Abilene, Texas. Er wurde für tot gehalten und wäre lebendig begraben worden, hätte nicht ein aufmerksamer Mitarbeiter des Krankenhauses bemerkt, daß seine Hand sich bewegte. Darauf wurde ihm Adrenalin injiziert, und George Ritchie wurde gerettet. Tatsächlich ist diese NTE der Auftakt zu den gesamten aktuellen wissenschaftlichen Arbeiten über NTE. Danach publizierte der Kardiologe* MAURICE RAWLINGS *1978 den Titel* Beyond Death's Door *(»Jenseits der Pforten des Todes«). Ihr Buch* Life at Death: a Scientific Investigation of the Near-Death Experience *(»Leben am Rand des Todes: Eine wissenschaftliche Untersuchung der Nahtoderfahrung«) wurde 1980 veröffentlicht. Ihr zweites Buch* Den Tod erfahren – das Leben gewinnen *(Heading Toward Omega), das sich spezieller mit den Implikationen und Nachwirkungen von NTE beschäftigt, erschien 1984 in den USA, und Ihr jüngstes Buch,* The Omega Project *(»Das Omega-Projekt«), kam 1992 heraus.* MICHAEL SABOM, *ein Kardiologe, begann NTE zu untersuchen, um zu beweisen, daß es eine rationale, wissenschaftliche Erklärung für dieses Phänomen gibt. Seine zunächst skeptische Einstellung wich sehr bald einem zunehmenden Interesse, das 1982 in seinem Buch* Erinnerungen an den Tod: eine medizinische Untersuchung *(»Recollection of Death: a Medical Investigation«) gipfelte. Die britische Psychologin* MARGOT GREY, *die selbst eine NTE erlebte, publizierte 1985 ihr Buch* Return from Death *(»Rückkehr aus dem Reich der Toten«). Habe ich alle wesentlichen Bücher zum Thema genannt?*

Prof.K.R.: Ich würde sagen, es waren die wichtigsten. In diesem speziellen Zeitraum gab es ein weiteres, leider weniger bekanntes Buch, *After the Beyond* (»Nach dem Jenseits«), von CHARLES B. FLYNN. Dieses Buch befaßte sich in erster Linie mit den Nachwirkungen und der religiösen Bedeutung von NTE. Dies waren die wichtigsten Bücher, die seit 1975, dem Erscheinungsjahr von MOODYS erstem Buch, zu dem Thema veröffentlicht wurden.

E.E.V.: *Es gibt eine Fülle von – ich würde sagen – esoterischer oder spiri-*

tistischer Literatur, die ebenfalls den Übergang von einer materiellen in eine immaterielle Welt behandelt. Gibt es Elemente, die bei dieser Literatur wie auch bei den obengenannten wissenschaftlichen Publikationen anzutreffen sind? Falls ja, welche sind es?

Prof.K.R.: Ja gewiß, es gibt einen deutlichen Zusammenhang. Die spirituellen Traditionen, die vom Übergang zwischen Leben und Tod sprechen, und die Forschung über NTE oder das Erlebnis des klinischen Todes stimmen insofern überein, als sie über den Prozeß des Sterbens, des Übergangs in den Tod sprechen. Die Spur der NTE bricht natürlich ab im Augenblick des Todes, denn die NTE-Forschung behandelt nur, was im Moment des Sterbens und eventuell unmittelbar danach geschieht. Damit hören die Ähnlichkeiten auf, weil die esoterische Literatur auch das behandelt, was anschließend geschieht. Im *Tibetanischen Totenbuch* finden sich jedoch viele Merkmale der NTE – die Erfahrung, sich außerhalb seines Körpers zu befinden, das Lichtwesen, die Begegnung mit paradiesischen oder zornigen Gottheiten und so weiter. Es gibt viele Gemeinsamkeiten zwischen dem, was das *Tibetanische Totenbuch* aussagt, und den Zeugnissen der Nahtoderfahrenen. Doch in diesem Buch sind außerdem die verschiedenen Hürden und Stufen benannt, die der Mensch zu überwinden hat, was zumeist im Prozeß der Wiedergeburt mündet. Dieser Problematik nimmt sich die NTE-Forschung nicht an. Es gibt somit Ähnlichkeiten insofern, als beide vom Übergang zum Tod sprechen. Doch vom Standpunkt der NTE-Forschung gibt es keine Information über das, was danach folgt. Diesbezüglich hätte man sich auf esoterische Traditionen zu beziehen.

E.E.V.: *In der esoterischen Literatur wird häufig das »silberne Band« erwähnt, das angeblich den physischen mit dem spirituellen Leib verbindet. Hat einer Ihrer Experiencer etwas Derartiges gesehen?*

Prof.K.R.: Ja, einige. In meiner ersten Studie, *Life at Death*, fragte ich danach, aber nur wenige der Befragten gingen auf diesen speziellen Punkt ein. Wir bekämen möglicherweise eine größere Zahl positiver Antworten, wenn diese Frage von den Forschern systematischer gestellt würde. Von Personen, die sich außerhalb ihres Körpers erlebt hatten (*out-of-body experience* oder Entkörperlichung, außerkörperliche Erfahrung; sie weist zuweilen viele Ähnlichkeiten mit der NTE auf), weiß ich, daß man sich umdrehen, zurückblicken muß, um dieses Band oder diese Schnur zu sehen. Wenn Sie sich nicht umdrehen, bemerken Sie es nicht. Es ist daher kein Wunder, daß viele sich nicht dazu äußern. Aber es gibt zumindest ein paar Fälle, in denen es erwähnt wird.

E.E.V.: *Warum fordern Sie die Leute, die bei sich eine Entkörperlichung provozieren können, nicht auf, zurückzublicken?*

Prof.K.R.: Ich traf kürzlich eine Schwedin, die viele Erlebnisse der Entkörperlichung gehabt hatte – etwa siebzig oder achtzig –, und sie bemerkte speziell, bei mindestens einer Gelegenheit, vielleicht auch öfter, etwas wie ein silbernes Band oder eine Schnur gesehen zu haben. Ich habe noch nicht mit vielen Leuten gesprochen, die sich mehrfach außerhalb ihres Körpers erlebt hatten, ich vermute aber, daß viele von ihnen das silberne Band oder die Schnur erwähnen würden.

E.E.V.: *Haben die Betreffenden diese silberne Schnur gesehen, ohne mit esoterischer Literatur besonders vertraut, ohne von dieser Theorie beeinflußt zu sein?*

Prof.K.R.: Viele Leute sahen das wahrscheinlich und interessierten sich, mehr darüber zu erfahren, entdeckten aber erst danach die esoterische und metaphysische Literatur, die sich damit auseinandersetzt. Sie waren also nicht darauf vorbereitet, es zu sehen. Und nach interkulturellen anthropologischen und anderen Untersuchungen weiß man längst, daß sich die traditionelle Vorstellung einer Schnur oder eines Bandes oder einer silbrigen Substanz, die den physischen Leib mit einem feinstofflichen Körper verbindet, weltweit in vielen Kulturen findet. Und in vielen Fällen gilt das auch für schriftlose Kulturen, die natürlich keine entsprechenden schriftlichen Zeugnisse besitzen. Es scheint somit eine universale menschliche Erfahrung zu sein, die viele Menschen machen, wenn sie sich außerhalb ihres physischen Körpers befinden, sei es als Folge einer Krise an der Schwelle des Todes oder aus irgendeinem anderen, spontanen Grund, wenn es zu einer Entkörperlichung kommt.

E.E.V.: *Die Beobachtung sterbender Menschen hat wichtige For-*

schungsarbeiten hervorgebracht, insbesondere die Veröffentlichungen von Elisabeth Kübler-Ross, William Barrett *und* Karlis Osis. *Ich denke, man könnte die NTE als Kontinuität von Visionen im Augenblick des Todes betrachten. Wie denken Sie darüber, und welche Bedeutung messen Sie dem bei?*

Prof.K.R.: Ich würde das etwas anders formulieren. Die Visionen auf dem Sterbebett, die von den genannten Forschern untersucht wurden, gleichen der NTE, sind aber nicht dasselbe. Sie sind zeitlich gedehnte Erlebnisse in der transzendentalen Welt; die Leute gehen während des Sterbens rückwärts und vorwärts, hinein und hinaus. Die NTE hingegen ist ein plötzlicher Vorstoß in diesen besonderen Bereich infolge eines schweren Unfalls, eines impulsiven Selbsttötungsversuchs oder eines plötzlichen Herzstillstands. Dagegen erfahren die Sterbenden, deren physischer Leib langsam zerfällt, während die spirituellen Sinne lebendig sind, etwas, das wir als allmähliche Immersion in diese andere Welt bezeichnen könnten. Sie tauchen in sie hinein und wieder aus ihr auf. Wir haben es also letztlich mit verwandten Vorgängen zu tun, mit dem Unterschied, daß es sich bei der NTE um einen plötzlichen, ja fast explosionsartigen Zugang zu dieser Welt handelt, wogegen die Vision auf dem Sterbebett ein allmähliches Aufwachen in diese Welt hinein darstellt.

E.E.V.: *In seinem Buch* Closer to the Light *(»Zum Licht«) untersucht* Melvin Morse *das Phänomen der Visionen. Ein an Leukämie erkrankter neunjähriger Junge ist völlig verzweifelt, als der Arzt ihm erklärt, daß die letzte Chemotherapie nicht gewirkt hat. Während er von der Mutter nach Hause gefahren wird, schläft er ein und träumt, daß Gott ihn besucht und ihm rät, die ohnehin nutzlose Behandlung abzubrechen, da die Stunde seines Todes bereits feststehe. In den nun folgenden Monaten vor seinem Tod hatte der Junge im Wachen und im Traum viele Visionen. Er begegnete Gott und durfte in die jenseitige Welt blicken. Diese Visionen gaben ihm die Kraft, seinem nahen Tod ruhig und gelassen entgegenzusehen, und sie wirkten sich äußerst positiv auf seine Eltern aus. Unsere erste Reaktion wäre, diese Visionen als starke unbewußte Wünsche zu betrachten. Doch vielleicht ist diese Deutung zu einfach? Glauben Sie, daß diese Visionen real sind, daß sie wirklich*

*den Zugang zu einer anderen Welt öffnen, daß sie in gewisser Weise
Vorläufer der NTE sind?*

Prof.K.R.: Diese letzten Fragen würde ich sämtlich mit Ja beantworten. Ich meine, es würde diese Erfahrungen vereinfachen und
verzerren, wollte man sie nur aus einer konventionellen psychodynamischen Perspektive, etwa psychoanalytisch, deuten. Ich glaube, daß diese Visionen, ob sie von Kindern an der Schwelle des
Todes oder von älteren Menschen erlebt werden, tatsächlich
Mitteilungen einer anderen Dimension der Wirklichkeit sind und
daß die Menschen Zugang dazu haben. Viele Menschen wissen beispielsweise, wann sie sterben werden, und es zeigt sich, daß sie sich
nicht irrten. Aber wie kann jemand das wissen? Sie sind ja noch nie
gestorben! Es ist, als hätten sie Zugang zu einer Art unwiderlegbarer
Information. Ich glaube, wir müssen unsere Vorstellung dessen, was
möglich ist, erweitern und neue Wege finden, über diese Erfahrungen nachzudenken. Sie nicht einfach psychiatrisch sehen und als
Halluzinationen abtun, sondern offen über sie als Visionen sprechen, die informieren, die uns die transzendentale Ordnung erkennen lassen, uns eine Vorstellung vermitteln, wohin wir wirklich
gehören, woher wir kommen und wohin wir gehen. Ich nehme diese Erfahrungen also ernst. Das bedeutet nicht zwangsläufig, daß ich
sie immer wörtlich nehme oder sie stets für wahr halte. Ich glaube
jedoch, daß es falsch ist, sie einfach auf irgendein psychologisches
Konzept zu reduzieren und ihre Hintergründe zu ignorieren. Im
wesentlichen neige ich zu der Deutung, die MORSE diesen Visionen
bei den von ihm untersuchten Kindern gibt.

E.E.V.: *Es scheint, daß Sterbende früher oft Engel, Gott oder Jesus oder
verstorbene Angehörige sahen, die ihnen den Tod leichter machten und
ihnen beistanden, damit sie ihn gelassener empfingen. Heutzutage werden diese Erscheinungen als Halluzinationen gewertet, und um sie zu
unterdrücken, werden die Patienten stark mit Medikamenten traktiert.
Glauben Sie, daß die moderne Medizin natürliche Phänomene
blockiert, die den Menschen das Sterben erleichtern könnten?*

Prof.K.R.: Ich glaube, die moderne Medizin ist insgesamt nicht sonderlich auf das Sterben eingestellt, denn wir wissen ja, daß Sterbende in der Klinik oft vernachlässigt werden und man sich sogar ein bißchen vor ihnen fürchtet. Da der Tod vom medizinischen Standpunkt der schlimmste Feind und am Ende Sieger ist, weicht man ihm aus. Es scheint jedoch, daß die Ergebnisse der NTE-Forschung uns einen anderen, besseren und humaneren Weg eröffnen, nicht nur zu begreifen, was Tod ist, sondern auch, was Sterben bedeutet. Wir dürfen den Tod nicht nur als Ende, sondern müssen ihn als Übergang betrachten. Sobald diese Auffassung sich in der Medizin durchsetzt oder zum starken Gegenstrom gegen die Hauptströmungen in der modernen Medizin zu werden beginnt, werden sich immer mehr Menschen dem Vorgang des Sterbens aufmerksam zuwenden und die Patienten nicht mehr mit Sedativa vollpumpen, sondern bei ihnen bleiben und sie ermutigen, loszulassen, sich dieser Erfahrung zu überlassen, so daß sie fähig sind, möglichst vollkommen die Ekstase zu erleben, die oft mit dem Sterben verbunden ist.

E.E.V.: *Wo ziehen Sie die Grenze zwischen einem Koma und einem Zustand des unmittelbar drohenden Todes?*

Prof.K.R.: Ein Koma, so wie ich es verstehe, hat bestimmte charakteristische physiologische oder neurologische Merkmale. Mit Koma sind bestimmte Zustände des Gehirns verbunden. Dagegen handelt es sich beim unmittelbar drohenden Tod um eine mehr generalisierte Verfassung. Ein komatöser Zustand ist etwas Spezielles, und wer im Koma liegt, befindet sich nicht zwangsläufig in einem Zustand des unmittelbar drohenden Todes. Das heißt, man erwartet, daß ein Patient aus dem Koma erwacht. Ein Koma kann dem Menschen jedoch den gleichen Bereich von Information zugänglich machen, die gleiche Art von Erkenntnis und Erfahrung, wie es bei einer NTE geschehen kann. Es gibt also einige Ähnlichkeiten, aber die Phänomene sind nicht identisch.

E.E.V.: *Kann man während eines Komas eine NTE erleben, und wenn ja, sind diese NTE von der gleichen Art wie jene, die im Zustand des unmittelbar drohenden Todes erlebt werden können?*

Prof.K.R.: Die Antwort auf beide Fragen lautet Ja. Ich habe mit Leuten gesprochen, die im Koma gelegen hatten und in diesem Zustand eine NTE erlebten. Diese NTE unterschieden sich nicht von denen, die sich unter anderen Umständen ereignen.

E.E.V.: *Hat die Dauer eines unmittelbar lebensbedrohenden Zustands einen direkten Einfluß auf die Tiefe der NTE, mit anderen Worten, auf die Anzahl der NTE-Elemente?*

Prof.K.R.: Es gibt hier wohl einen – allerdings komplizierten – Zusammenhang. Man kann nicht von einer Relation eins zu eins zwischen der gemessenen Dauer einer NTE und der Intensität der Erfahrung ausgehen, denn in manchen Fällen kann die Erfahrung nach der Uhr gemessen sehr kurz sein, von der Intensität des Erlebens her jedoch sehr tief. Wie einige andere Untersucher habe ich mich mit dieser Frage auseinandergesetzt und einen gewissen Zusammenhang zwischen beiden Faktoren gefunden. Im allgemeinen haben Menschen, die länger klinisch tot zu sein scheinen, tiefere Erlebnisse, aber es gibt viele Ausnahmen von dieser Regel.

E.E.V.: *Es gibt noch andere Phänomene als die Nahtodeszustände, die zumindest teilweise NTE gleichen. Ich denke im besonderen an die Entkörperlichung (die Erfahrung, sich außerhalb seines Körpers zu befinden), an bestimmte Zustände tiefer Meditation und an das katathyme Bilderleben (gelenkte Wachträume). Würden Sie eine Parallele zwischen diesen Phänomenen sehen und sie für schlüssig halten?*

Prof.K.R.: Absolut. Tatsächlich finde ich es bedauerlich, daß der Ausdruck Nahtoderfahrung so populär geworden ist und manchmal mißverstanden wird in dem Sinn, daß es nur einen einzigen Bewußtseinszustand gibt, nämlich den, der mit dem Eintritt des Todes verbunden ist. Tatsächlich befindet sich der Sterbende in einem bestimmten Bewußtseinszustand, der aber nicht nur der Nahtodeskrise eigentümlich ist. Es gibt andere Wege, die zum gleichen Bewußtseinszustand führen. Zustände der Entkörperlichung, meditative und spirituelle Praktiken, Yoga, schamanische Reisen, psychedelische Erfahrungen, Tagträume, spontane mystische und religiöse Erfahrungen – all dies kann zu Begegnungen mit dem Lichtwesen führen, zu einem Gefühl der unauslöschlichen Freude, des Wohlbefindens, der vollkommenen Erkenntnis. Meines Erachtens sind Nahtodeskrisen nur einer von vielen Wegen, die zu diesen selben Erkenntnissen, diesen selben Bewußtseinszuständen führen. Wegen der damit verbundenen Umstände mag der Weg vielleicht dramatischer sein, aber im wesentlichen dürften sich die daraus bezogenen Lehren nicht von denen unterscheiden, die auf vielen anderen Wegen gewonnen werden können.

E.E.V.: *Experiencer erzählen oft von ihrer Fähigkeit, während ihrer NTE durch Personen und Objekte hindurchzugehen. Sie erklären beispielsweise, daß sie versucht hätten, ihren Arzt am Arm zu packen, um ihn zu hindern, ihren Körper zu behandeln, da sie ja dort, wo sie sich aufhielten, mit sich im Frieden und glücklich waren. Ihr Bemühen war jedoch vergeblich, und sie hatten keine Möglichkeit, sich mit ihrem Arzt zu verständigen. Haben die Experiencer den Eindruck, daß ihr Körper immateriell ist, oder empfinden sie sich als »reinen Geist«?*

Prof.K.R.: Beides. Manchmal haben die Leute ein Gefühl, als hätten sie einen nichtstofflichen Körper aus Licht, aber meistens werden sie nicht gewahr, daß sie eine Gestalt haben. Sie bemerken nur, daß sie ganz sind, daß sie vollständig sind, daß sie im Grunde nur ein Zentrum von Bewußtsein sind. Sie befinden sich in einem so merkwürdigen Zustand, daß sie, um diesen weniger merkwürdig zu machen, sich vielleicht einen spirituellen Körper oder einen Körper aus Licht geben müssen, einfach weil es für uns so schwierig ist, uns vorzustellen, daß wir körperlos wären. Doch sobald sich der Experiencer an diesen Zustand gewöhnt hat, erkennt er, daß der spirituelle Leib sozusagen eine Krücke ist, derer er sich anfangs bedient hat, die er aber nun nicht mehr benötigt.

E.E.V.: *Die breite Öffentlichkeit ist zunehmend besser über NTE informiert. Logischerweise müßten diejenigen, die etwas über NTE wußten, bevor sie selbst einen Zustand unmittelbarer Todesbedrohung erlebten, die Mehrheit der Nahtoderfahrenen stellen. Den Statistiken zufolge ist dies merkwürdigerweise nicht der Fall. Vielmehr erleben diese Menschen NTE proportional seltener als diejenigen, die über dieses Phänomen nichts wußten. Wie erklären Sie sich das?*

Prof.K.R.: Das ist eine interessante Frage. Ich bin nicht sicher, ob künftige Forschung zeigen wird, daß die Wahrscheinlichkeit, eine NTE zu erleben, für Menschen, die nichts über NTE wissen, wirklich größer ist. Zunächst einmal war der statistische Unterschied, auf den Sie sich beziehen, gering. Ich könnte mir vorstellen, daß ein Mensch, dem NTE vertraut ist und der darüber nachgedacht hat, ihrer psychologisch nicht so dringend bedarf, wenn er tatsächlich dem Tod begegnet, weil er sich mit diesem Geschehen ja bereits auseinandergesetzt hat. Dr. BRUCE GREYSON etwa und einige andere Forscher, die speziell NTE im Zusammenhang mit Suizidversuchen untersucht haben, fanden heraus, daß bei Menschen, die sich das Leben zu nehmen versuchten und dabei eine NTE erlebten, der Lebensfilm seltener vorkam als bei denen, deren NTE in einem anderen Zusammenhang auftrat. Vielleicht brauchen sie keinen Lebensfilm, weil sie schon die Bilanz ihres Lebens gezogen hatten, als sie ihren Suizid planten. Ich glaube jedoch, daß viele weitere Faktoren bestimmen, warum manche eine NTE machen und andere nicht.

E.E.V.: *Ich sehe da einen Widerspruch. Wenn Sie sagen, daß bei jemandem, der ernsthaft über die Bedeutung der NTE nachgedacht hat, vielleicht kein ausgeprägtes psychisches Bedürfnis besteht, beim Sterben eine NTE zu erleben, bedeutet dies doch, daß die NTE keine objektive Wirklichkeit, sondern eine psychologische Notwendigkeit ist?*

Prof.K.R.: Nein, das bedeutet es nicht zwingend. Es bedeutet, daß es bestimmte Umstände geben könnte, unter denen diese besondere objektive Wirklichkeit einem Menschen zugänglich wird. Und bei einem Menschen, der ihrer nicht bedarf, wären die Filter dafür undurchlässig, weil er sie schon erkannt hat. Wir wissen ja, daß nicht jeder, der an die Schwelle des Todes gelangt, eine NTE erlebt. Bei manchen ist die Wahrscheinlichkeit dafür größer als bei anderen. Studien zu genau dieser Fragestellung – warum manche diese Erfahrung haben und andere nicht – sind in Vorbereitung. Wir müssen die Ergebnisse dieser Studien abwarten, bevor wir uns mit Ihrer Frage auseinandersetzen können.

E.E.V.: *Bei Ihnen, der Sie sich mit NTE auskennen, wäre das Erlebnis einer NTE also weniger wahrscheinlich als bei einer Person, die noch nie etwas von diesem Phänomen gehört hat. Doch in einem bestimmten Augenblick werden auch Sie Zugang zu dieser anderen objektiven Realität haben. Sagen wir, die NTE sei eine Reise in eine andere Dimension. Manche Menschen benötigen sie dringender als andere, vielleicht weil sie nie über diese Dinge nachgedacht haben und es für sie wichtig ist, diese Information zu erhalten. Andererseits wäre es möglich, daß jemand, der viel über diese Fragen nachgedacht hat, dieser Erfahrung*

nicht bedarf, weil er diese Arbeit bereits geleistet hat. In einem be-
stimmten Augenblick des Sterbens jedoch werden sie alle in diese objek-
tive Wirklichkeit gehen, welche die andere Welt ist. Ich meine, wie er-
klären Sie, daß es in einem bestimmten Augenblick von den psychischen
Bedürfnissen abhängt, aber in einem anderen Moment wirklich wird?

Prof.K.R.: Ich kann spekulieren, warum manche Menschen eine ver-
zögerte, andere eine unmittelbarere Reaktion haben. Viele Faktoren
spielen dabei eine Rolle. Aber was wir bei unseren neuesten Studien
herausgefunden haben, ist die Tatsache, daß Menschen, die dem
Tod nahe waren und sich erinnern, eine NTE gemacht zu haben,
sich in bestimmten Aspekten von denen unterscheiden, die dem
Tod nahe waren und sich nicht an eine solche Erfahrung erinnern.
Die Personen, die sich eher einer NTE im Augenblick ihres Auftre-
tens unmittelbar bewußt werden, sind die, welche als Kinder, aus
welchem Grund auch immer, sensibel geworden sind für etwas, das
ich alternative Realitäten nennen möchte, sensibel für den Bereich
des Psychischen. Zu diesen Faktoren, die sich jetzt sehr deutlich ab-
zeichnen, zählen Kindesmißbrauch, Trauma, eine irgendwie, zum
Beispiel auch durch Krankheiten, belastete Kindheit. Diese Umstände können dazu führen, daß ein Kind von der sichtbaren
physikalischen Welt abdriftet und in andere, alternative Welten ein-
taucht, speziell als Reaktion auf ein Trauma. Später könnten diese
Geschehnisse die Betreffenden für jene Schicht des Bewußtseins
sensibilisieren, in welche die NTE eingebettet ist, weil die NTE
natürlich ein erhebliches Trauma darstellt, ein Trauma, das den
Menschen mit seiner körperlichen Vernichtung bedroht. Wenn Sie
sich in Ihrer Vergangenheit als Reaktion auf ein Trauma, zum Beispiel in Ihrer Kindheit, in alternative Wirklichkeiten zurückgezogen
haben, ist die Wahrscheinlichkeit größer, daß Sie an der Schwelle
des Todes spontan in diese Bewußtseinszustände eintreten. Und
deshalb werden Sie diese Erfahrung eher als bewußtes Ereignis
registrieren. Ein Mensch ohne diesen biographischen Hintergrund,
der nicht diese Sensibilisierungen erfahren hat, der mehr in der
physikalischen Welt wurzelt, der sehr furchtsam ist, wird diese
Erfahrung viel eher herausfiltern. Es müssen also mehrere Filter
unwirksam gemacht werden, bevor ein Mensch die Erfahrung

wahrnehmen und registrieren kann. Für die meisten von uns ist, glaube ich, eine heftige Erschütterung, ein Agens, notwendig, um die Wände niederzureißen, die unsere Wahrnehmung blockieren. Danach können wir sehen, und sobald wir sehen, erkennen wir. Menschen jedoch, die von Natur aus sensibel sind, werden sich nahezu unmittelbar in dieses Reich versetzt sehen. Obwohl ich dies vom Standpunkt der wissenschaftlichen Erforschung der NTE nicht beweisen kann, stimme ich Ihnen zu, daß schließlich jeder zu diesem besonderen Zustand erweckt wird. Das Entscheidende im Leben ist, daß man versucht, die Filter zu beseitigen, die Bindungen, die Blindheiten, die Ängste und alles, was uns hindert an der imaginalen Vision, wie ich es nenne. Es ist dies ein langwieriger Prozeß – das Erwachen zu diesen Erfahrungen, bevor man stirbt, so daß man sich in der Todesstunde bewußt auf diese Erfahrungen einlassen kann und begreift, was einem geschieht.

E.E.V.: *... und man nicht zu sehr erschrickt.*

Prof.K.R.: Nein, man erschrickt nicht zu sehr, denn man hat sich ja schon damit auseinandergesetzt. In einer Weise gleicht es dem, was PLATO sagt – daß der ganze Zweck der Philosophie, der ganze Zweck der Dialektik der ist, sich auf den Tod vorzubereiten. Ich glaube, die NTE und das Wissen, das man daraus gewinnt, sind dem Menschen eine wertvolle Hilfe, um sich auf den Tod vorzubereiten, indem ihm eine Vorstellung dessen vermittelt wird, was wirklich geschieht. Ich glaube, daß letztendlich jeder, obwohl es hinsichtlich der Sensibilität individuelle Unterschiede gibt, in diese Dimension eintreten wird.

E.E.V.: *Ich wüßte gern, was Sie über die Einwände skeptischer Wissenschaftler denken, die versuchen, die Existenz von NTE zu leugnen. Nehmen wir zum Beispiel einen Menschen, der unter Vollnarkose für einen chirurgischen Eingriff hört, was das Ärzteteam während der Operation sagt, und sieht, was es tut. Die Skeptiker halten dies für einen Zustand des Halbbewußtseins infolge unzureichender Anästhesie. Das wäre eine mögliche Erklärung, aber es bleibt ja die Tatsache, daß der Experiencer keine Schmerzen empfindet und sich selbst in eine Ecke an der Decke des Raums lokalisiert, von wo aus er nach unten auf seinen Körper blickt!*

Prof.K.R.: Ich bin nicht besonders erpicht darauf, die Existenz von NTE zu beweisen. Skeptiker wird es immer geben. Es gibt bestimmte Denkmodelle skeptisch orientierter Psychologen, zum Beispiel Susan Blackmore, und anderer, die diese Erfahrungen, zumindest mit ihrer Denkweise, wegerklären können. Ich fand diese Erklärungen nicht einleuchtend. Ich habe keine Lust, mich auf Streitgespräche einzulassen oder die Leute zu überzeugen. Ich als Wissenschaftler und als Untersucher von NTE möchte die Erkenntnis zur Diskussion stellen und die Leute veranlassen, dieses Phänomen zu erforschen.

E.E.V.: *Ein weiteres Argument der Skeptiker lautet, NTE seien Träume. Es stimmt ja, daß der Eindruck zu schweben oder zu fliegen zu den wesentlichen Traumsymbolen zählt. Aber kann diese Tatsache die NTE in ihrer ganzen Komplexität erklären?*

Prof.K.R.: Nein. Jeder, auch ein Skeptiker, der sich mit NTE beschäftigt, wird sehr schnell den Gedanken aufgeben, daß es sich um Träume handle. Nahezu regelmäßig betonen die Experiencer, daß diese Erfahrung realer war, als ein Traum jemals sein könnte. Über die Erfahrung zu berichten ist weniger real, als die Erfahrung selbst gewesen ist. Es gibt so viele Aspekte dieser Erfahrung, die traumunähnlich sind (wie der Zustand der Entkörperlichung, in dem Dinge sich verifizieren lassen), die uns so viel weiter führen, als Träume, Wachträume, dies je tun könnten, daß die Traumhypothese letztlich unhaltbar ist. Leute, die an NTE einfach nicht glauben wollen, bezeichnen sie als Traum – es ist eines ihrer letzten Ausweichmanöver, sie benutzen das als Epitheton, als Ausdruck der Distanzierung. Ich glaube, niemand, der diese Erfahrung unvoreingenommen betrachtet, würde sie als Traum begreifen. Doch die Leute ziehen die Schlüsse, die sie ziehen wollen, und suchen sich immer selektiv den Beweis, der ihre Deutung stützt.

E.E.V.: *Im Hinblick auf die Gläubigen sind die Skeptiker sehr kategorisch: Ihre NTE seien nichts weiter als der Wunsch, daß ihr Glauben sich bewahrheite.*

Prof.K.R.: Und wie würde dies erschreckende NTE erklären? Wie würde es die Erfahrung eines Menschen erklären, der sich das Leben zu nehmen versucht, der will und glaubt, daß es danach nur das Nichts gibt, und der versucht, den Zustand der Auslöschung zu erreichen und für immer und ewig bewußtlos zu sein? Wie würde es die Erfahrungen sehr kleiner Kinder erklären, die bestimmt keine Erwartungen darüber hegen können, wie der Zustand nach dem Tod sein mag? Wie würde es die Erfahrungen von Menschen erklären, die in einer bestimmten Tradition, etwa katholisch, erzogen wurden und die sagen, daß nichts, was man sie gelehrt hat oder was man sie über ein Leben nach dem Tod glauben gemacht hat, im geringsten dem gleicht, was sie erlebt haben?

E.E.V.: *Eines der Argumente gegen die Stichhaltigkeit von NTE ist die Hypothese vom Sauerstoffmangel: Die NTE sei, so wird unterstellt, ein Delirium, das durch einen Mangel an Sauerstoff im Blut hervorgerufen werde. Was halten Sie davon?*

Prof.K.R.: Es trifft sicher zu, daß in vielen Fällen einer NTE die Gehirndurchblutung beeinträchtigt ist; hingegen gibt es viele andere Fälle, in denen dies ganz offensichtlich keineswegs zutrifft – man hat das gemessen –, und die Leute haben dennoch die gleiche Art von Erfahrungen. Sie können eine Konstante nicht mit einer Variablen erklären; und Hypoxie ist eine variable Größe, die NTE hingegen eine Konstante. Deswegen befriedigt diese Begründung nicht.

E.E.V.: *Als weiteres Argument gegen NTE wird angeführt, daß die Experiencer uns nichts über das Leben nach dem Tod erzählen können, da sie ja nicht wirklich tot waren, wenn sie wieder ins Leben zurückkehren. Auf den ersten Blick scheint dieses Argument unwiderlegbar, aber tatsächlich stimmt das nicht! Wir haben Zeugnisse von Personen, die während ihrer NTE wirklich starben. Ich meine natürlich die Aufzeichnungen früherer Leben unter Hypnose. Diese Zeugnisse haben große Ähnlichkeit mit dem, was Experiencer erzählen. Welches Gewicht messen Sie dem bei?*

Prof.K.R.: Ein Bekannter von mir hat sich genau mit diesem Thema beschäftigt. Er hat als Reinkarnationstherapeut gearbeitet. Er erzählte mir, daß er versuchte herauszufinden, ob Personen, die über ihren eigenen Tod in vergangenen Leben berichteten, irgend etwas über NTE erfahren hatten. In etlichen Fällen schienen sie nichts darüber zu wissen und berichteten gleichwohl Erfahrungen, die der NTE sehr ähnlich waren. Deswegen halte ich dies für einen weiteren Beleg, daß es sich um echte Erlebnisse handelt. Gleichwohl hege ich eine gewisse Sympathie für die skeptische Seite der Frage. Ich selbst glaube, daß NTE keine *Nach*-Todeserfahrungen sind und daß sie als solche uns vom wissenschaftlichen Standpunkt aus nichts über ein Leben nach dem Tod sagen können. Das heißt aber nicht, daß die Personen, die diese Erfahrungen gemacht haben, nicht überzeugt wären, daß es ein Leben nach dem Tod gibt. Im Gegenteil, sie sind fest davon überzeugt und haben eine sehr positive Vorstellung davon. Doch dies ist etwas, was aus ihrer Erfahrung stammt, es ist ein zustandsspezifisches Wissen. Wir übrigen können uns nur fragen, was nach dem Tode geschieht. Es stimmt jedoch, daß die NTE unsere Vorstellung vom Leben nach dem Tod anregt, auch wenn wir nichts über sein Wesen aussagen können. Etwas anderes hängt ebenfalls mit Ihrer Frage zusammen: In einer Reihe von Studien (unter ihnen die kürzlich von mir vorgelegte sowie eine Studie der australischen Soziologin CHERIE SUTHERLAND) wurden eindrucksvolle Beweise erbracht, daß Menschen, die NTE erlebt haben, viel stärker dazu neigen, an Reinkarnation zu glauben; sie glauben, daß wir mehr als einmal leben und daß wir wiedergeboren werden. Etwas an der NTE scheint den Menschen zu diesem Glauben hinzuführen. Auch dieser Punkt müßte gründlicher erforscht werden – warum führt die NTE so oft zu einem Wandel in der Weltanschauung des Experiencers, der auch die Reinkarnation beinhaltet?

E.E.V.: *Könnte die Tatsache, daß jemand gerade noch dem Tode entkam, ein so heftiger psychischer Schock sein, daß sich die radikalen Veränderungen in der Persönlichkeit des Experiencers damit erklären lassen?*

Prof.K.R.: Nein, eigentlich nicht. Meine Untersuchungen zeigen, daß nicht die unmittelbare Todesnähe allein, die natürlich ein Schock ist, das gesamte Spektrum der Veränderungen im anschließenden Leben des Betroffenen herbeiführt, sondern daß es viele Veränderungen gibt, die einzig auf eine erinnerte NTE hinweisen. Es ist also nicht bloß die Todesnähe, die den Unterschied ausmacht, sondern in vielen Fällen die Todesnähe *und* das gleichzeitige Erleben einer NTE.

E.E.V.: *Ich glaube, daß sich nur anhand der Auswirkungen der NTE auf* *das Leben des Experiencers deren Wert und wirkliche Dimension ermessen lassen. »Wir werden den Baum an seinen Früchten erkennen.« Was meinen Sie?*

Prof.K.R.: Ich stimme Ihnen hundertprozentig zu.

Arbeitshypothese: NTE sind ein Schutzmechanismus des Unbewußten oder unbewußte Wünsche.

E.E.V.: *Sie sagten, daß ungefähr dreißig Prozent der Menschen, die unmittelbar vom Tode bedroht waren, eine NTE erlebten. Glauben Sie, daß unter diesen Umständen jeder Mensch eine NTE erlebt, aber nur dreißig Prozent von ihnen sich daran erinnern?*

Prof.K.R.: Ja, etwas in der Art. Die Erfahrung als solche dürfte häufig vorkommen, die Erinnerung hingegen könnte auf eine relativ kleine Zahl von Personen beschränkt sein. NTE sind keine Träume, doch kann man eine Analogie zu Träumen herstellen. Nicht jeder, der träumt (und praktisch jeder gesunde Mensch träumt nachts), kann sich am nächsten Morgen an seine Träume erinnern. Das heißt aber nicht, daß man nicht geträumt hat.

E.E.V.: *Man könnte sich vorstellen, daß nur die sich erinnern, die eine positive NTE erlebten. Bekanntlich kann sich das Unbewußte sperren, eine traumatische Erfahrung an die Oberfläche kommen zu lassen, und sie tief im Inneren vergraben. Ich möchte den Fall einer sehr dramatischen Reanimation zitieren, über den der Kardiologe* MAURICE RAWLINGS *berichtet hat. Ein Patient, der einen stenokardischen Anfall erlitten hatte, war während der Reanimation mehrere Male bewußtlos geworden. Jedesmal, wenn er wieder zu sich kam, rief er, er sei in der Hölle gewesen und habe die schrecklichsten und unerträglichsten Momente erlebt. Er flehte den Arzt an, ihn nicht mehr dorthin zurückgehen zu lassen. Rawlings war sehr beeindruckt, weil der Mann wirklich die gräßlichsten Dinge gesehen zu haben schien. Ein paar Tage später suchte er den Patienten am Krankenbett auf und begann sehr vorsichtig anzusprechen, was während der Reanimation geschehen war. Er wun-*

*derte sich sehr, als er bemerkte, daß der Patient sich nicht nur nicht an
das wirklich Geschehene erinnerte, sondern sogar ein insgesamt positives
Gefühl von diesem Ereignis zu haben schien. Alle Erinnerungen, die er
hatte, schienen vielmehr angenehm zu sein. Dies illustriert recht gut,
wie ein schreckliches Ereignis durch das Unbewußte blockiert werden
kann. Könnte das der Grund sein, warum wir so wenig negative Zeugnisse von NTE haben?*

Prof.K.R.: Ich habe diesen Patienten kennengelernt, und ich kenne
Rawlings. Ich habe auch das Video gesehen, in dem dieser Mann
auftrat und über seine Erfahrung berichtete. Ich könnte einräumen,
daß dieser Mann ein schreckliches Erlebnis hatte, das er nicht erinnerte, und ich könnte sicherlich die allgemeine Regel akzeptieren,
daß traumatische Erfahrungen oft unterdrückt werden oder in anderer Weise für unser Bewußtsein unzugänglich sind. Ich glaube
aber nicht, daß dies in bezug auf die Seltenheit negativer NTE der
wichtigste Faktor ist. Vielmehr glaube ich, daß den Betroffenen dies
sehr wohl gegenwärtig ist, aber daß es ihnen widerstrebt, darüber zu
sprechen, weil sie glauben, daß sie, wenn ihnen etwas Schlechtes
widerfuhr, schlecht sind. Mit anderen Worten, wenn Sie eine positive NTE erlebt haben, werden Sie auch darüber reden, solange Sie
sich dabei wohl fühlen, weil es zu besagen scheint, daß Sie ein
Mensch sind, der dies verdient, oder daß es mit Ihrem Charakter
zusammenstimmt. Wenn Sie jedoch eine extrem negative Erfahrung
erlebt haben – äußerst finster und erschreckend –, denken Sie vielleicht, daß es etwas über Ihren Charakter sagt. Daher könnte es Ihnen widerstreben, darüber zu sprechen. Etwas trifft sicher für NTE
zu, nämlich daß eine Betonung auf positiven Erfahrungen liegt und
weniger auf den schrecklichen. Und das macht es für einen Menschen noch schwieriger, über eine negative NTE zu sprechen. So
räume ich zwar ein, daß das, worüber Rawlings berichtet, geschehen kann, aber ich glaube nicht, daß es ein signifikanter Faktor ist.
Ich kann eine Analogie herstellen zu psychedelischen Erfahrungen.
Diese sind oft unangenehm, beängstigend, erschreckend. Aber es
gibt keine schlüssigen Beweise, daß die Betroffenen diese Erfahrungen unmittelbar danach unterdrücken. Im Gegenteil, sie bleiben
eine Zeitlang dem Bewußtsein zugänglich. Ich glaube nicht, daß die

Psychodynamik der NTE so sehr verschieden ist. Gut, manche mögen es vergessen. Ich habe aber auch von Fällen gehört, in denen Menschen eine sehr positive Erfahrung machten, was nach Zeugenberichten die Ekstase auf ihren Gesichtern während der Nahtodeskrise zeigt, sich aber bei der späteren Befragung ebenfalls nicht erinnerten. Es ist also nicht so, daß nur negative NTE unterdrückt würden. Es könnte sein, daß auch positive NTE vergessen werden, einfach weil sie nicht mit der Einstellung des Betroffenen übereinstimmen. Ich bin nicht überzeugt, daß Rawlings hinsichtlich einer allgemeinen Regel recht hat. Er hat diesen einen Fall vorzuweisen, und er führt ihn immer wieder an. Ich glaube nicht, daß er repräsentativ ist für die Gesamtheit der Leute, die eine NTE erlebten. Das Problem bei RAWLINGS ist, daß er bestimmte religiöse Ansichten hat, die seine Position sicher beeinflussen. Die Ergebnisse seiner Arbeit sind nie von unabhängiger Seite reproduziert worden, bei keiner Arbeit ergab sich etwa der gleiche Prozentsatz erschreckender NTE, den er nennt. Er könnte recht haben, aber wir müssen abwarten, bis ein unabhängiger Untersucher ähnliche Ergebnisse wie die seinen vorlegt. Er schließt aus einem Fall, daß erschreckende NTE oder erschreckende Aspekte der NTE aus verschiedenen Gründen wahrscheinlich in den Berichten unterrepräsentiert sind, aber ich glaube nicht, daß es die Gründe sind, die er vermutet.

E.E.V.: *Er ist derjenige, der die meisten negativen NTE festgestellt hat?*

Prof.K.R.: Ja, er behauptet, erschreckende NTE seien genauso häufig wie die angenehmen. Er ist kein rigoroser Forscher, er sammelt seine Daten aus allen möglichen Quellen und überprüft sie, sieht man von einigen Fällen ab, nicht unbedingt selbst. Es gibt Feststellungen in seinem Buch, die eindeutig nicht zutreffen. Er sagt zum Beispiel, jede durch den Versuch einer Selbsttötung ausgelöste NTE sei negativ. Dies widerlegen eine Reihe anderer Berichte schlüssig. Es scheint, daß zumindest einige der Feststellungen, die Rawlings trifft, eher auf seinen religiösen Ansichten über das Phänomen beruhen, als daß sie vom Standpunkt einer zeitgemäßen, peinlich genauen und unparteiischen Untersuchung gewonnen wären.

E.E.V.: *Wäre es möglich, daß die siebzig Prozent, die dem Tod nahe wa-*

ren, ohne eine NTE zu erleben, in Wirklichkeit eine negative NTE hatten, die so furchtbar war, daß ihr Unbewußtes die Erinnerung daran blockiert?

Prof.K.R.: Nein, ich bin fest davon überzeugt, daß dies nicht der Fall ist. Einige dieser Personen mögen eine erschreckende NTE gehabt haben, aber bestimmt hatten nicht siebzig Prozent eine erschreckende NTE, die sie verdrängten.

E.E.V.: *Ich denke, es würden viel mehr negative NTE registriert, wenn die Personen, die dicht an die Schwelle des Todes gerieten, kurz nach dem Ereignis befragt werden könnten, bevor das Unbewußte den Abwehrmechanismus aktivieren kann und das Ereignis unterdrückt wird. Vielleicht könnte sich der Faktor Zeit in diesem Sinn auswirken?*

Prof.K.R.: Ja, aber das funktioniert in beiden Richtungen. Die Menschen könnten auch die positiven Aspekte der Erfahrung unterdrücken oder nicht wahrnehmen, und es könnte, offen gestanden, sowohl aus menschlicher wie auch aus ethischer Sicht unvernünftig und unmoralisch sein, würde man versuchen, Menschen unmittelbar nach ihrer Erfahrung zu befragen. Sie haben dann gerade eine lebensgefährliche Krise durchgemacht und sind in einem emotionalen Zustand, der es verbietet, unter diesen Umständen Informationen für Forschungszwecke aus ihnen herausziehen zu wollen. Aber auch wenn das ginge, bin ich nicht ganz überzeugt, daß ein Mensch zu diesem Zeitpunkt seiner negativen Erfahrung näher wäre. Bei einigen mag es der Fall sein, aber manche könnten auch die positiven NTE vergessen.

E.E.V.: *Als Psychologe sind Ihnen doch die Schutzmechanismen vertraut, deren sich die Psyche angesichts eines Ereignisses, das das seelische Gleichgewicht bedroht, bedienen kann. Um so mehr, wenn die Situation so katastrophal und extrem ist wie eine reale Bedrohung des Lebens. Sind positive NTE das letzte Geschenk des Unbewußten, um dem Betroffenen zu helfen, der dramatischen Erfahrung des Todes ins Auge zu sehen?*

Prof.K.R.: Ich glaube nicht, daß es ein Geschenk des Unbewußten ist oder daß es sich um einen Schutz- oder Abwehrmechanismus handelt. Ich denke, es ist eher eine Gnade als eine eigentliche Gabe oder ein Trost oder etwas, das die Integrität des Ichs schützt. Es ist mehr eine Offenbarung, die im Augenblick des Todes eintritt. In seinem berühmtesten Roman *Moby Dick* lesen wir bei HERMAN MELVILLE: »... und das Herannahen des Todes, vor dem wir alle gleich sind, bringt allen eine letzte Offenbarung, die nur ein von den Toten Auferstandener wiedergeben könnte.« Ich glaube, daß die Experiencer diese letzte Offenbarung erhalten. Meines Erachtens machen es sich psychologisch orientierte Individuen einfach zu leicht, wenn sie annehmen, daß dies nur eine Abwehrstrategie des Ichs ist, um die Person gegen die Bedrohung des plötzlichen Todes zu schützen. Diesen Einwand zu machen ist leicht, er ist sicher auch nicht ganz unzutreffend, denn es gibt sicher Abwehraspekte bei der NTE, zum Beispiel die Entkörperlichung. Sie können die Erfahrung der Entkörperlichung etwa mit der Rettung durch den Schleudersitz im Flugzeug vergleichen – Sie verlassen Ihren Körper aus Sicherheitsgründen, weil Sie in einer bedrohlichen Situation sind. Gewiß können Abwehrhandlungen geschehen. Aber wenn diese Abwehr greift, hat das Individuum die Freiheit zu erfahren, was wirklich dort ist – die transzendentale Ordnung, nicht eine tröstende Halluzination!

E.E.V.: *Das geschieht nicht innen, sondern kommt von außen?*

Prof.K.R.: Es ist schwer zu sagen, ob innen oder außen. Aber es ist nicht rein psychologisch. Es ist eine Offenbarung der echten Natur der Dinge. Und sie kann durch eine Krise ausgelöst werden, die entweder den Körper oder das Ich bedroht, doch erklärt dies nicht vollends, was die Erfahrung ist. Ich stelle mich gegen eine psychiatrische oder psychoanalytische Deutung dieser Erfahrungen, wenn sie beanspruchen, die NTE total erklären zu können. Sie sind unvollständig, sie sind nicht umfassend, und sie haben eine Neigung, die Erfahrung zu verzerren und auf nur einen psychodynamischen Aspekt zu reduzieren. Dies wird weder der Erfahrung noch dem Experiencer gerecht.

E.E.V.: *Könnte man sagen, daß es sich um eine andere Dimension in uns handelt, zu der wir in normalen Zeiten keinen Zugang haben?*

Prof.K.R.: Ja, das könnte man sagen. Es ist ein Aspekt der wahren Natur der Dinge, von dem wir normalerweise abgetrennt sind, aber das Nahen des Todes schaltet die Sinnesorgane aus und stört unsere normale Wahrnehmung. In dem Moment, da alles zusammenbricht, wird uns etwas anderes offenbart. Analog sehen wir bei normalem solarem Bewußtsein bei Tage die Sterne nicht, wir nehmen nur den Himmel und die Sonne wahr. Das Sonnenlicht blendet uns, aber wenn die Sonne nicht scheint, zeigt sich uns der Sternenhimmel. Ähnlich können wir, wenn uns das normale Bewußtsein verlassen hat, etwas weit jenseits davon erkennen. Beim Tode sehen wir das Äquivalent des Sternenhimmels, und was wir sehen, ist nicht bloß diese Erde, nicht bloß die Sonne, sondern es werden uns große Gebiete des Kosmos entdeckt, und wir beginnen, unsere Unendlichkeit zu erleben. Das ist die Poesie der NTE und das, was die psychoanalytische Richtung uns nie zu glauben oder als existent anzunehmen erlauben würde.

E.E.V.: *In seinem Buch* Zum Licht *behauptet* MELVIN MORSE, *daß vierzig Prozent der Kinder, aber nur zwanzig Prozent der Erwachsenen während ihrer NTE beschlossen, ins Leben zurückzukehren. Glauben Sie, der Grund dafür ist die sehr enge Beziehung der Kinder zu ihren Eltern?*

Prof.K.R.: Nein. In meinen eigenen Untersuchungen fand ich, daß annähernd vierzig Prozent der Erwachsenen, die eine NTE erlebten, den Entschluß faßten, zurückzukehren. Deswegen glaube ich nicht, daß irgendwelche Unterschiede zwischen Kindern und Erwachsenen bestehen.

E.E.V.: *Oft begegnen die Experiencer während ihrer NTE verstorbenen Verwandten, zum Beispiel ihren Eltern. Diese Beschreibungen klingen absolut idyllisch, ideal. Die psychologische Erklärung scheint auf den ersten Blick ganz einfach zu sein: Blutsverwandtschaft ist ein starkes Band, die Experiencer erzählen in der Tat von ihrem Wunsch, ihren Eltern, ihren Verwandten zu begegnen. Seit* FREUD *wissen wir, daß das Unbewußte ein sehr starker, komplexer Faktor ist. Die Dimension des Unbewußten ist sicher so inhaltsreich wie die spirituelle Dimension, die ebenfalls ein ganz erstaunliches Niveau erreichen kann. Warum sollte man nicht einfach zugeben, daß die Experiencer die Personen sehen, die sie zu sehen wünschen?*

Prof.K.R.: Weil dies nicht unbedingt zutrifft. Kinder sehen selten ihre Eltern, weil ihre Eltern natürlich meist noch am Leben sind. Sie sehen jedoch andere Personen, und das ist eine Überraschung für sie. Auch sehen die Experiencer manchmal Individuen, die sie nicht einmal erkennen, die aber ihrerseits sie zu kennen scheinen, und wenn sie zurückkehren und das betreffende Wesen beschreiben, sagt vielleicht ein Verwandter: »Aber das ist ja dein Urgroßvater! Warte, ich zeige dir ein Bild von ihm.« Und dann sagt der Experiencer vielleicht: »O ja, das ist die Person, die ich gesehen habe.« Diese Begegnung kann also eindeutig nicht auf Grund einer Erwartung erfolgt sein. Sie mag oft durch Erwartung beeinflußt sein, aber auch das kann nicht die vollständige Antwort sein. Manche Leute haben alles andere als paradiesische, sondern ganz erschreckende Visionen. Diese können kaum auf Wunschdenken zurückgeführt werden. Kein Mensch will sich in einer schrecklichen Umgebung wiederfinden, und doch geschieht dies manchmal. Ich weiß von einem Mann, der einen Herzanfall hatte und ihm fast erlegen wäre. Er erlebte eine NTE. Er hatte zwei Brüder, deren einer vor dreißig Jahren, der andere hingegen gerade erst gestorben war, so daß er die Nachricht von seinem Tode noch nicht erhalten hatte. Als er von dieser Erfahrung zurückkehrte, berichtete er von der Anwesenheit seiner beiden Brüder. Er war nicht überrascht, den längst verstorbenen Bruder zu sehen, kapierte aber nicht, wieso der andere Bruder ebenfalls dort war. Das machte keinen Sinn. Hier haben wir also wieder etwas, das nicht einfach als Trost wirkt; es ist ein Überraschungsfaktor, und solche Details kommen in vielen NTE vor. Es gibt Geheimnisse um die NTE, die sich einer umfassenden rationalen Erklärung entziehen. Ich glaube nicht, daß diese Erfahrungen nur auf Wunschdenken beruhen. Ich will damit nicht sagen, daß es im Zusammenhang mit einigen der eintretenden Wahrnehmungen keine psychologischen Gründe gibt, auch mögen Wünsche einen gewissen Einfluß haben, aber das sind keine ausreichenden Erklärungen für manche Phänomene der NTE.

E.E.V.: *Sie sind nur ein Aspekt?*

Prof.K.R.: Genau.

E.E.V.: *Bei der Begegnung mit den verstorbenen Angehörigen hat mich ein anderer Punkt verblüfft. Tatsächlich sind die Beziehungen zu den Eltern hier »auf Erden« nicht so harmonisch wie das, was die Experien-*

*cer berichten. Stellen Sie sich einen Menschen vor, der zeit seines Lebens
unter einer konfliktreichen Beziehung zu seinen Eltern gelitten hat –
und diese Fälle sind ja recht häufig –, dieser Mensch würde ja nicht
unbedingt über einen solchen Ausbruch der Freude erzählen, wenn er
während einer NTE seinen Eltern begegnet. Dies um so mehr, als wir
feststellten, daß die Persönlichkeit des Experiencers während der NTE
unverändert zu bleiben scheint und dies auch für irdische Konflikte zutreffen dürfte. Wie erklären Sie sich diesen magischen Faktor, der all
diese Konflikte, all diese Probleme beseitigt? Beruht dies auf einer Be-
wußtseinserweiterung, die ermöglicht, daß wir die Gründe für die irdischen Konflikte verstehen wie eine zu hundert Prozent und auf Anhieb
gelungene Psychoanalyse?*

Prof.K.R.: Zunächst einmal sieht natürlich nicht jeder, der eine NTE
hat, einen verstorbenen Verwandten. Und wer verstorbene
Angehörige sieht, der wird nicht zwangsläufig seine Eltern sehen.
Das Entscheidende bei diesen Erfahrungen, wenn das Individuum
den Geist eines geliebten Angehörigen wahrnimmt, ist die liebevolle Bindung zwischen ihnen. Das ist das Wesentliche. Man wird zu
denen hingezogen, die einem wesensverwandt sind, mit denen man
in liebevollem Gleichklang ist. Während der Lebensfilm abläuft,
können Sie allerdings eine Begegnung haben, bei der Sie genau und
voller Verständnis sehen können, warum Ihre Eltern Sie in der Weise, wie geschehen, falsch behandelt haben. Ich kenne beispielsweise
eine Frau, die als Kind schwer mißhandelt wurde: Während des
Lebensfilms sah sie ihre Eltern und wie sie mit ihr umgingen, und
begriff, was sie taten und warum; sie sah sogar manche Dinge, an
die sie sich nicht erinnerte, und sagte sich: »Kein Wunder, daß ich
so bin, wie ich bin.« Ungeachtet der Mißhandlungen konnte sie die
Eltern verstehen und mit ihnen fühlen. Mit anderen Worten, sie
hatte trotz der schlechten Behandlung Mitleid mit ihren Eltern und
vermochte sie trotz allem um ihrer selbst willen zu lieben. Das tiefere Verständnis, das man in diesem Zustand haben kann, ist derart,
daß man lernen kann, all den Kummer zu verzeihen, der einem bereitet wurde, und die eigentliche Liebe erkennen kann, die zwischen
einem selbst und jemandem besteht, der einem, vielleicht ganz
unabsichtlich, im Leben geschadet hat. Somit ist beides wahr: Nicht

immer sehen Sie Ihre Eltern, zu denen vielleicht eine konfliktreiche Beziehung bestand; Sie sehen Menschen, von denen Sie geliebt wurden und die Sie liebten. Doch auch wenn Sie Ihre Eltern sehen, dann mit diesem tieferen Verständnis, das Ihnen ermöglicht, die Liebe in ihnen zu erkennen.

E.E.V.: *Eine NTE könnte demnach wie eine psychoanalytische Therapie wirken, da sie einem ja zu besserem Verständnis verhilft.*

Prof.K.R.: Ja. Manche haben sie mit einer sehr konzentrierten psychotherapeutischen Sitzung verglichen, bei der Sie in einem zeitlosen Augenblick Einsichten haben, die Ihnen vielleicht fünf Jahre Therapie nicht vermitteln könnten. Es ist eine ganz überwältigende Heilung, eine kathartische psychotherapeutische Erfahrung für jene, die wirklich begreifen und das Geschehene integrieren können. Es ist billiger als eine normale Psychotherapie, obwohl es den Betroffenen fast das Leben kostet!

E.E.V.: *Während ihrer NTE begegnen die Experiencer stets verstorbenen, niemals lebenden Angehörigen.*

Prof.K.R.: Das stimmt nicht. Manchmal begegnen sie Lebenden.

E.E.V.: *Können wir sagen, daß sie überwiegend verstorbenen Angehörigen begegnen?*

Prof.K.R.: Ja.

E.E.V.: *Also ist die Tatsache, daß sie während der NTE ihre verstorbenen Angehörigen treffen, keineswegs verwunderlich. Verblüffend wird es allerdings, wenn Experiencer Verstorbenen begegnen, von deren Tod sie nichts wußten. Das kann zum Beispiel bei einem Autounfall passieren, der eine ganze Familie dezimiert, so daß die Familienmitglieder untereinander nicht wissen, in welchem gesundheitlichen Zustand sich die anderen befinden. Unter diesen Umständen geschieht es mitunter, daß ein Mitglied der Familie während seiner NTE einem anderen begegnet, den der Unfall das Leben gekostet hat. Kennen Sie solche Fälle?*

Prof.K.R.: ELISABETH KÜBLER-ROSS hat einige beschrieben. Ich hatte keinen einzigen Fall mit mehreren Toten und einem Überlebenden, der das berichtet hätte. Ich kenne Berichte über Kriegseinsätze, bei denen ein Soldat fast getötet worden wäre und eine NTE hatte, bei der er – anscheinend in einer Art Zwischenreich – die Geister der Kameraden sah, die gerade in der Schlacht gefallen waren. Ich habe noch nie persönlich mit einem Menschen gesprochen, der diese Erfahrung gemacht hätte, aber andere NTE-Forscher haben es getan, etwa der Kardiologe MICHAEL SABOM.

E.E.V.: *Um auf Ihre Bemerkung von vorhin zurückzukommen: Wenn Sie sagen, daß eine Person bei einer NTE auch einer lebenden Person begegnen kann, bedeutet dies, daß diese lebende Person die andere Welt betreten hat, den imaginalen Bereich, wie Sie es nennen?*

Prof.K.R.: Manchmal scheinen Personen Individuen zu erblicken, die noch leben. Aber das ist selten. Es gibt Untersuchungen darüber. Wenn zum Beispiel ein Mensch, der am Leben ist und sich nicht in einer Krise an der Schwelle zum Tod befindet, eine Erscheinung hat, dann handelt es sich gewöhnlich um lebende Personen. Die dem Tod nahe sind, haben meist Erscheinungen von Personen, die tot sind. Allerdings nicht immer. Manchmal sehen sie tatsächlich lebende Personen. Beispielsweise war bei einer Frau, die ich kenne und die eine NTE hatte, der feinstoffliche Körper in das Zuhause ihrer Lieblingsschwester projiziert. Die sterbende Frau sah ihre lebende Schwester, aber sie sah sie nicht im Reich des Imaginalen.

E.E.V.: *Meinen Sie, die Experiencer sehen das lebende Individuum in unserer irdischen Welt oder in einer anderen Dimension?*

Prof.K.R.: Ich halte es für möglich, daß ein sterbender Mensch mitunter ein lebendes Individuum in jenem anderen Bereich erblickt, weil dessen feinstofflicher Körper sich dort befindet. Wir wissen, daß Menschen, die ihren Körper verlassen, manchmal offenbar in diese andere Welt gelangen, aber sie können nicht dort bleiben.

E.E.V.: *Sie glauben also, daß die Begegnung zwischen einer lebenden und einer sterbenden Person in der jenseitigen Welt und nicht im dinghaften Diesseits stattfindet?*

Prof.K.R.: Das kann mitunter geschehen. Ein Sterbender, der eine NTE erlebt, sieht manchmal einen lebenden Menschen in seiner spirituellen Gestalt in der anderen Welt. Dies könnte geschehen, weil dieses lebende Individuum vielleicht eine Erfahrung außerhalb seines Körpers erlebt.

E.E.V.: *Einige Experiencer spüren, andere sehen, daß ein Angehöriger oder das Lichtwesen anwesend ist, und vermögen Einzelheiten zu be-*

*richten, etwa daß das Lichtwesen einen übernatürlichen Glanz aus-
strahlt, wie er allen religiösen Symbolen eignet, oder daß ein verstorbener Verwandter dieselben Kleider wie zu seinen Lebzeiten trug. Könnten wir uns vorstellen, daß hier eine visuelle Hilfe verfügbar ist, die
dem Sterbenden ermöglicht, sich an eine andere Dimension zu gewöhnen, die tatsächlich unvorstellbar, unverständlich ist ohne diese visuelle
Unterstützung, welche die Verbindung zwischen der materiellen und
der immateriellen Welt herzustellen erlaubt, wie eine Schnittstelle bei
der Datenverarbeitung?*

Prof.K.R.: Sie sagen, daß die NTE durch Bilder oder vertraute Merkmale strukturiert sein könnte, die einem Menschen helfen könnten
zu begreifen, was vor sich geht, und sich an einen sehr ungewohn-
ten Bereich zu gewöhnen. Ja. In der esoterischen Literatur wird erwähnt, daß sich diese Wesen in einer Form darstellen, die das Individuum im Sinn seines persönlichen Hintergrunds erkennen kann.
In welchem Umfang jedoch sieht man wirklich, was objektiv da ist,
und inwieweit handelt es sich um einen symbolischen Ausdruck der
Erfahrung? Das ist eine sehr wichtige Frage. Ganz offensichtlich
wohnt diesen Erfahrungen eine Symbolik inne, und es handelt sich
nicht bloß um eine buchstäbliche Sichtbarmachung dessen, was geschieht. Diese Erfahrungen werden meist in einer Weise dargestellt,
die in einer symbolischen Form vertraut und verständlich ist und
für das Unbewußte des Individuums einen Sinn ergibt, so daß es
dies leichter verstehen kann. Wahrscheinlich ist die NTE in ihrer
Symbolik von der Weisheit, die hinter allem waltet, exakt auf das
jeweilige Individuum zugeschnitten.

E.E.V.: *Es ist erstaunlich, daß Kinder während ihrer NTE oft einen alten
Mann mit Bart sehen. Glauben Sie, daß wir während einer NTE Personen begegnen, die unseren Erwartungen entsprechen, oder, allgemeiner, daß die NTE mit unseren Sehnsüchten korrespondieren?*

Prof.K.R.: Sie korrespondieren eindeutig nicht immer mit unseren
Sehnsüchten oder Erwartungen, aber was in der NTE geschieht,
scheint zu dem Individuum zu passen. Ich möchte das nicht wörtlich verstanden wissen, aber es ist beinahe so, als gäbe es einen
höheren Teil unserer selbst, mit dem wir nicht in Berührung sind,
der die NTE bestimmt. Derselbe Teil vielleicht, der einen Traum so

inszeniert, daß er für uns bedeutungsvoll wird. Ich weiß nicht, wie oft Kinder einen alten Mann mit Bart sehen. Oft sehen sie anscheinend eine Frau, die als Begleiterin wirkt. Aber welche Intelligenz auch die Erfahrung bestimmt, ob unsere eigene höhere Intelligenz oder die Intelligenz eines höheren Selbst, sie ist in einer Weise dargestellt, daß das Individuum sie verstehen kann. Und das deutet wiederum darauf hin, daß die Erfahrung nicht wörtlich genommen werden sollte, sondern daß sie einen bedeutenden symbolischen Aspekt hat.

E.E.V.: *Ich würde gern einen Experiencer von* MELVIN MORSE *(Closer to the Light) zitieren, der sich über die therapeutische, fast hellseherische Wirkung seiner NTE äußert:* »... *wissen Sie, ich dachte oft ... diese Erfahrung des unmittelbar drohenden Todes, die ich erlebt habe, ich frage mich, ob ich sie nicht selbst provoziert habe ... ich glaube, manche Personen können ihre eigene* ›Schockbehandlung‹ *hervorbringen, und ich glaube fast, daß dieser klinische Tod eine Form der Eigentherapie ist, damit man sich seiner selbst bewußt wird.«* Ich möchte ergänzen, daß die NTE dieser Person nicht nach einem Selbstmordversuch eintrat. Was meinen Sie dazu?*

Prof.K.R.: Ich stimme dieser Feststellung zu. Genau das gleiche habe ich von Leuten gehört, die ich selbst interviewte. Ich fragte: »Glauben Sie, daß Sie Ihre NTE irgendwie selbst in die Wege geleitet, sie ausgelöst haben, Sie oder Ihr höheres Selbst?« Und dann bekam ich meist zu hören: »O ja, unbedingt. Mein Leben war aus der Spur geraten. Ich mußte wieder Tritt fassen. Dies ist die beste Form der Therapie. Sie glich einer Schocktherapie und brachte mich tatsächlich wieder in einer Weise ins richtige Gleis, wie es unter meinen bisherigen Lebensumständen kaum möglich gewesen wäre. Es ist wie ein letzter therapeutischer Versuch. Wenn nichts Sie aufrütteln kann, dann kann die NTE dazu verhelfen, daß Sie wach werden. Ich habe einen Artikel *Wundersame Gnade: die NTE als kompensatorische Gabe* geschrieben, in dem ich mich zu dem anscheinend schicksalhaften Charakter und Zeitpunkt dieser Erfahrungen äußerte, die sich zu einem kritischen Zeitpunkt im Leben eines Individuums und in einer Weise zu ereignen scheinen, daß das Individuum wieder in seine Spur zurückfindet.

E.E.V.: *Verglichen mit denen infolge einer Krankheit oder eines Herzstill-*

stands, weisen die NTE infolge von Verschüttung, Autounfall oder anderen Umständen, die zu plötzlichem Tod führen, eine Besonderheit auf: ich meine die Veränderung der Wahrnehmung von Zeit. Das Unbewußte des Betroffenen dehnt die Zeit, verlangsamt sie und hält sie mitunter vorübergehend an. Der Lebensfilm läuft in wenigen Sekunden ab, die jedoch sehr lange zu dauern scheinen. Der Betroffene weiß, daß er binnen Sekunden sterben wird, und deswegen wird die Zeit zur Hauptbedrohung. Das Unbewußte inszeniert eine echte Raum-Zeit-Verzerrung und wehrt so die Realität des Todes ab.

Prof.K.R.: Sprechen Sie von den verschiedenen Arten, wie ein Mensch dem Tod nahe kommen kann, in bezug auf den Zeitaspekt?

E.E.V.: *Ja.*

Prof.K.R.: Ich bin nicht überzeugt, daß der Zeit- oder Zeitlosigkeitsaspekt der NTE so sehr von den Umständen beeinflußt wird, unter denen es zur NTE kommt. Und ich bin nicht sicher, ob ich der Prämisse Ihrer Frage zustimmen kann.

E.E.V.: *Nehmen wir das Beispiel eines Menschen, der in den Bergen abstürzt. Bis er aufschlägt, dauert es vielleicht zehn Sekunden, und doch hat er genügend Zeit, den Film seines Lebens vor sich ablaufen zu sehen, obwohl ihm weniger Zeit bleibt als jemandem, der in seinem Bett stirbt. Der Faktor Zeit wird ihm zur Hauptbedrohung, mit der er konfrontiert ist.*

Prof.K.R.: In gewissem Sinn verlangsamt sich die Zeit. Sie werden alle Informationen bekommen, die Sie benötigen, weil Sie die Zeit überschreiten, weil Sie sich außerhalb der Dimension Zeit begeben. Wie war der letzte Teil der Frage?

E.E.V.: *Entscheidend bei dieser Frage ist die Zeitverzerrung. Der Betroffene weiß, daß er in Sekunden sterben wird, und deswegen wird die Zeit zur Hauptbedrohung. Das Unbewußte inszeniert eine echte Raum-Zeit-Verzerrung und wehrt dadurch die Realität des Todes ab.*

Prof.K.R.: Das ist eine Möglichkeit der Deutung. Sie können sagen, daß das Unbewußte dies bewirkt, oder das Überbewußte, oder aber das Lichtwesen. In jedem Fall wird das Individuum geschützt und erhält genau die Informationen, die es benötigt, um sehen zu können, was in dieser Situation erforderlich ist. Letztlich ist dies so wenig zu beantworten, als wollte man herausfinden, was der Erfahrung zugrunde liegt. Wenn Sie das Problem psychologisch angehen, dann drücken Sie es im Sinne des Unbewußten und der Arten von Gaben aus, durch die das Unbewußte dem Individuum Leiden ersparen könnte. Wenn Sie es vom Standpunkt des Überbewußtseins oder eines höheren Waltens des Selbst betrachten, dann ist das Phänomen das gleiche, aber das Verständnis dessen, was verantwortlich ist, ist ein anderes. Ich weiß nicht, für welche Möglichkeit Sie sich entscheiden würden. Ich stimme Ihnen jedoch zu, daß es in dieser Erfahrung gewiß eine Dehnung der Zeit gibt und daß eine enorme Menge an Information vermittelt wird. Tatsächlich habe ich mich auf einen Arzt bezogen, der bei der Rückkehr von einer Reise in seinem Haus überfallen wurde und dabei dreizehn oder vierzehn Messerstiche erlitt. Während das Messer ihn immer wieder traf, verlangsamte sich die Zeit und blieb schließlich stehen, sie fror ein, und er vermochte viele Dinge über sein Leben zu erkennen. Nach dem Lebensfilm begann die Zeit wieder tropfenweise zu vergehen, und der Überfall ging weiter. Zum Glück überlebte er. Das Einfrieren der Zeit geschieht also wirklich. Aber wie die Zeit stehenbleibt, welcher Mechanismus dem Phänomen zugrunde liegt und welchem Zweck dies dient, darüber gibt es nur Mutmaßungen.

E.E.V.: *Im Gegensatz zu dem gerade erwähnten Fall findet sich beim akut drohenden Tod infolge einer Erkrankung oder eines Herzanfalls die Ursache der Bedrohung nicht außerhalb, sondern innerhalb des Körpers. Das Unbewußte reagiert auf diese Bedrohung, indem es den Prozeß der Entkörperlichung auslöst. Die Bedrohung durch den Tod wird dann auf die Vernichtung des Körpers reduziert, die nicht die Persönlichkeit des Individuums beeinträchtigt, da das Bewußtsein vom physischen Leib, welcher der Zerstörung überantwortet wird, abgetrennt ist. Dies ist eine Möglichkeit zu leugnen, daß der Tod uns ereilen kann.*

Prof.K.R.: Für diese Deutung kann ich mich nicht erwärmen, denn sie klingt, als wäre es einfach ein Abwehrmanöver von seiten des Ichs, um den Tod zu leugnen. Der Tod jedoch ist keine Realität, es sei denn bei Betrachtung von außen. Wir sehen den Tod des Körpers, den Tod des Individuums sehen wir nie. Sie könnten also sagen, daß das Individuum durch diesen besonderen Mechanismus gegen die Entfremdung des Todes abgegrenzt oder geschützt wird, Sie könnten es als Abwehrmechanismus sehen. Sie könnten es aber auch als Offenbarung dessen sehen, was ist. Und außerdem wird der Leser zu entscheiden haben, ob es sich um eine psychische Reaktion handelt, eine schützende Abwehrfunktion, oder ob die möglicherweise einsetzende Abwehrfunktion ein Tor darstellt, das einem zu sehen erlaubt, was wirklich dort ist. Man könnte das nur entscheiden, indem man selbst die unmittelbare Erfahrung macht und daraus eigene Schlüsse zieht. Es ist immer möglich, die NTE innerhalb eines psychodynamischen Rahmens zu deuten. Nachdem ich über diesen Rahmen nachgedacht und mit so vielen Menschen, die diese Erfahrung gemacht haben, gesprochen habe, bin ich überzeugt, daß diese Erklärung unzureichend, daß sie nur eine Teilerklärung ist. Viele Ihrer Fragen zielen darauf, ob es sich um einen irgendwie gearteten seelischen Abwehrmechanismus handeln könnte. Ja, das halte ich für möglich, aber auf Grund meiner Untersuchungen und vor allem in Anbetracht meiner vielen Gespräche mit Menschen, die diese Erfahrung gemacht haben, kann ich das nicht unbedingt glauben. Es leuchtet mir ein, daß jemand zu dieser Auffassung gelangen kann, dabei handelt es sich aber meist um Personen, die das Phänomen von außerhalb untersuchen. Ich vermute, daß, wenn Sie tausend Leute und dazu Psychologen nähmen, die wirklich mit Hunderten von Personen reden könnten, welche diese Erfahrung erlebt haben, und die sich mit dem Thema auseinandersetzen könnten (die also nicht bloß Bücher über das Phänomen gelesen haben), daß relativ wenige, ungeachtet welche Einstellung sie anfänglich gehabt haben mögen, letztlich zu einer rein psychologischen Interpretation dieser Erfahrungen neigen würden. Sie kämen zu der Einsicht, daß die Erklärung als solche nicht genügt.

E.E.V.: *Wird die Deutung der NTE stets eine subjektive bleiben?*

Prof.K.R.: Sie ist immer ein Rätsel. Immer ein Geheimnis. Sie kann immer in vielfältiger Weise interpretiert werden. Glasklare Antworten werden Sie nicht bekommen. Sie werden Hinweise bekommen, Anhaltspunkte, Dinge, die einen bestimmten Typ eines Deutungsrahmens abstecken, ihn aber nicht zwangsläufig sprengen. Daher wird es immer darauf ankommen, wie der einzelne diese Erfahrung deutet. Und manche Individuen, die recht früh auf der Grundlage eines oberflächlichen Umgangs mit diesem Material ihr Urteil fällen, werden feststellen, daß sie sich gründlicher damit auseinandersetzen müssen, und genau diese Personen werden wirklich forschen und zu einer Deutung von Gewicht kommen. Im laufenden Semester setzen wir uns sehr ausgiebig mit dieser Fragestellung auseinander. Viele Studenten sind schon anfangs aufgeschlossen und werden danach noch überzeugter von der Authentizität der Erfahrung. Es gibt immer welche, die mehr einer psychologischen Interpretation zuneigen, aber das respektiere ich, weil sie sich für die andere Betrachtungsweise zumindest offen zeigten. Ich glaube nicht, daß die NTE jemals zu einer bestimmten Interpretation zwingen wird. Für mich liegt die Bedeutung der NTE nicht in ihrer möglichen Erklärung, sondern darin, daß ein Mensch bereichert wird, während er sie ergründet. Es gibt zwei Wege, an die Sache heranzugehen. Sie können sich sagen, daß es ein Problem, ein Puzzle, ist, und als Wissenschaftler versuche ich, dieses Puzzle vollständig zusammenzusetzen; und der Weg dahin besteht darin, eine einleuchtende Erklärung zu geben, die mit unserem Begriff von der konventionellen wissenschaftlichen Theorie übereinstimmt und sich mit unserem Begriff vom herrschenden wissenschaftlichen Paradigma deckt. Das ist die eine Möglichkeit der Annäherung. Aber ich behaupte etwas anderes. Ich halte es für den sinnvolleren Weg der Annäherung, zu versuchen, das Phänomen nicht zu erklären, sondern zu erforschen, in es einzudringen, es möglichst von innen heraus zu verstehen. Auf diese Weise nämlich wird man als Person bereichert. Wir werden dies nicht einfach als erklärungsbedürftiges Phänomen in einer Schublade ablegen können, sondern wir werden durch die Erforschung der NTE an Tiefe und an Reife gewinnen. Es gibt Rätsel, die gelöst werden müssen, aber es gibt auch Rätsel, die erforscht werden müssen. Ich denke, die NTE zählt zu den letztgenannten Rätseln.

E.E.V.: *Für die Euphorie der NTE ließe sich eine psychodynamische Erklärung heranziehen. Wenn ein Mensch, der unmittelbar vom Tode bedroht ist, nicht mehr dagegen ankämpft und den Tod annimmt, entsagt er seiner Zukunft und wendet sich automatisch seiner Vergangenheit zu. Dies könnte den Lebensfilm erklären, der oft mit der frühen Kindheit einsetzt und im wesentlichen glückliche Ereignisse zeigt. In der Art sehr alter Menschen, die des Lebens müde sind, läßt der unmittelbar vom Tode bedrohte Mensch los, er hört auf, sich in die Zukunft zu projizieren, wie wir dies ständig tun, und wendet sich folglich der Vergangenheit zu. Indem er sich der Passivität überläßt, kann er sein Schicksal annehmen, und das führt ihn in einen Zustand der Freude, den die Psychodynamik sehr wohl kennt.*

Prof.K.R.: Unsinn! Diese psychodynamische Theorie ist ja ganz nett, aber sie scheitert daran, daß sie mit den vorhandenen Daten einfach nicht übereinstimmt. Der Lebensfilm zum Beispiel ist keineswegs immer ein sehr angenehmes Ereignis. Er kann sogar äußerst traumatisch sein. Und es stimmt auch nicht, daß sich der Lebensfilm nur auf die Vergangenheit konzentriert, denn in etwa zehn bis zwanzig Prozent der Fälle erfolgt ein Blick in die Zukunft, die Experiencer sehen sich in die Zukunft versetzt, sie sehen, was ihnen künftig widerfahren wird, wenn sie sich zur Rückkehr ins Leben entschließen. Sie können also versuchen, diese Erfahrung psychodynamisch zu erklären, und viele Argumente dafür vorbringen, aber wenn Sie ernsthaft beginnen, sich mit den Details anstatt mit den Allgemeinheiten dieser Erfahrung auseinanderzusetzen, werden Sie feststellen, daß es einfach nicht stimmt. Es ist aber auch nicht bloß eine Teilerklärung, sondern eine verzerrte Erklärung. Diese Erklärung klammert Teile der NTE aus, die nicht passen, und akzeptiert nur die Teile, die passen. Dies wird aber weder der NTE noch dem Experiencer gerecht.

Arbeitshypothese: NTE sind wirklich und öffnen tatsächlich das Tor zur jenseitigen Welt. Untersuchung ihres Einflusses auf das Leben der Experiencer und ihre spirituelle Dimension

E.E.V.: *Ich möchte jetzt den Tod des Ichs ansprechen. STANISLAV GROF und JOAN HALIFAX untersuchen den Augenblick des Ich-Todes, der manchmal eine tiefe mystische Erfahrung einleitet. Während dieser tief emotionalen Erfahrung »stirbt der Mensch als Individuum«, da er in einen normalerweise unzugänglichen transzendentalen Zustand eintritt. Nach dieser Erfahrung wird der Betreffende »wiedergeboren« und öffnet sich der Vorstellung, daß das Bewußtsein vom Körper unabhängig ist und jenseits des physischen Todes weiterbestehen wird. Natürlich ist es die Transzendenz, die durch diese mystischen Erfahrungen ergründet wird, und nicht der Tod. Während einer NTE wird sich der Experiencer außerdem der Transzendenz, seiner Einheit mit dem Kosmos und seiner Unsterblichkeit bewußt.*

Prof.K.R.: Ich sehe bestimmte Zusammenhänge zwischen der Ich-Tod-Erfahrung und dem, was bei der NTE geschieht. Ich würde sogar sagen, daß der Ich-Tod bei der NTE der entscheidende Punkt ist. Sie sterben als Ich und werden als kosmisches Wesen geboren. Sie begreifen, daß Sie Teil des Kosmos sind, daß es einen Aspekt Ihrer selbst gibt, der jenseits von Geburt und Tod, der ewig ist. Jede Erfahrung, die mit einem Ich-Tod einhergeht, ist mit vielen Wahrnehmungen und Einsichten verbunden, die der Experiencer ebenfalls erlebt. Der Ich-Tod ist wirklich eine Pforte oder, besser, ein Schlüssel, der das Tor zu der transzendentalen Welt öffnet und Ihnen zeigt, wer Sie wirklich sind und was das Wesen aller Dinge ist.

E.E.V.: *Ich kann die Zeugnisse der Experiencer nicht lesen, ohne zutiefst angerührt zu sein. Diese Berichte klingen jedoch im wesentlichen alle ähnlich; man könnte meinen, daß die Emotion schwindet, sobald wir dieses Phänomen kennen. Und doch langweilt mich das Thema nie! Dafür gibt es zwei mögliche Erklärungen. Entweder lassen diese Berich-*

te in mir ein tiefes Urwissen wieder anklingen, eine absolute Wahrheit,
die ich in mir trage – die jeder Mensch in sich trägt –, ich weiß in-
stinktiv, daß es wahr, authentisch und wesentlich ist, genauso, wie wir
ohne Zögern, ohne jeden Zweifel eine Person gleicher Wesensart erken-
nen, die uns ergänzt. Oder diese Zeugnisse, und diese Erklärung sollte
nicht außer acht gelassen werden, entsprechen einfach einem Bedürfnis,
einem sehr ausgeprägten Wunsch zu glauben, als Antwort auf eine exi-
stentielle Frage. Wie denken Sie darüber?

Prof.K.R.: Ja. Etwas in uns reagiert auf einer so tiefen und nahezu ar-
chaischen Ebene auf diese Erfahrungen, daß es zu einer Resonanz
kommt. Es ist, als trügen wir die Wahrheit dieser Erfahrungen in
uns, selbst wenn wir keine NTE hatten. Etwas macht »klick«. Sie
merken das, wenn Sie Menschen direkt von ihrer NTE erzählen
hören. Irgendwas in uns antwortet, etwas sagt »Ja« zu diesen Menschen. Diese Reaktion zu unterdrücken ist schier unmöglich, selbst
wenn Sie sie hinterher leugnen möchten. Man könnte es mit Märchen vergleichen. Freilich sind NTE keine Märchen, sie erinnern
uns nur, wie gern wir immer wieder Märchen hören, weil wir wissen, daß etwas archetypisch Wahres in ihnen steckt, auch wenn es
nur Geschichten sind. Auf diese Weise reagieren wir auf NTE. Wir
lieben es, diesen Berichten zu lauschen, weil wir Wahrheit in ihnen
erkennen. Andererseits sehnt sich etwas in uns danach, daß NTE
wahr sein mögen. Und wahrscheinlich macht uns vor allem dies
aufgeschlossen für diese Berichte. Die Tatsache, daß viele Menschen
so reagieren, deutet darauf hin, daß es sich nicht um Wunschdenken handelt, sondern um die Wahrheit, die der NTE innewohnt.

E.E.V.: *Aber die Tatsache, daß wir es brauchen, läßt uns die Wahrheit so*
stark empfinden.

Prof.K.R.: Unter dem Einfluß der FREUDschen Theorien haben viele
Leute behauptet, daß wir, weil wir etwas wünschen, es zunächst
anzweifeln müssen. Wir mögen es tatsächlich benötigen (oder vielmehr begehren), doch bloß weil wir etwas wünschen, bedeutet das
nicht, daß ihm keine Wahrheit eignet. Die Tatsache, daß wir etwas
wahr haben wollen, macht uns dafür aufgeschlossen. Und wenn wir
dafür bereit sind, erkennen wir, daß es wahr ist.

E.E.V.: *Anscheinend können ganz durchschnittliche Menschen eine NTE erleben. Sie sind zunächst Menschen wie Sie und ich. Wenn sie jedoch ins Leben zurückkehren, sind sie – wie Mutanten – verwandelt in Vorläufer einer neuen Rasse, mit einem erweiterten Bewußtsein. Ich möchte das mit einer Passage aus dem 1908 erschienenen Buch von WILLIAM JAMES,* The Varieties of Religious Experiences *(»Die Mannigfaltigkeit religiöser Erfahrungen«), veranschaulichen: »Unser normaler Bewußtseinszustand im Wachen, unser sogenanntes rationales Bewußtsein, ist nur eine bestimmte Form von Bewußtsein, während dicht daneben und nur durch eine ganz dünne Membran von ihm getrennt, ein völlig anderer spiritueller Bewußtseinszustand angesiedelt ist. Wir können unser ganzes Leben verbringen, ohne seine Existenz zu vermuten: wenn Sie aber den entsprechenden Reiz anwenden, sind all diese speziellen Bewußtseinszustände binnen Sekunden gegenwärtig und lassen sich wahrscheinlich irgendwo anwenden und anpassen. Keine Erklärung des Universums in seiner Gesamtheit wäre vollständig, würde man diese anderen Bewußtseinszustände nicht berücksichtigen.«*

Prof.K.R.: In meinen Vorlesungen über transpersonale Psychologie und veränderte Bewußtseinszustände habe ich dieses Zitat oft benutzt. Ja, die NTE zeigt, daß es andere Bewußtseinszustände gibt, die wir überhaupt nicht vermuten würden. Sobald Sie jedoch in die Nähe des Todes gelangen und aus sich herausspringen und Ihr normales Bewußtsein hinter sich lassen, entdecken Sie gänzlich neue Welten – Welten transzendentaler Schönheit, der Ganzheit, der Vollkommenheit, der bedingungslosen Liebe. James war der erste Psychologe, der sich mit außerordentlichen Bewußtseinszuständen auseinandersetzte. Würde er noch leben, wäre er wahrscheinlich äußerst interessiert an NTE und womöglich sogar einer der führenden Köpfe auf diesem Gebiet. Also ja, es gibt eine große Ähnlichkeit zwischen dem, was James sagte, und dem, was Menschen während einer NTE lernen.

E.E.V.: *Ich weiß, daß Sie mit Ihren Zeugen in Verbindung bleiben. Da die ersten Aufzeichnungen vor etwa zwanzig Jahren gemacht wurden, wäre es interessant zu erfahren, wie die Entwicklung dieser Experiencer auf lange Sicht verlief. Ich glaube, wir können die wesentlichen Charakteristika der Experiencer wie folgt zusammenfassen: ein Bestreben zu lernen und zu verstehen; eine intellektuelle Erleuchtung; ein Gefühl der*

Liebe zum Nächsten und zur Menschheit im allgemeinen; Mitgefühl,
Duldsamkeit und Geduld; ein tiefer innerer Frieden, keinerlei Furcht
vor dem Tod; eine ausgeprägte Gleichgültigkeit in bezug auf materiellen
Besitz. Verschwinden diese Veränderungen wieder, bleiben sie stabil,
oder verstärken sie sich im Laufe der Zeit?

Prof.K.R.: In meinem letzten Buch bin ich auf diese Fragestellung
eingegangen. Ich teilte die Experiencer danach ein, wie lange ihre
persönliche NTE zurücklag. Ich konnte nicht alle Faktoren berücksichtigen, aber die, die ich untersuchte, weisen darauf hin, daß die
Veränderungen relativ bald nach einer NTE einsetzen und lange
Zeit, bis zu dreißig Jahre, stabil bleiben. Ich sage nicht, daß es auf
alle Faktoren gleichermaßen zutrifft, das wäre bestimmt nicht wahr.
Doch viele der Veränderungen, die im Anschluß an eine NTE eintreten, scheinen von Dauer zu sein. Es sind definitiv keine bloß
vorübergehenden Veränderungen. Die meisten von ihnen halten
lange Zeit an und haben auf lange Sicht eine tiefgreifende Wirkung
auf das Leben der Experiencer.

E.E.V.: *Könnte die Tatsache, daß die Verwandlung der Experiencer offen-*
bar von Dauer ist und sich im Laufe der Zeit noch verstärkt, den NTE
ihre wahre Dimension und ihren eigentlichen Wert verleihen?

Prof.K.R.: Ja. Die Erfahrung, an die Schwelle des Todes zu geraten, ist
voller Schönheit, Frieden und Erhabenheit, aber der eigentliche
Wert der NTE liegt in ihrem Vermögen, Leben in positiver Weise
zu verändern. Wie Sie schon erwähnten, beurteilen wir ihre Authentizität an den Auswirkungen der Erfahrung. Wir können uns
tausend Jahre über Interpretationsmöglichkeiten der NTE streiten,
aber ihre Wirkungen auf den Menschen können wir ohne weiteres
dokumentieren. In ihren Wirkungen ist die NTE wirklich, und somit liegt ihre Bedeutung genau in den Veränderungen, die sie im
Leben der Experiencer herbeiführt.

E.E.V.: *Von PLATO stammt der Ausspruch: »Liebe dich selbst, dann wirst*
du geliebt werden.« Das scheint so einfach zu sein und ist doch Grund-
bestandteil so vieler Konfliktsituationen. Ein Mensch, der sich nicht
liebt, der sich nicht annimmt, wird immer eine schwierige, oft ängstli-
che und aggressive Beziehung zu anderen haben. In dieser Hinsicht
scheint die Begegnung mit dem Lichtwesen die Experiencer zu verwan-

deln. Da das Lichtwesen sie in ihrem Sosein bejahte und liebte, mit all ihren Unzulänglichkeiten und Unvollkommenheiten, können die Experiencer nun ebenfalls lieben. Dieses Ja zu sich selbst scheint den Experiencern die Gabe zu vermitteln, sich anderen zu öffnen und ihnen ihre ruhige Zuversicht und Hilfe anzubieten. Welche Erfahrung haben Sie auf diesem Gebiet?

Prof.K.R.: Es stimmt, was Sie sagen. Ich habe mit vielen Experiencern gesprochen, die mir erzählten, wie sie sich durch die bedingungslose Bejahung, die ihnen durch das Lichtwesen zuteil geworden war, von der Tyrannei ihres früheren Urteils über sich, der Gefühle und Meinungen, die andere ihnen gegenüber haben mochten, befreit fühlten. Sie wissen, daß sie, wenn das Lichtwesen sie mit all ihren Fehlern und Unzulänglichkeiten akzeptieren kann, ungeachtet ihrer Selbstzweifel, so wie sie sind, in Ordnung sind. Das ist eine unglaubliche Befreiung. Nicht, daß sie sich dann aufblasen oder für etwas Besonderes halten; aber sie wissen, daß sie völlig okay sind, daß sie, so wie sie sind, geliebt werden. Dies ist eines der großen und bleibenden Geschenke der NTE. Ich würde noch ergänzen, daß dies nicht nur für Menschen mit NTE gilt (obgleich diese es durch die NTE in sehr überzeugender Weise erfahren), sondern die Wahrheit ihrer Erfahrung gilt für jeden Menschen. Jeder kann also potentiell diese Art von Wissen erlangen, sei es durch eine NTE oder auf andere Weise.

E.E.V.: *Tatsächlich tun Eltern dies, wenn auch auf sehr unvollkommene Weise, für ihre Kinder.*

Prof.K.R.: Ja, um das Gefühl für bedingungsloses Angenommensein zu erzeugen. Gott wird oft als himmlischer Vater gedacht, und in dem Maße, wie Eltern oder andere nahestehende Menschen wirklich die Liebe zu Gott ausdrücken, vermag das Kind es zu fühlen. Wir sind unvollkommene Geschöpfe, aber dennoch zeigt sich ein Teil des Göttlichen durch uns, wenn wir bedingungslos auf unseren Nächsten einzugehen vermögen. Das ist etwas, das wir vom Experiencer lernen können.

E.E.V.: *Die Begegnung mit dem Lichtwesen ist frei von jeder Verurteilung. Während der Lebensrückblende versteht der Experiencer mit Hilfe des Lichtwesens jede seiner Handlungen, die guten wie die bösen. Er fühlt den Schmerz, den er anderen angetan hat, aber das Mitgefühl des Lichtwesens hilft ihm, diesen Lebensfilm auszuhalten, der sonst ganz unerträglich mit Selbstvorwürfen und Reue belastet sein könnte. Der Sinn des Lebensfilms ist offenbar, dem Experiencer seine Fehler einsichtig zu machen, damit er ein besserer Mensch wird, ohne über ihn zu richten oder Schuldgefühle in ihm zu wecken. Das ist weit entfernt von so vielen Religionen, die dem Sünder mit Strafen drohen!*

Prof.K.R.: Ja. Dies ist das Schöne, was man aus der Lebensrückblende gewinnt, insbesondere hinsichtlich der Beurteilung des eigenen Lebens. Die Experiencer fühlen sich nicht schuldig, sie erkennen nur mitfühlend und einsichtig, wie manche ihrer Handlungen anderen geschadet haben. Ich kann Ihnen ein Beispiel geben: Einer meiner Freunde war als junger Mann sehr jähzornig, er bekam dadurch allerhand Ärger und geriet oft in Schlägereien. Eines Tages war er sehr schnell und rücksichtslos gefahren und hätte fast einen Fußgänger überfahren. Er hielt an, sprang aus dem Auto, wurde mit dem Fußgänger handgreiflich, schlug ihn bewußtlos, ließ ihn auf der Straße liegen und fuhr davon. Bald überkam ihn Furcht vor den Folgen seiner Tat, und er meldete den Vorfall der Polizei. Jahre später erlebte dieser Mann, mein Freund, eine NTE mit Lebensrückblende, während der diese Szene vor ihm ablief. Er sah sich mit geteiltem Bewußtsein – ein Teil von ihm schien von oben aus einem Gebäude die Schlägerei auf der Straße unter ihm zu beobachten, aber ein anderer Teil von ihm war tatsächlich mitten in der Szene. Allerdings war dieses Mal er der andere Mann, und er spürte sämtliche zweiunddreißig Hiebe (er konnte sie zählen), die jetzt er als der andere Mann einstecken mußte. Und wie dieser stürzte er schließlich bewußtlos zu Boden. Doch er fühlte sich nicht verurteilt, sondern begriff nur vollständig die Folgen seines Handelns für andere. Daraus kann man ableiten, daß die Goldene Regel nicht einfach eine Verhaltensvorschrift ist, etwa wie »Was du nicht willst, daß man's dir tu', das füg auch keinem andern zu«, sondern sie beschreibt tatsächlich den Lauf der Dinge. Denn was wir anderen zufügen, tun wir in Wirklichkeit uns selbst an, wie sich an diesem Beispiel und an vielen anderen zeigt. Dennoch erfolgt keine Verurteilung, kein Gott richtet über Sie, aber Sie sehen die Folgen

Ihrer Handlungen und lernen, daß Ihr Tun und sogar Ihr Denken sich auf andere Menschen auswirken. Zu dieser Art des Begreifens zu gelangen, ist eine enorme Erleuchtung, ein weiteres großes Geschenk, das dem Menschen durch eine NTE zuteil wird.

E.E.V.: *Das Lichtwesen wird oft mit einer äußerst mächtigen und liebenden Energie verglichen. Was halten Sie von diesem Energiebegriff?*

Prof.K.R.: Ich finde ihn etwas verschwommen. Das Lichtwesen ist schwer zu definieren, abgesehen davon, daß es sich um eine strahlende Intelligenz handelt. Es scheint alles über uns zu wissen. Vielleicht ist es ein Aspekt unseres höheren Selbst, vielleicht eine Emanation Gottes. Ich glaube, es ist viel mehr als bloß eine Energie. Es besitzt Energie, aber es ist eine intelligente Energie, voller Weisheit und Wissen über Sie. Es ist mehr als bloß ein energetisches Phänomen.

E.E.V.: *Ich würde gern eingehender über die Frage des Glaubens mit Ihnen sprechen. Nach den Zeugnissen, die ich gehört oder gelesen habe, gewann ich den Eindruck, daß zwischen Gläubigen und Ungläubigen kein Unterschied besteht: weder was die Wahrscheinlichkeit angeht, eine NTE zu erleben, noch was deren Wesen betrifft. Sind Sie zum gleichen Ergebnis gekommen?*

Prof.K.R.: Ja, was ein Mensch vom Leben nach dem Tod, von Gott glaubt, wie seine religiöse Einstellung ist, hat keinen Einfluß auf die Wahrscheinlichkeit, diese Erfahrung zu erleben. Bei nichtreligiösen Menschen, also Atheisten, Agnostikern oder Skeptikern, ist die Möglichkeit einer NTE ebenso wahrscheinlich. Die Erfahrung erzeugt nicht Glauben im nachhinein, sondern ein Wissen um das Bestehende, ein Wissen, daß es eine spirituelle Dimension des Universums gibt. In einem berühmten Film über CARL GUSTAV JUNG, der selbst eine NTE erlebt hat, wird dieser bei einem Interview gefragt, ob er an Gott glaubt. Er besinnt sich einen Augenblick und sagt, daß er nicht glaubt, sondern weiß, denn er habe Gott unmittelbar erfahren. Experiencer würden das gleiche sagen. Ungeachtet dessen, was sie vor ihrer NTE glaubten, wissen sie danach, daß es eine spirituelle Realität gibt, die nicht zu leugnen ist. Es ist ihnen gleichgültig, was andere denken, sie kennen ihre eigene Wahrheit. Und so weckt die NTE beim Experiencer keinen Glauben, denn Glauben ist etwas, das man bejahen muß, aber sie erzeugt ein tiefes inneres Wissen, das auf unmittelbarer Erfahrung beruht.

E.E.V.: *Es ist eher Tatsache als Glauben.*

Prof.K.R.: Ja, genau, es ist eher Tatsache als Glauben.

E.E.V.: *Es scheint, daß die Experiencer sich nach ihrer NTE ein wenig von ihrer bisherigen Religionsausübung, welcher auch immer, distanzieren. Sie erwecken den Eindruck, als hätten sie eine direkte Verbindung zu Gott, und scheinen den Kirchen als Mittlerinnen keine große Bedeutung mehr beizumessen. Ihre Einstellung zum Leben und zu anderen Menschen scheint über eine sterile Verehrung hinauszugehen. Hatten Sie von den Experiencern, die Sie kennen, den gleichen Eindruck?*

Prof.K.R.: Einer Frau, die eine NTE erlebt hatte, sagte ihr Priester: »Sie brauchen nicht mehr in die Kirche zu kommen, Sie tragen die Kirche in sich.« Aus meinen Gesprächen mit Experiencern weiß ich, daß sie gern weiterhin der Kirche verbunden blieben, aber wenn sie feststellen, daß ihre Erfahrung in der Kirche und das Wissen, das sie durch die NTE erlangten, nicht im Einklang sind, bleiben sie ihr fern. Natürlich sind viele Kirchen soziale Organisationen oder predigen eine bestimmte Heilslehre. Der Experiencer hat das universale Verständnis gewonnen, daß jede Religion ihre eigene Wahrheit, ihre eigene Schönheit und ihren eigenen Wert hat. Er ist jedoch nahezu außerstande, in einer bestimmten religiösen Tradition den einzigen oder besten Weg zum Heil zu sehen. Ich erinnere mich an ALAN WATTS, der ein ziemlich kontroverser, aber bedeutender Kenner der vergleichenden Religionsphilosophie und gleichzeitig auch Priester der Episkopalkirche war; Watts sagte einmal, es sei ihm oft schwergefallen, Gott in der Kirche zu finden, jedoch habe er Gott immer in der Natur begegnen können. Ganz ähnlich empfindet auch der Experiencer – alles ist heilig, alles ist göttlich, er muß keinen besonderen Ort aufsuchen – etwa eine Kirche, eine Synagoge oder irgendeinen Andachtsraum –, um mit dem Heiligen in Verbindung zu treten. Weil die Experiencer das Licht erlebt haben, bringen sie es mit sich zurück, und für sie ist das Licht Gott. Wie die erwähnte Frau, die, wo sie auch sei, die Kirche in sich trägt, müssen wir nicht einen bestimmten Ort aufsuchen, um dem Göttlichen nahe zu sein.

E.E.V.: *Die Experiencer scheinen aber wirklich ihren Glauben in ihrem Leben umsetzen zu wollen, sie möchten anderen Menschen helfen.*

Prof.K.R.: Ja, das stimmt. Sie handeln nach den traditionellen christlichen Idealen der Nächstenliebe und des Dienstes am Nächsten, nicht weil sie sich dazu gezwungen fühlen, sondern weil sie begreifen, daß es richtig ist, so zu handeln. Wir sind auf Erden, um anderen zu helfen und in unseren Beziehungen zu anderen und zu allem Lebendigen Güte auszudrücken. Wir sollen Diener der Erde sein und nicht ihre Ausbeuter. Für die Experiencer ist dies die natürliche Daseinsweise. Sie sind sehr christlich in ihrem Verständnis vom Wert der Nächstenliebe und des Dienstes am Nächsten. Sie wissen, daß Dienen der natürliche Ausdruck von Liebe ist – wer wahrhaft liebt, will anderen helfen; für sie ist das natürlich, wie könnte es denn anders sein? Die diese Erfahrung gemacht haben, sind gewissermaßen religiös bekehrt worden, nicht im engen religiösen Sinn, sondern spirituell. Ich habe mit einem Mann gesprochen, der vor seiner NTE kriminell war, und er sagte mir: »… anderen zu helfen ist wirklicher, als diese Welt wirklich ist.«

E.E.V.: *Ich möchte auf einige wichtige Elemente einer typischen NTE zurückkommen. Was die Lebensrückblende betrifft, stellt man interessanterweise fest, daß anscheinend unbedeutende Ereignisse, die weit zurückliegen, während der NTE an die Oberfläche gespült werden. Damit sind wir beim Problem des Gedächtnisses. Die neurophysiologische Forschung hat belegt, daß in uns eine Art Computer steckt, der die geringsten Einzelheiten unseres Lebens registriert, die uns normalerweise verborgen bleiben. Diese Ereignisse scheinen während einer NTE teilweise und offenbar vom Zufall bestimmt wiederaufzutauchen. Welchem Zweck könnte diese unaufhörliche Sammlung von Daten während des Lebens dienen, wenn nicht einer Nutzung über unser irdisches Leben hinaus?*

Prof.K.R.: David Lorimer, ein englischer Autor über NTE, hat die Frage der Lebensrückblende und des panoramischen Gedächtnisses untersucht. Die Bedeutung des Gedächtnisses liegt nicht nur in der gespeicherten Information selbst, sondern in der Fähigkeit, diese Information in einer holistischen Weise zu sehen, sie im Gesamtzusammenhang des Lebens zu betrachten, das ein Mensch geführt hat, und der Weise, in der dieses Leben andere beeinträchtigt hat. Die Bedeutung eines Lebens resultiert nicht einfach aus den Erfahrungen an sich, sondern daraus, wie diese Erfahrungen in ein jeweils spezifisches Lebensmuster verwoben sind. Für den Menschen ist es eine Offenbarung, dies während der NTE zu sehen. Und wenn wir annehmen, daß die NTE ein Vorspiel dessen ist, was sich beim Tode ereignet, können wir vielleicht sagen, daß wir beim Tod eine umfassendere Lebensrückblende haben. Anscheinend wird alles Wichtige über uns in dieser Information gespeichert. Der Vergleich dieses Mechanismus mit dem Output eines Computers ist treffend. Entscheidend ist jedoch, was wir mit dem Output machen. Man könnte den Lebensfilm als Lernmittel bezeichnen oder als Geschenk der Seele an das Individuum, damit es wirklich begreift, was der eigentliche Sinn des Lebens ist. Der Lebensfilm ist ein äußerst wichtiges Charakteristikum der NTE. Vielleicht am wichtigsten ist das Gefühl der Liebe und daß wir alle Teil dieser Liebe sind. Aber hinsichtlich seiner persönlichen Bedeutung für den Experiencer kann der Lebensfilm nicht hoch genug veranschlagt werden.

E.E.V.: *Das Verlassen des Körpers kann auch unter anderen Umständen als bei unmittelbar drohendem Tode stattfinden, und es gibt sogar Menschen, die diesen Zustand gezielt herbeiführen können. Ist dies ein Beweis dafür, daß das Bewußtsein nicht zwingend an den physischen Leib gebunden ist?*

Prof.K.R.: Es ist nicht unbedingt ein Beweis. Es ist offensichtlich, daß es eine Trennung zwischen Bewußtsein und physischem Leib gibt. Die Schwierigkeit besteht darin, daß diese Erfahrungen natürlich erlebt werden, während das Individuum noch ein funktionstüchtiges Gehirn hat und zu ihm zurückkehrt, und das bedeutet, daß wir aus diesen Erfahrungen nicht sicher schließen können, ob Bewußtsein auf Dauer vom Körper getrennt existieren kann. Die diese Erfahrung gemacht haben, sind jedoch überzeugt, daß dies der Fall ist.

E.E.V.: *Wir kennen viele Zeugnisse über das Verlassen des Körpers, aber kaum eines über das Wiedereintreten in den Körper. Die Experiencer berichten beispielsweise: »... und plötzlich befand ich mich wieder in meinem Körper.« Können Sie sich das erklären?*

Prof.K.R.: Ihre Feststellung stimmt genau, aber ich habe tatsächlich keine Erklärung dafür. Die meisten Menschen registrieren sehr deutlich, wie die Entkörperlichung geschieht, wissen aber meist nicht zu sagen, wie sie in den Körper zurückgelangten. Manchmal jedoch erzählt jemand von der umgekehrten Erfahrung, wie er zurückgegangen ist, sich aus dem Tunnel herausgezogen hat. Während der Reise außerhalb des Körpers scheint die Zeit gedehnt zu werden. Ein analoges Bild wäre etwa ein Gummiband, das man bis zum Zerreißen auseinanderzieht – das kann enorm lange dauern, aber wenn es zurückschnellt, geschieht das in Bruchteilen einer Sekunde. Die ganze Information wird in der Entkörperlichung freigesetzt; beim Weg zurück gibt es im wesentlichen keine neuen Informationen mehr. Die Erfahrung, den Körper zu verlassen, ist so eindringlich, daß sie die Rückkehr überschatten könnte; psychologisch gesehen ist es deshalb für das Individuum vielleicht nicht mehr so wichtig, sich der Rückkehr bewußt zu sein. Man könnte es mit einem Tonband vergleichen, das abgespielt wird, und wenn alle Informationen abgespielt sind, kann man den Kassettenrecorder abschalten. Tatsächlich haben mir ein oder zwei Leute erzählt, es sei wie ein »Klick« im Ohr, es schaltet einfach ab und fertig.

E.E.V.: *Viele Experiencer entwickeln eine Begabung für Parapsychologie. Wie sind Ihre diesbezüglichen Erfahrungen?*

Prof.K.R.: Bisher gibt es sechs oder sieben verschiedene Studien, unter ihnen die soeben von mir abgeschlossene, aus denen sich sehr klar ergibt, daß Menschen, die eine NTE hatten, deutlich öfter behaupten, danach in vielfältiger Weise psychisch sensibler geworden zu sein oder paranormale Fähigkeiten gewonnen zu haben, indem bei ihnen häufiger Fälle von Telepathie, Hellsehen, Präkognition, insbesondere prophetische Träume, Entkörperlichung und ähnliche Phänomene vorkommen. Meines Wissens wurden diese Behauptungen jedoch noch nie objektiv überprüft. Wir wissen nicht, ob diese Individuen derartige Erfahrungen tatsächlich häufiger machen oder ob sie diese Erfahrungen schon immer hatten, jetzt aber einfach dafür sensibler werden. Meine Untersuchungen haben ergeben, daß Menschen, die zu NTE disponiert sind, oft bereits in frühester Jugend, als Kinder, im psychischen Bereich besonders empfänglich reagierten. Es könnte also beides zutreffen – daß es Menschen gibt, die von Anfang an stark psychisch begabt sind, und solche, deren Begabung erst durch die NTE aktiviert wird. Ohne Zweifel besteht aber ein Zusammenhang zwischen NTE und der Aktivierung paranormaler Fähigkeiten und Wahrnehmungen.

E.E.V.: *Weil diese Menschen anscheinend für diese Art der Erfahrung disponiert sind?*

Prof.K.R.: Ja.

E.E.V.: *Welcher transzendentale Faktor erschließt Ihres Erachtens die Verwandlung des Experiencers? Ist es die Tatsache, gerade noch dem Tod entronnen zu sein, die Erfahrung der Loslösung des Bewußtseins vom Körper, die Begegnung mit dem Lichtwesen oder das Gefühl der Unsterblichkeit?*

Prof.K.R.: Darauf weiß ich wirklich keine Antwort. Es ist sehr schwierig, diese Faktoren auseinanderzuhalten und zu entscheiden, was zu was führt, weil sie sich überschneiden und alle wichtig sind. Ich kann jedoch sagen, daß Menschen, die eine Entkörperlichung erlebten, oft über gleiche Wirkungen berichten wie Menschen nach einer NTE, wenn ihre Erfahrungen auch zumeist weitaus weniger tiefgehend sind. Auch sie können durch die Entkörperlichung ihre Angst vor dem Tod verlieren, und oft sind sie von einem Leben nach dem Tod überzeugt. Allein die Tatsache, daß man von seinem physischen Leib abgetrennt werden kann, hat also wahrscheinlich schon ein großes Gewicht. Eine endgültige Antwort auf diese Frage kann ich Ihnen jedoch nicht geben.

E.E.V.: *Ich würde jetzt gern über den Augenblick des Todes sprechen, der für alle Menschen eine Obsession und unerträgliches Leid bedeutet, sofern er einen Menschen ereilt, den wir lieben. Es scheint deshalb ganz unabdingbar, die Experiencer zu hören, die uns erzählen, daß die äußere Erscheinung des Todes sich stark von ihrer Todeserfahrung unterscheidet. Was wir von außen beobachten, entspricht nicht dem, was der Sterbende empfindet. Tatsächlich empfindet der Sterbende genau das Gegenteil von dem, was der Beobachter wahrnimmt. Könnten Sie zu diesem fundamentalen Problem Stellung nehmen?*

Prof.K.R.: Die Erfahrung des Todes ist in mancherlei Hinsicht das

Gegenteil seines Erscheinungsbildes. Was wir sehen, wenn wir einen Sterbenden beobachten, ist nur die halbe Wahrheit, denn etwas sehr Wichtiges bleibt dabei unberücksichtigt: das innere Erleben. JOSEPH CAMPBELL sagt sinngemäß etwa, daß der Tod, von weitem betrachtet, ein schrecklicher Anblick ist, von nahem betrachtet aber das Antlitz des geliebten Menschen trägt. Es ist das Antlitz des allumfassenden, alles bejahenden geliebten Menschen. Und dies sehen wir nicht, wenn wir den Tod vom äußeren Standpunkt des Betrachters aus sehen. Wenn wir das Sterben erleben, dann wird der Tod, den wir zuvor als Feind empfanden, zum willkommenen Freund. Deswegen benötigen wir ein umfassendes Verständnis des Todes und dessen, was der Tod uns lehren will – nicht nur über den Tod, sondern über das Leben. Die physische Seite des Todes, die oft häßlich, entwürdigend und abstoßend ist, können wir nicht leugnen. Doch wir dürfen nicht zulassen, daß diese Seite des Todes uns blind macht für die innere, herrliche und erhabene Seite des Todes. Für ein tieferes Verständnis dessen, was Tod bedeutet, benötigen wir beide Perspektiven.

E.E.V.: *Könnten die Zeugnisse der Experiencer wie folgt verstanden werden: der Tod eines geliebten Menschen wird immer schmerzlich sein, weil er uns einer wesentlichen Präsenz beraubt, aber wir sollten nicht traurig sein über den, der uns verläßt, sondern nur über die Hinterbliebenen.*

Prof.K.R.: Genau. Ein Experiencer würde sagen: »Ich vermisse meine Mutter, meinen Mann sehr, nichts kann sie oder ihn ersetzen. Aber ich bin ganz beruhigt darüber, wo er oder sie jetzt ist. Ich sorge mich nicht um sie. Mich bekümmert nur, wie ich ohne diesen Menschen, der mir so sehr fehlt, weiterleben soll.«

E.E.V.: *In unserem Unbewußten ist der Gedanke an den Tod ständig präsent, denn er begrenzt zeitlich all unsere Hoffnungen und macht, absolut gesehen, all unser Mühen sinnlos. Andererseits würde vielleicht alles wieder seinen wirklichen Sinn gewinnen, wenn unsere Taten, unsere Freuden und Schmerzen in eine Ewigkeit hinein verlängert würden, wenn der Sinn unseres Lebens sich nicht nur nach der Dauer unseres Lebens bemessen würde.*

Prof.K.R.: Diese Frage zielt wirklich auf die existentiellen und transzendentalen Perspektiven des Lebens. Wenn das Leben, wie es scheinen mag, mit dem Tod beendet ist, dann wären letztlich all unsere Handlungen nichtig, das Leben wäre ein grausamer Spaß, nichts hätte Bestand, und der Mensch empfände sein Dasein nicht als Wirklichkeit. Wenn Sie sich aber die Auffassung, die aus der NTE entsteht, zu eigen machen, dann gibt es keinen Tod; was wir Leben nennen, ist nur das Vorspiel zum wahren Leben; was wir hier auf Erden tun, führt zu dem, was wir dort im Jenseits sind, und es gibt nur eine Unterbrechung, aber kein Ende, kein Nichts, nur einen Übergang. Deswegen hat das, was wir hier tun, bleibende Bedeutung, weil es nicht aufhört, sondern fortbesteht, wenn unser Körper zerfällt. Alles, was wir tun und wirken, all unsere Handlungen finden auch jenseits der Schwelle des Todes irgendwo eine Heimstatt. Das ergibt selbstverständlich eine andere Lebensperspektive. Wir bekommen einen Sinn dafür, daß unser Leben vielleicht nicht so zufällig oder absurd ist, wie viele postmoderne Denker uns glauben machen wollen. In dieser Hinsicht ist die NTE fast subversiv, weil sie unserem Leben ein ganz anderes Wertesystem vermittelt als die Werte, die unsere heutige materialistische Kultur bestimmen. Die NTE legt nahe, daß vielleicht einige der Lehren der spirituellen Traditionen und die universalen Anteile religiöser Traditionen in unserer Zeit immer noch Gültigkeit haben; daß es sich nicht um Dinge handelt, die ausrangiert werden müssen. Viele Menschen empfinden Unbehagen beim Thema NTE, denn die Botschaft der NTE entspricht so gar nicht unserer modernen Denk- und Handlungsweise. Doch allein die Tatsache, daß die NTE nicht aus der Welt verschwindet, daß sie als Phänomen hartnäckig fortbesteht und zunehmendes Interesse weckt, deutet darauf hin, daß sich in einigen dieser postmodernen Weltanschauungen ein Wandel anbahnt, der die spirituelle Dimension einbeziehen wird.

E.E.V.: *In Ihrem Buch* Den Tod erfahren – das Leben gewinnen *(»Heading toward Omega«) gehen Sie mit Ihrer Untersuchung weiter, als NTE nur einfach zu beschreiben und statistisch auszuwerten. Sie versuchen, eine tiefe Bedeutung für die Menschheit zu verdeutlichen und diesem Phänomen, das eigentlich nur anekdotisch ist, aber in sei-*

ner qualitativen und quantitativen Dimension höchst bedeutend wird,
seinen wirklichen Sinn zuzuweisen.

Prof.K.R.: Sofern man die NTE nicht nur als Erfahrung einer individuellen Verwandlung, sondern als kollektives Massenphänomen
betrachtet, und wenn man die Veränderungen bedenkt, die im
großen Maßstab weltweit Menschen widerfahren, welche diese Art
von Erfahrung gemacht haben und diesen verwandelnden Kräften
ausgesetzt waren, implizieren die Verwandlungen, die nach einer
NTE eintreten, daß die NTE kollektiv einen evolutionären Schub
in Richtung eines höheren Bewußtseins für die gesamte Menschheit
bewirken könnten. Mit anderen Worten, die NTE könnte ein Faktor sein, der als Katalysator dient, welcher die Entwicklung des
menschlichen Bewußtseins auf immer höhere Funktionsstufen be-
schleunigt. Deshalb scheinen mir die NTE potentiell sehr wichtig
zu sein, nicht nur für die davon betroffenen Individuen, sondern
für ein neues planetarisches Bewußtsein, eine höhere Bewußtseinsstufe für die Menschheit insgesamt.

E.E.V.: *Mit dem Fortschritt in der Medizin, speziell auf dem Gebiet der*
Reanimation, wird die Zahl der Experiencer in den kommenden Jah-
ren unweigerlich zunehmen. Glauben Sie, daß diese Personen einen
wirklichen Einfluß auf die Gesellschaft haben werden und sogar zu ei-
nem tiefgreifenden Wandel der Menschheit insgesamt führen könnten?

Prof.K.R.: Die Tatsache, daß der Anteil der NTE so groß ist und daß
künftig weitaus mehr Menschen diese Erfahrung erleben werden,
deutet darauf hin, daß es einen zunehmenden Strom evolutionärer
Kräfte gibt, die durch diese NTE wirksam werden. Dieser Strom
hat die Kraft, die Menschheit auf höhere Funktionsstufen des
Bewußtseins zu heben, so daß die Menschheit – nicht bloß Menschen mit NTE, sondern die Menschheit insgesamt – unter dem
Einfluß von NTE so wie Experiencer zu handeln beginnt:
teilnahmsvoller, liebevoller, von Weisheit getragen. In meinen neuesten Untersuchungen fand ich zum Beispiel, daß nicht nur Experiencer sich in der erwähnten Weise wandeln, sondern daß ebenso bei
Menschen, deren Interesse an NTE geweckt wird und die sich damit intensiv auseinandersetzen, die gleichen Werteverschiebungen
erkennbar werden – Verschiebungen in der Religionsauffassung, in

der Weltanschauung – und daß auch sie keine Todesfurcht mehr zeigen, aber eine verstärkte Überzeugung, daß es ein Leben nach dem Tod gibt. Sie reden wie Experiencer, ohne jemals eine NTE erlebt zu haben. In dem Maße, wie NTE einer breiten Öffentlichkeit bekannter wird und mehr Menschen mit NTE vertraut werden – nicht gerechnet diejenigen, die dank moderner Reanimationstechnik eine NTE erleben werden –, wird diese zu einem sekundären Massenphänomen werden. Und ein Massenphänomen hat eine Reihe von Auswirkungen hinsichtlich einer planetarischen Verwandlung. Daher bin ich zuversichtlich in bezug auf die langfristigen Folgen, und deshalb fordere ich die Menschen auf, über NTE nachzudenken, sie zu erforschen.

E.E.V.: *Ich möchte jetzt auf einen Selbsttötungsversuch eines Kindes zu sprechen kommen. MELVIN MORSE berichtet die Fallgeschichte eines siebenjährigen Mädchens, das versuchte, sich das Leben zu nehmen. Durch ein Wunder gerettet, erzählt sie uns, was sie aus ihrer NTE gelernt hat: »Wenn du dir weh tust, tust du allem weh.« Das ist ein wunderbarer Satz. Dieses Kind scheint ein Wissen aus einer anderen Dimension zu besitzen. Allerdings könnte man sich auch vorstellen, daß das seelische Leid, das sie zum Selbstmordversuch trieb, ihr diese für ein Kind so ungewöhnliche Weisheit eingab.*

Prof.K.R.: Sie könnten auch sagen, daß ihr Leid ihre Weisheit förderte, da Weisheit oft aus Leiden erwächst. Ich glaube aber auch, daß in diesen Erfahrungen, seien sie nun durch Selbstmordversuch, durch eine andere Lebenskrise, bloß durch einen Unfall oder durch eine Krankheit herbeigeführt, ein tiefes Wissen enthalten ist, das dem Experiencer vermittelt wird und das speziell bei Kindern weit über das altersgemäße Wissen hinausgeht. Die Kinder scheinen über ihr Alter hinaus weise zu sein. Dies scheint diesem Mädchen widerfahren zu sein. Übrigens beschreibt MELVIN MORSE in seinem Buch mindestens ein weiteres Beispiel eines Kindes, das sich das Leben nehmen wollte und daraus sehr viel lernte. In seinen und den Untersuchungen anderer Autoren über NTE bei Kindern gibt es viele weitere Beispiele, die nahelegen, daß Kinder aus diesen Erfahrungen sehr weise hervorgehen und daß sie ungewöhnliche, aber gleichwohl sehr überzeugende Stimmen dieser Weisheit sind.

E.E.V.: *Wenn die NTE so wunderbar zu sein scheint und die Rückkehr ins Leben so schwierig ist – sowohl für Kranke und Verletzte, die durch den Wiedereintritt in ihren Körper auch ihrem körperlichen Leiden wieder ausgesetzt sind, als auch für die Selbstmordkandidaten, die von den gleichen seelischen Konflikten wie zuvor bedrängt werden –, sollte man annehmen, daß sie sich möglichst bald wieder in den friedlichen Zustand des unmittelbar drohenden Todes versetzen möchten. Das ist aber nicht der Fall. Die Experiencer berichten, daß sie sich natürlich nicht mehr vor dem Sterben fürchten, aber sie erzählen auch, daß sie nichts tun würden, um ihren Tod herbeizuführen. Hier spielt offenbar ein moralischer Faktor hinein, eine plötzliche Einsicht, daß das Leben ein Geschenk ist und wir kein Recht haben, es zu mißachten. Woher rührt diese »Inspiration«?*

Prof.K.R.: Ob ein Mensch durch den Versuch der Selbsttötung oder aus anderem Grund an die Schwelle zum Tod gelangt, er wird mit einem unwandelbaren Gefühl innerer Gewißheit erkennen, daß sein Leben ein Ziel, einen Sinn und Zweck hat. Diese Menschen erfahren sich als Teil einer größeren Einheit. Sie wissen, daß das Leben ein Geschenk ist und daß sie diesen Zustand der Ganzheit und Vollkommenheit während ihrer NTE wiedererlangen werden, wenn ihre Stunde gekommen sein wird. Sie erkennen außerdem, daß es, als Teil ihres Lebenszwecks, einen Lebensentwurf gibt. Würden sie also vor ihrer Zeit sterben, könnten sie ihre Lebensaufgabe nicht erfüllen. Bei Experiencern ist der Sinn für diese Aufgabe sehr ausgeprägt, und sie hätten gewiß das Gefühl, ihre Aufgabe nicht erfüllt zu haben, wenn ihr Leben vorzeitig beendet würde. Deswegen sind die Experiencer dankbar, noch auf Erden zu weilen, selbst wenn viele von ihnen krank zurückkehren infolge des Leidens, das sie an den Rand des Todes brachte, oder mit körperlichen Behinderungen infolge eines Unfalls. Oft leben sie in der Gewißheit weiter, anderen helfen oder ihre ihnen zugedachte Aufgabe erfüllen zu müssen. Was an der Schwelle des Todes geschah, dient ihnen als enormer Trost und Ansporn, stellt jedoch bestimmt keine Versuchung dar, sich dem Tod nähern zu wollen, bevor die Lebensuhr abläuft und bevor sie ihre Aufgabe erfüllt haben.

E.E.V.: *Enthalten die Berichte von Experiencern irgendwelche Elemente, die erlauben, uns das Wesen einer Existenz im Jenseits vorzustellen?*

Prof.K.R.: Ich glaube nicht. Ich habe Experiencer zu diesem Punkt befragt, und die meisten sind diesbezüglich sehr zurückhaltend. Sie sagen, sie wüßten nicht genau, wie das Leben nach dem Tod sein wird, sie wissen aber, daß es wunderbar sein wird und sie dort glücklich sein werden. Oder sie sagen, es sei etwas jenseits ihres Vorstellungsvermögens, selbst wenn sie eine NTE erlebt haben. Ich glaube, es bringt nichts, zu sehr darüber zu spekulieren. Etwas taucht jedoch in vielen Berichten auf, nämlich die Idee einer möglichen Reinkarnation, dergestalt, daß wir eine Zeitlang in einem Zwischenzustand verharren und danach bestimmte Aspekte unserer selbst wiedergeboren werden.

E.E.V.: *Glaubt die Mehrzahl der Experiencer das wirklich?*

Prof.K.R.: In der Tat ergab eine Studie, daß achtundsiebzig Prozent der Experiencer nach ihrer NTE in irgendeiner Form an Reinkarnation glauben, verglichen mit vierunddreißig Prozent vor dieser Erfahrung. In meinem neuesten Buch, *The Omega Project,* fand ich ebenfalls, daß ein beträchtlicher Teil der Befragten dem Gedanken der Wiedergeburt aufgeschlossener gegenüberstand. Das ist nicht unbedingt beweiskräftig, aber irgendwie legt die NTE diese Auffassung nahe. Die Berichte der Experiencer sagen aber nichts weiter darüber aus, wie dieses Leben beschaffen sein könnte. Wir müßten uns mit der esoterischen und spirituellen Literatur beschäftigen, um mehr über dieses Thema zu erfahren.

E.E.V.: *Esoterische Autoren geben vor zu wissen, was nach dem Tod geschieht, doch in Wirklichkeit wissen sie darüber nicht mehr als wir.*

Prof.K.R.: Manche Menschen, die keine NTE erlebt haben, können die Behauptung einiger Autoren, sie wüßten dies, ohne selbst eine NTE gehabt zu haben, nicht ohne weiteres akzeptieren. Der tiefere Grund für die unwiderstehliche Macht der NTE, uns von der Authentizität dieses Phänomens zu überzeugen, liegt darin, daß es sich bei den vielen Tausenden von Menschen, die über derartige Erfahrungen berichteten, zumeist um ganz normale Durchschnittsmenschen handelt. Und alle sagen so ziemlich das gleiche. Demnach hängt es nicht von der Autorität eines Autors ab, und deshalb können wir den Berichten der Experiencer leichter Glauben schenken.

E.E.V.: *Um so mehr, als sie niemals etwas behaupten, sie sagen bloß: »Ich weiß nicht genau, was dahintersteckt, ich kann bloß erzählen, was mir passiert ist.«*

Prof.K.R.: Richtig, sie sind im allgemeinen bescheiden; außerdem vertreten sie meist keinen dogmatischen Standpunkt, der einem der traditionellen Glaubenssysteme entspräche, es sei denn, natürlich, sie wären überzeugte Anhänger eines solchen Systems.

E.E.V.: *... und sie versuchen nicht, einem ihre Überzeugung aufzudrängen.*

Prof.K.R.: Im allgemeinen bieten sie ihr Wissen an in dem Geist, das, was ihnen gegeben wurde, zu teilen; aber sie lassen andere ihre eigenen Schlüsse ziehen. Normalerweise sprechen sie nicht ohne weiteres über ihre NTE, doch wenn jemand sich interessiert zeigt, äußern sie so etwas wie: »Das ist mir passiert, ich kann nur aus meiner persönlichen Erfahrung sprechen.«

E.E.V.: *Sie schreiben keine Bücher, und sie versuchen auch nicht, eine große Zuhörerschaft zu gewinnen.*

Prof.K.R.: Richtig. Sie versuchen nicht, spirituelle Führer zu werden, sie wollen keine Gurus sein.

E.E.V.: *Ich würde gern die Darstellung des Bewußtseins ansprechen. Ein Experiencer beschreibt es als »... etwas, das mit Emotionen beladen war und meine ganze Persönlichkeit trug und zu diesem starken Licht hin bewegte«. Stimmt diese Beschreibung mit denen Ihrer Experiencer überein?*

Prof.K.R.: Nach den vielen Schilderungen von Experiencern würde ich das etwas anders ausdrücken. Die Experiencer scheinen gespürt zu haben, daß sie stärker sie selbst waren, eine erweiterte Version ihrer selbst, als wäre ihr personales egoistisches Selbst nur ein geschrumpfter oder begrenzter Aspekt ihres wahren Seins. Die Menschen scheinen in diesem Zustand klarer denken zu können, ein erweitertes Begriffsvermögen und Bewußtsein und größere Weisheit zu besitzen. Sie scheinen die Essenz ihres wirklichen Wesens zu sein. Ich erinnere mich an mehr als einen Experiencer, der sagte: »Nun weiß ich endlich, was es heißt zu leben.« Sie erkannten es erst im Augenblick des anscheinend unmittelbar drohenden Todes. Offenbar dringen wir in diesem Zustand in das wahre Wesen dessen vor, was wir wirklich sind, und werden vom universalen Wissen überflutet. Ob das Wissen von außen über uns kommt oder ob es uns angeboren ist und nur verschüttet ist, läßt sich schwer beurteilen.

E.E.V.: *In dem Augenblick, da sie den Körper verlassen, erleben die Betroffenen einen Moment der Verwirrung. Sie sehen ihren bewegungslosen Körper unter sich und können nicht verstehen, daß sie physisch tot und gleichzeitig in ihrer psychischen Wahrnehmung ungestört sind. Bedeutet dies, daß die Persönlichkeit den physischen Tod unversehrt überlebt?*

Prof.K.R.: Meine Forschungen ergaben, daß die NTE von Beginn an offenbar von einem anhaltenden Gefühl der persönlichen Identität begleitet ist. Die Menschen scheinen zu spüren, daß sie sie selbst sind, die Essenz ihrer selbst; das Gefühl der persönlichen Identität geht während der NTE nicht verloren, es bleibt erhalten. Aus einer anderen Perspektive wissen wir jedoch, daß die persönliche Identität, im Sinn des Ichs, eine Illusion, ein Konstrukt ist, das wir errichten, das aber nicht konkret faßbar, sondern nur ein Bündel von Gedanken, Vorstellungen und Eindrücken ist, die miteinander verknüpft und mit einem Namen belegt werden. Ich halte es für möglich, daß nach dem physischen Tod – jetzt spekuliere ich – die Essenz des Selbst weiterbesteht, aber die Persönlichkeit, die nicht Essenz, sondern nur ein Ausdruck derselben ist, schließlich zerfällt oder dahinschwindet, weil sie nicht essentiell ist. Was an uns wahr und essentiell ist, unsere wirkliche Identität, das bleibt. Ich bezweifle jedoch, daß die Persönlichkeit mit einem Namen, einer Biographie und allen damit verbundenen Elementen, die wir für unser irdisches Dasein für so wichtig halten, intakt überlebt. Denn dem Ich eignet nichts Unwandelbares, es besitzt keine bleibende Identität. Ich glaube, dies ist eine Erfahrung von Ewigkeit, und Ewigkeit ist nicht unendliche Zeit, sondern außerhalb der Zeit. Das Ich ist in der Zeit, und jegliches in der Zeit ist sterblich. Der Leib stirbt, niemand sagt, daß der Leib nach dem Tod weiterexistiert. Danach scheint es, daß auch das Ich, obwohl es noch eine Zeitlang fortbestehen mag, dem Tod anheimfällt, und was danach bleibt, ist die eigentliche Essenz des Individuums, das Selbst im Gegensatz zum Ich. – Sie scheinen über meine Antwort nicht sehr glücklich zu sein.

E.E.V.: *Nein. Ich versuche, Sie zu verstehen. Wenn Sie von Essenz spre-chen, meinen Sie wohl die Tatsache, ein menschliches Wesen zu sein.*

Prof.K.R.: Nein, denn die Essenz unserer selbst ist einzigartig. Jeder Mensch ist einzigartig.

E.E.V.: *Dann ist es aber doch persönlich, es ist meine persönliche Biogra-phie.*

Prof.K.R.: Nein. Auch das ist einzigartig, aber das ist nicht die Einzig-artigkeit, die ich meine. Wenn wir unsere persönliche Biographie annullieren, sie einfach verwischen könnten, aber in irgendeinem Zustand, nicht unbedingt auf der physischen Ebene, fortbestünden, wäre unabhängig von unserer Biographie immer noch etwas Einzig-artiges und Unverwechselbares an uns. Eine Essenz, eine Emanation unserer speziellen energetischen Komponente, unserer Intelligenz, bliebe erhalten. Es wäre eher eine Essenz der Seele als eine solche der Persönlichkeit. Erstere hätte Bestand. Denn die Persönlichkeit gleicht einem Artefakt, sie ist das, womit wir uns identifizieren, sie ist ein Ausdruck unserer Essenz, aber nicht mit ihr identisch. Statt Persönlichkeit könnte ich Ego sagen. Das Ego oder Ich bildet sich zum Zweck der Abwehr, wir sehen in ihm die schützende, ab-grenzende Hülle. Sobald der Leib stirbt und das Ego keinen Grund mehr hat, sich zu verteidigen, ist kein Raum mehr für es vorhan-den, und der Mensch, dessen Ich stirbt, erkennt, daß er weit mehr ist als das Ich. Damit will ich aber nicht sagen, daß wir uns in irgendeine Art undifferenzierter kosmischer Substanz auflösen. In unserer westlichen Kultur ist Individualität ein wichtiger Faktor. Darin stimme ich mit dem Dichter JOHN KEATS überein. Vielleicht sind wir heute bloß ein bißchen narzißtischer.

E.E.V.: *Bestimmt, wir sind sehr individualistisch.*

Prof.K.R.: Ja, und wir mögen das. Und es ist etwas dran an dem Ge-fühl, daß wir unteilbare Wesen sind. Das bedeutet aber nicht, daß unsere fundamentale Identität unauflöslich mit unserer Persön-lichkeit verknüpft ist. Unsere fundamentale Identität ist die individualisierte wahre Essenz unseres Selbst und ist in uns unaus-löschlich. Sie war schon vorhanden, bevor wir geboren wurden, und sie wird nach dem Tod fortbestehen. Und falls wirklich eine Reinkarnation erfolgt, dann wahrscheinlich aus dieser Essenz heraus. Ich weiß jedoch nicht, was die Experiencer dazu sagen würden. Dies ist eher spekulativ meinerseits.

E.E.V.: *Die Persönlichkeit ist also das Ego?*

Prof.K.R.: Ja, die Persönlichkeit ist wie eine Hülle. Das Wort Persönlichkeit stammt vom lateinischen *persona,* das bedeutet Maske. Die Persönlichkeit ist die Maske, die wir im Spiel des Lebens tragen. Wir stellen uns auf eine bestimmte Weise dar. Und wir haben viele verschiedene Persönlichkeiten. In den USA ist die Untersuchung multipler Persönlichkeiten Mode geworden. Heute ist klar, daß jeder Mensch diese verschiedenen Facetten des Selbst besitzt, die sich zur Persönlichkeit fügen. Wir haben nicht nur eine Persönlichkeit, sondern mehrere. Und unter all diesen verschiedenen Ausdrucksformen der Persönlichkeit verbirgt sich eine Essenz. Es handelt sich dabei nicht um unsere Persönlichkeit, sondern um etwas Einzigartiges, das niemand anderer besitzt oder je besitzen könnte und das nach unserem Tod fortbesteht.

E.E.V.: *Aber ist es wirklich einzigartig? Lösen wir uns nicht einfach in einem kosmischen Ganzen auf?*

Prof.K.R.: Nein, das glaube ich nicht. Ich glaube vielmehr, daß eine individuelle Essenz, wie eine Seele, fortbesteht, wenn sie erst einmal gebildet wurde. Selbst wenn unsere leibliche Gestalt stirbt, werden wir hinsichtlich unserer Essenz niemals zu einer vom Aussterben »bedrohten Art« werden. Wenn diese Essenz erst vorhanden ist, wird sie immer bestehen und eine Ausdrucksmöglichkeit finden. Also nein, ich glaube nicht, daß wir einfach in die Ursuppe zurückkehren oder uns in einer undifferenzierten kosmischen Energie auflösen. Und meines Wissens weist in der Literatur über NTE nichts auf eine solche Deutung hin.

E.E.V.: *Würden Sie diese Essenz als Seele bezeichnen?*

Prof.K.R.: Ja. Auch andere Bezeichnungen wären denkbar.

E.E.V.: *Viele Experiencer haben prophetische planetarische Visionen. Welche Inhalte haben diese Voraussagen, und welchen Wert messen Sie ihnen bei?*

Prof.K.R.: Im allgemeinen sehen die Leute, die prophetische planetarische Visionen haben, ausgedehnte ökologische Katastrophen, Erdbeben, Überschwemmungen, Hurrikane, den wirtschaftlichen Zu-

sammenbruch, lauter Übel. Diesen folgt bei den Visionen eine Art
Goldenes Zeitalter, eine Ära der Brüderlichkeit, der Harmonie,
anhaltenden Friedens. Im Grunde ist geht es dabei um Tod und
Wiedergeburt der Erde, fast eine Art planetarische NTE. Diese
Erfahrungen sind wichtig, aber ich nehme sie keineswegs wörtlich.
Ich glaube nicht, daß die Menschen wirklich in die Zukunft
blicken können oder daß sie den künftigen Zustand unserer Erde
wirklich vorausgesehen haben. Die Bedeutung, die ich dem beimes-
se, ist, daß es sich hier um Menschen handelt, die erkennen, daß
unser Planet sich grundlegend wandeln muß. Und sie erfahren dies
in einer Art geologischer Bildersprache, als Ausdruck eines Archetyps, des Archetyps von Tod und Wiedergeburt. In Kulturen, die in
einer schweren Krise steckten, haben viele Propheten die gleiche Art
der Erfahrung gemacht. Auch sie haben verheerende Visionen von
Tod und Wiedergeburt ihrer jeweiligen Kultur erlebt. Wenn wir davon ausgehen, daß die planetarische Kultur in der Krise ist, dienen
die NTE kollektiv einer prophetischen Funktion. Sie sehen die
Notwendigkeit, daß unsere Erde, soll sie überleben, sich wandeln
muß. Ich lese also aus diesen Visionen eine ökologische Botschaft,
die Notwendigkeit einer ökologischen und Umweltreform, damit
wir in Harmonie mit der Erde leben können. Ich glaube nicht, daß
diese Visionen Naturkatastrophen im großen Maßstab ankündigen,
sondern vielmehr den Tod des Planeten in einem spirituellen Sinn,
wenn wir nicht aufwachen und begreifen, daß wir mit der Natur
und miteinander in Harmonie leben müssen.

E.E.V.: *Glauben Sie, daß manche Propheten und vielleicht Jesus eine
NTE erlebten?*

Prof.K.R.: Darüber kann man nur spekulieren, aber PAULUS (damals
noch SAULUS) hatte auf dem Weg nach Damaskus sicher eine NTE,
die entscheidend zu seiner Bekehrung und zur Etablierung des
Christentums als institutionelle Religion beitrug. Ich frage mich, ob
vielleicht MOHAMMED eine solche Erfahrung gemacht haben könnte, oder der heilige FRANZISKUS, der sehr krank war. Soweit ich weiß,
soll MARY BAKER EDDY, die Begründerin von *Christian Science,* eine
NTE gehabt haben. Es würde mich nicht wundern, wenn einige al-
te oder auch neuere Religionen durch Erfahrungen dieser Art

nachhaltig beeinflußt worden wären. Sogar aus Untersuchungen früher Formen des Buddhismus – Buddhismus des vierten und fünften Jahrhunderts in China – ist bekannt, daß manche religiösen Führer Erlebnisse hatten, die wir heute als NTE oder Visionen auf dem Sterbelager bezeichnen. Es ist schwer zu sagen, ob und in welchem Ausmaß sie bei der Entwicklung mancher Vorstellungen dieser Religionen eine Rolle spielten. Aber nach meinem Gefühl enthält der Kern vieler großer Weltreligionen und spiritueller Traditionen Erfahrungen transzendentaler Art, sei es NTE oder ähnliches. Es wäre interessant, wenn jemand dies im Licht des modernen Wissens über NTE untersuchen wollte, indem er anhand der Schriften über die Gründung dieser Religionen prüfte, ob derartige Erfahrungen im Leben der Religionsstifter eine entscheidende Rolle spielten oder nicht.

E.E.V.: *Es gibt prophetische planetarische Visionen, die mehrere mögliche Alternativen feststellen. Mehrere Wege führen in die Zukunft, aber der Experiencer weiß nicht, welcher eingeschlagen wird. Demnach gibt es noch einen freien Willen, da mehrere Alternativen möglich sind, und es hängt vom Willen der Menschen ab, welche realisiert wird.*

Prof.K.R.: Vom Standpunkt der NTE gibt es Zukunftsalternativen. Mit anderen Worten, die Zukunft steht nicht fest. Wir bestimmen durch unser Handeln die Zukunft, die keineswegs festgelegt, sondern die Konsequenz vieler verschiedener individueller Entscheidungen ist. Der prophetische Aspekt der NTE beinhaltet nicht, daß die Zukunft einen unabänderlichen Verlauf nimmt. Nichts steht fest, in keiner Beziehung, und gewiß nicht in bezug auf die Zukunft. Die Zukunft liegt in unseren Händen.

E.E.V.: *In Ihrem Buch* Den Tod erfahren – das Leben gewinnen *ziehen Sie eine interessante Parallele zwischen der Theorie des morphogenetischen Feldes von* Rupert Sheldrake *und dem Einfluß von NTE auf die Menschheit. Könnten Sie diese Vorstellung kurz skizzieren?*

Prof.K.R.: Ich will's versuchen. Die Theorie des morphogenetischen Feldes ist der Versuch zu verstehen, warum manche Dinge, die sich in der Welt ereignen, leichter als andere fortbestehen oder gelernt werden. Rupert Sheldrake, der Erfinder dieser Theorie, sagt, daß ein bestimmtes Verhalten, nachdem es sich in der Welt ereignet hat, ein unsichtbares Feld erzeugt, ein morphogenetisches Feld, dem eine besondere Struktur eignet. Und wenn dieses Feld erst errichtet ist, kann das Verhalten, das es darstellt, sich leichter wiederholen oder erlernt werden. In gewissem Sinn sind danach die sogenannten Naturgesetze wirklich nur Gewohnheiten. Hinsichtlich der NTE wissen wir, daß bereits Millionen Menschen diese erlebt haben und immer mehr sie erleben. Je häufiger dieses Phänomen erlebt wird, würde Sheldrake sagen, desto leichter kann es sich, wegen des entstandenen morphogenetischen Feldes, das eine Resonanz mit diesen Phänomenen erzeugt, wiederholen. Je leichter sich diese Phänomene ereignen können, desto mehr verbreiten sie sich und desto stärker wird das morphogenetische Feld. Wesentlich ist dabei, daß sich die Phänomene nicht bloß leichter ereignen, sondern ein weiteres morphogenetisches Feld sich für jene Veränderungen aufzubauen beginnt, die durch diese Phänomene in den Menschen herbeigeführt werden. Es handelt sich um das morphogenetische Feld für den verwandelnden Aspekt der NTE. Indem immer mehr Menschen diese Art der Verwandlung an sich erfahren, wird das Feld immer stärker, und selbst Menschen, die diese Erfahrung nicht gemacht haben, können doch unmittelbar durch dieses Feld beeinflußt werden und daher beginnen, ähnlich zu handeln wie Individuen, die wirklich eine NTE hatten. Es ist eine Art ansteckender Wirkung – die Ausbreitung der NTE, nicht nur weil mehr Menschen dieses Phänomen erleben, sondern weil dieses morphogenetische Feld existiert und weltweit seine transformierenden Kräfte verstärkt. Dies ist einer der Hauptmechanismen, der eine neue Art des Bewußtseins in der Menschheit zu fördern vermag.

E.E.V.: *Auf allen Kontinenten scheinen NTE sehr ähnlich zu verlaufen. Könnte man sagen, daß jeder Kulturkreis sich seine Religion im Einklang mit seiner ethnischen Spezifität und seinen Glaubenssystemen geschaffen hat, daß es aber nur eine universale Wahrheit gibt?*

Prof.K.R.: Nach meiner Auffassung gibt es, wie sehr auch die Lehren der verschiedenen Religionen und spirituellen Traditionen voneinander abweichen mögen, im Kern nur das Licht, nur Gott, nur eine universale Intelligenz. Diese Intelligenz wird durch verschiedene Glaubenssysteme, verschiedene Traditionen, verschiedene Kulturen reflektiert und somit jeweils sehr verschieden ausgedrückt. Anders gesagt, das Licht geht durch ein Prisma und kommt an einer Stelle violett, an anderer rot oder grün und so weiter heraus, aber es bleibt immer Licht. Ich glaube, daß die Experiencer mit dem universalen Kern in Berührung kommen, der jeder religiösen Tradition innewohnt. Wie diese Wahrheit ausgedrückt wird, ist so variabel wie die Menschen und so verschieden wie die Kulturen. Der tiefere Sinn der NTE ist jedoch, daß ihr eine Einheit zugrunde liegt.

E.E.V.: *In welche Richtung wird sich die NTE-Forschung entwickeln? Sollte man sich, nachdem die psychologischen Hintergründe recht gut erforscht sind, stärker mit den physiologischen Fragen auseinandersetzen?*

Prof.K.R.: Ja, es scheint, daß eine stärkere Hinwendung zu den neurologischen und biologischen Aspekten erfolgt. In meinen neuesten Untersuchungen fand ich zum Beispiel klare Hinweise darauf, daß Experiencer über eindeutige Veränderungen physiologischer, neurologischer und zerebraler Funktionen berichteten. Andere Personen nennen entsprechende körperliche Wirkungen. Es gibt eine Reihe russischer Wissenschaftler, die sehr interessiert sind, solche Untersuchungen durchzuführen. Nervenphysiologen, auch in den USA, interessieren sich ebenfalls für die Erforschung der Gehirnfunktion und ihrer Veränderungen während und nach NTE. Inzwischen wissen wir viel über die psychologischen und transformativen Aspekte der NTE. Die meisten Arbeiten, auch wenn sie von Ärzten stammen, beschäftigten sich bislang überwiegend mit der Erforschung der Phänomenologie und den Auswirkungen der NTE, aber nicht mit der medizinischen Seite des Phänomens. Wir wissen immer noch relativ wenig über das, was dieser Erfahrung neurologisch zugrunde liegt. Diese Fragen zu erforschen ist für Wissenschaftler hochinteressant und wichtig. Und ich glaube, wir sollten uns in diese Richtung begeben. Die Existenz von NTE ist über jeden Zweifel hinaus belegt. Was immer Sie aus dieser Erfahrung machen, wie immer Sie sie deuten, Sie können nicht leugnen, daß diese Erfahrung vorkommt. Eine große Zahl von Menschen hat sie erlebt, und sie hat nachhaltige Auswirkungen auf ihr Leben gehabt. Nachdem das Phänomen also nachgewiesen ist, muß man es berücksichtigen. Und wenn die Wissenschaft hier ein Wörtchen mitreden will, muß sie ihre Untersuchungsmethoden anwenden, um weitere Aspekte der NTE zu erforschen. Ich denke mir, daß die neurologische Untersuchung der NTE ein besonders vielversprechender und aufregender Weg für uns Forscher sein könnte, während wir uns mit Riesenschritten der Jahrtausendwende nähern.

Interview mit Professor Louis-Marie Vincent*

Das Leben

Evelyn Elsaesser Valarino: *Herr Professor Vincent, lieber Freund, wir werden in diesem Gespräch die NTE unter dem besonderen Aspekt der Informatik betrachten. Sie haben eine neue Hypothese aufgestellt, an der Sie im Rahmen der GREC-B (Groupe d'études des champs biologiques; Studiengruppe biologische Felder), deren Gründer und Präsident Sie sind, mit Ärzten, Physikern und Biologen arbeiten. Was veranlaßt einen Biologen, der definitionsgemäß Leben erforscht, sich mit Themen zu befassen, die im wesentlichen um den Tod kreisen, wie zum Beispiel Auferstehung oder Nahtodeserfahrung, und welche Zusammenhänge zwischen beiden haben Sie nachgewiesen?*

Professor Louis-Marie Vincent: Nahtodeserfahrungen werden oft als »Reise an die Schwelle des Todes« bezeichnet. Ob diese Schwelle bei der NTE überschritten wird oder nicht, ist bislang nicht geklärt worden, und die Antwort hängt teilweise vom Standpunkt des Betrachters ab. Die Auferstehung ihrerseits ist per Definition unzweideutig: Sie bezeichnet die Rückkehr in das Reich der Lebenden. Diese Fragen faszinieren mich sowohl als gläubigen Christen wie auch als Biologen. Dennoch dünkt es mich ziemlich kühn zu behaupten, daß ein Individuum, dessen Knochen nur »Asche und Staub« sind, wie FRANÇOIS VILLON es in seiner *Ballade der Gehenkten* (1463) ausdrückt, wieder zum Leben erweckt wird! So kühn, daß sogar die Theologen in diesem Punkt äußerst zurückhaltend reagie-

---

* Doktor der Biologie und der physikalischen Chemie, Diplomingenieur für Elektromechanik. Ehemals Direktor des Laboratoriums am Centre d'Etudes Nucléaires von Saclay und Professor an der Universität Paris VI, derzeit Präsident und Direktor der GREC-B.

ren. Wie ich in meinem Buch (*Peut-on croire à la résurrection?*
Dervy, Paris 1988; »Kann man an die Auferstehung glauben?«) geschrieben habe, hätte es mich enorm geärgert, als Christ etwas glauben zu müssen, was ich als Biologe für Schwachsinn halte! Deswegen habe ich begonnen, mich etwas näher damit zu beschäftigen,
und dabei habe ich (ich spreche jetzt als Biologe) festgestellt, daß
wir nicht wirklich wissen, was Leben ist, und folglich ebensowenig
wissen, was Tod ist.

E.E.V.: *Bevor wir uns dem Phänomen der NTE zuwenden, sollten wir
über das* Leben *sprechen. Wir können wohl davon ausgehen, daß das
Leben eines Individuums lange vor der Empfängnis beginnt. Die Existenz eines Lebewesens ist potentiell bereits in der genetischen Information vorhanden, die dem DNS-Molekül der elterlichen Chromosomen
eingeschrieben ist.*

Prof.L.-M.V.: Das Leben ist eine Kette, von der der Philosoph HENRI
BERGSON sagte – ich zitiere aus dem Gedächtnis –, daß sie von einem Keim zum anderen geht, indem sie durch den Körper wandert
… Seit langem unterscheiden die Biologen zwischen »Keimzellen«
(Gameten), der ununterbrochenen Kette des Lebens, und »Soma«,
dem Körper, genauer: dem Individuum. Es ist nicht sicher, was
auch die Molekularbiologen denken mögen, ob die vollständige
genetische Information in den DNS-Molekülen enthalten ist. Man
beginnt, die Rolle des Zellplasmas zu verstehen (Zytoplasma, so
lehrt der *Pschyrembel*, ist das von einer Zellmembran umschlossene
Plasma der Zelle, das in Wasser gelöste Eiweiße, Lipide, Kohlenhy-
drate, Mineralsalze und Spurenelemente sowie eine Vielzahl kleine-
rer und größerer Einschlüsse enthält), aber es sind auch andere
Informationsträger vorstellbar. Der Ursprung des Individuums ist
der Augenblick der Empfängnis, denn es entsteht aus der Verschmelzung des väterlichen und mütterlichen Erbgutes. Dies gilt
für die geschlechtliche Fortpflanzung, doch finden wir in der Natur
viele weitere Arten der Fortpflanzung, die uns nahelegen, den Begriff Individuum neu zu überdenken. Nehmen wir beispielsweise
die ungeschlechtliche Fortpflanzung durch einfache Zellteilung; die
Mutterzelle teilt sich in zwei identische Tochterzellen. Dabei fällt
keine Leiche an, und insofern ist die Zelle unsterblich. Man kann

aber ebenfalls sagen, daß die Mutterzelle als Individuum verschwunden ist, um zwei Tochterzellen hervorzubringen, die ihrerseits wachsen und dann altern werden ... Es gibt ferner den Fall, daß zwei Tochterzellen sich differenzieren; die eine wird männlich, die andere weiblich. Die beiden Zellen vereinigen sich dann zu einer neuen Zelle, deren Genom (die gesamte Erbinformation des Individuums) sich von den drei vorhergehenden Zellen unterscheidet. Ein weiteres Beispiel sind die Schnecken, die abwechselnd männlich und weiblich sind, abwechselnd befruchten oder befruchtet werden ... Über Themen wie zum Beispiel die Fortpflanzung von Pilzen sind dicke Bücher geschrieben worden. (Das ist zwar nicht sehr erotisch, aber doch äußerst spannend!)

E.E.V.: *Wir haben gesehen, daß der Beginn des Lebens zeitlich gesehen kein fester Punkt ist, sondern eine Verkettung aufeinanderfolgender Stufen, eine Wirklichkeit gewordene Möglichkeit. Es wäre schon sehr merkwürdig, wenn es am anderen Ende des menschlichen Daseins, beim Tod, einen zeitlichen Fixpunkt, einen jähen, vollständigen Abbruch gäbe. Es wäre wohl logisch, daß wie die Aktualisierung potentiellen Lebens auch der Tod eher eine Verwandlung von einem Zustand in einen anderen wäre und auch hier als Entwicklung von einem niedrigeren zu einem höheren Zustand erfolgte, da sich Natur allgemein stets vorwärts entwickelt, selbst wenn dies manchmal Millionen Jahre dauert, aber nie zurück!*

Prof.L.-M.V.: Wir müssen zwischen Leben allgemein, seinem Wesen und Ursprung, und dem Leben eines Individuums unterscheiden. Ein Individuum, ein Mensch, ist etwas Einzigartiges in der Geschichte der Menschheit. Auch wenn sie noch Milliarden Jahre überleben würde, wird es niemals zwei vollkommen identische Menschen geben, nicht im Augenblick ihrer Geburt – das gilt auch für eineiige Zwillinge – und noch weniger im Augenblick des Todes, denn ihre Lebensläufe werden nicht identisch gewesen sein. Ein Individuum, das ist ein bißchen wie ein Roman, den man aus Wörtern eines Wörterbuchs zusammenschreiben würde: Mit denselben Wörtern lassen sich unendlich viele Romane schreiben. Die Wörter gehören allen Romanen, aber jeder Roman ist einzig in seiner Art. Er existiert nicht, bevor er geschrieben wurde, aber wenn er erst geschaffen ist, wird er für immer dasein, und sei es nur in der Geschichte der Menschheit, auch wenn er längst vergessen ist.

E.E.V.: *Wenn man diese Idee weiterverfolgt, wird man bis zu den Ursprüngen der lebenden Organismen zurückgeführt. Die gründlichere Überlegung führt uns aber noch viel weiter ... Bekanntlich ist der Grundbestandteil der belebten und der unbelebten Materie das Atom, das heißt die Energie. Wie der Physiker STÉPHANE LUPASCO zeigt, unterliegt diese Energie einer zyklischen Bewegung von Möglichkeit/Verwirklichung. Die Existenz der Elementarteilchen des Atoms – Elektronen, Neutronen und Protonen – ist zeitlich unbegrenzt; sie können nicht verschwinden, sondern nur ihren Zustand ändern. Meinen Sie, das läßt sich übertragen, und könnte man demnach sagen, daß unter diesem Gesichtspunkt das Leben weder Anfang noch Ende hat?*

Prof.L.-M.V.: Ich bin kein Physiker. Sie zitieren Lupasco. Aber auch andere haben darüber nachgedacht, etwa JEAN CHARON, DAVID BOHM, RÉGIS DUTHEIL, nicht zu vergessen TEILHARD DE CHARDIN. Um herauszufinden, ob die Anfänge des Lebens auf der Stufe der Atome oder der Elementarteilchen vorhanden sein können, müssen wir zuvor den Begriff Leben definieren. Das Leben ist keine Substanz, kein Fluidum, wie die Vitalisten glaubten. Ich meinerseits habe nachgewiesen, daß das Leben einem Zustand der Materie entspricht (in Wirklichkeit handelt es sich um einen Metazustand), der durch deren Eigenschaften, zum Beispiel flüssiger oder gasförmiger Zustand, bestimmt wird. Wir wissen, daß die Atome in diesen Zuständen mehr oder weniger fest miteinander verbunden sind. Der lebendige Zustand entspricht einer bestimmten Anordnung der Atome im Raum und in der Zeit. Wenn Sie eine Blume verbrennen, erhalten Sie mit ihrer Asche alle Atome, aus denen sie bestand; aber die Blume und ihr Leben sind unwiederbringlich dahin. Für mich bedeutet Leben zunächst die Information, welche die Materie auf spezifische Weise zusammenfügt. Ein Individuum, ein Mensch, ist eine besondere lebendige Struktur unter allen denkbaren lebendigen Strukturen. Man muß sich jedoch klarmachen, daß die Information nicht einfach aus Buchstaben besteht, die auf ein Stück Pa-

pier notiert sind, oder aus Zeichen, die durch Moleküle dargestellt werden: die Buchstaben, die Wörter haben eine Bedeutung, einen Sinn. Die Bedeutung ist etwas Abstraktes, etwas anderes als Materie. Sie existiert nur im Bereich des Bewußtseins. Für mich ist sie der zweite Bestandteil des Universums. Man kann sagen, sie ist der Logos, das Wort, ja der Gedanke des großen Schöpfers! Dieser Gesichtspunkt wird jedoch die Materialisten schockieren. Um die außerordentlich komplizierten Strukturen der lebenden Materie zu erklären, müssen sie sich auf den Zufall berufen, da sie sich die Existenz einer schöpferischen Intelligenz nicht vorstellen können. Aber leider wissen wir auch nicht, was Zufall ist!

E.E.V.: *Sehen Sie das Leben eher als geschlossenen Kreislauf, ohne Anfang und ohne Ende, oder als Linie, die aus dem Dunkel der Zeit kommt und sich im Unendlichen verliert?*

Prof.L.-M.V.: Da der Ursprung des Universums etwa vierzehn Milliarden Jahre zurückliegt, ist es meines Erachtens vernünftig anzunehmen, daß auch das Leben, zumindest in der uns bekannten irdischen Form, einen Anfang und wahrscheinlich auch ein Ende hat.

Materie – Geist – Bewußtsein

E.E.V.: *Die moderne Physik sucht die Antworten auf zahlreiche Fragen nunmehr viel öfter im Bereich des Mentalen als in dem des Materiellen. In diesem Zusammenhang ist hervorzuheben, daß den meisten neueren Untersuchungen zufolge den Elementarteilchen eine Qualität zugewiesen wird, die man als geistig, also dem Begriff des Bewußtseins verwandt, definieren könnte.*

Prof.L.-M.V.: Bezeichnenderweise stellen sich heute die Physiker, vor allem die Vertreter der Quantenphysik, Fragen über die Existenz des Mentalen oder des Geistes in der Materie, selbst auf der elementarsten Ebene der Teilchen, während paradoxerweise die Biologen, die definitionsgemäß die Phänomene des Lebens erforschen, noch auf einer völlig reduktionistischen oder materialistischen Auffassung von der Molekularbiologie verharren. Ich bin nicht sicher, ob man von geistigen Aktivitäten auf der Ebene der Teilchen oder Atome sprechen kann. Auf der Ebene der Zellen, der Bausteine des Lebendigen – ja. Große Physiologen wie seinerzeit Louis Lapicque oder heute Paul Chauchard haben sich für die Existenz eines Bewußtseins auf Zellebene ausgesprochen. Darin stimmen sie mit den genialen Vorstellungen eines Teilhard de Chardin überein. Meiner Ansicht sollte man besser von mentalen oder psychischen Aktivitäten sprechen, um eine Verwechslung mit dem denkenden menschlichen Bewußtsein zu vermeiden. Mentale Aktivität bedeutet indessen nicht nur Speichern, sondern auch Verarbeiten dieser Informationen. Dazu braucht man im mathematischen Sinn des Wortes einen Rechner. Ich glaube, daß der Geist, das Ich, genau diese Funktion innehat.

E.E.V.: *Wie definieren Sie den Begriff Bewußtsein? Welchen Stellenwert hat es in Ihrer Informationstheorie?*

Prof.L.-M.V.: Das ist eine sehr schwierige Frage, und ich bin eigentlich nicht kompetent, den Begriff Bewußtsein zu definieren. Die Frage sollte man besser Philosophen stellen, denn jeder versteht etwas anderes darunter. Man kann von Bewußtsein, vom Mentalen, Geistigen, vom Psychischen sprechen … Für mich ist Bewußtsein, abgesehen von seinen moralischen oder religiösen Aspekten, im wesentlichen die Möglichkeit, Informationen zu empfangen, zu speichern und dann zu verarbeiten, um neue Informationen hervorzubringen.

E.E.V.: *Ist das Bewußtsein auf einer materiellen oder immateriellen Ebene angesiedelt?*

Prof.L.-M.V.: In Wirklichkeit ist das Wort Information, und ich denke, daß wir noch darauf zurückkommen, durchaus ambivalent. Man muß berücksichtigen, daß die Information einen materiellen Anteil enthält, der die Botschaft ist, zum Beispiel Buchstaben auf einem Blatt Papier, elektromagnetische Signale, Klänge oder Moleküle; dabei darf man aber nicht übersehen, daß diese Signale eine Bedeutung haben. Die Bedeutung, der Sinn indessen ist etwas Immaterielles. Im mathematischen Sinn ist die Information somit in Wirklichkeit komplexer Natur, sie ist gleichzeitig materiell und immateriell.

E.E.V.: *Man kann annehmen, daß die Atome, aus denen unser Körper zu Lebzeiten besteht, uns »ewig« überleben werden. Doch das tröstet uns natürlich wenig. Ob wir vollständig verschwinden oder in einem Elektron überleben – von diesen Aussichten ist eine so unerfreulich wie die andere! Die Religionen verstehen wohlgemerkt unser Überleben in ganz anderer Weise. Im Brief über die Eschatologie lesen wir zum Beispiel: »Die Kirche ist sich gewiß, daß nach dem Tod ein spirituelles Element überlebt und erhalten bleibt, das mit einem Bewußtsein und einem Willen begabt ist, dergestalt, daß das menschliche ›Ich‹ fortbesteht.« Schließen sich die Standpunkte der Wissenschaft und der Religion gegenseitig aus, oder ergänzen sie einander?*

Prof.L.-M.V.: Das ist auch eine knifflige Frage, die sehr unterschiedlich beantwortet wird, je nach dem philosophischen Standort der Befragten. Ich persönlich glaube, daß diese Standpunkte einander ergänzen. Gewiß, man nimmt an, daß die Atome, ebenso wie die Energie, unzerstörbar sind und daß selbstverständlich die Atome, aus denen wir bestehen, uns überleben werden. Doch wäre es in der Tat ein ziemlich schwacher Trost, sich unser Überleben in einem Elektron vorzustellen, aber wir dürfen hier nicht zwei Dinge vermischen, die meines Erachtens völlig verschieden sind: es handelt sich einerseits um das Leben an sich, das Leben als etwas ganz Allgemeines, wie etwa den Zustand der Materie, und andererseits um die Existenz einer individuellen Person. Das Leben kann sich unendlich fortsetzen, aber das Individuum selbst wird einzig bleiben. Der *Brief über die Eschatologie* hat es exakt definiert: Nach der Auflösung des materiellen Körpers bleibt etwas Einzigartiges bestehen.

Die Zeit

E.E.V.: *Wer von »Auferstehung« und von »ewigem Leben« spricht, beruft sich auf den Begriff der Zeit. Die Quantenphysik jedoch geht von einer Dimension ohne Zeit aus, in der absolute Gleichzeitigkeit besteht. Vergangenheit, Gegenwart und Zukunft sind aufgehoben. Mir scheint daher, daß aus dieser Sicht Begriffe wie »ewiges Leben«, »Ewigkeit« und »Unsterblichkeit« ihres Sinnes entleert sind, da sie sich auf den Lauf der Zeit beziehen.*

Prof.L.-M.V.: Auch diese Frage ist schwer zu beantworten, und ich bezweifle, daß die besten Spezialisten eine endgültige Antwort wüßten. Tatsächlich gibt es Widersprüche in dieser Auffassung von Ewigkeit. Historisch wird unter Ewigkeit ein sehr langer Zeitraum verstanden, eine endlos fließende Zeit. Diese Auffassung findet sich bereits im *Gilgamesch-Epos*, der Geschichte des sumerischen Helden, der aufbricht, um die Blume der Unsterblichkeit zu suchen. Doch es ist verführerisch, mit bestimmten Physikern dem Gedanken zu folgen, daß der Bereich des Geistes in einer anderen Raum-Zeit-Dimension angesiedelt ist, wo Zeit nicht mehr relevant ist. Ewigkeit ist danach zu begreifen als ewige Gegenwart, in der tatsächlich alle Informationen, alle vorhandenen Daten synchron sind. In gewisser Weise ist es wie ein Film, der sich vor einem ausbreitet und von dem man gleichzeitig sämtliche Bilder sieht, wogegen man im Kino diese Bilder nacheinander als Bilderfolge sieht. Nun scheint mir allerdings ein Widerspruch oder zumindest eine Interpretationsschwierigkeit darin zu liegen, daß nach der katholischen Lehre (die Briefe über die Eschatologie sind hier eindeutig) das, was von den Verstorbenen bleibt, die Seele, oder wie immer man das nennen mag, nicht nur ihre Persönlichkeit bewahrt, sondern auch ein echtes Leben besitzt. Demnach gäbe es ein Leben im Bereich des Geistes. Wer aber Leben sagt, der sagt zwangsläufig auch etwas über Dynamik, und lebendige Wesen, seien sie materiell oder immateriell, werden sich entwickeln, werden Handlungen vollbringen; somit gibt es zwangsläufig einen Zeitfaktor, ein Vorher und Nachher. Es existiert obligatorisch ein zeitlicher Verlauf. Würde dann die Ewigkeit, statt einem Fehlen von Zeit, nicht vielmehr einer anderen als unserer irdischen Zeit entsprechen? Ich weiß es nicht. Diese Frage müßte man den Physikern stellen.

E.E.V.: *Der Zeitbegriff war Gegenstand unzähliger Untersuchungen, sowohl unter mathematischem oder physikalischem wie auch unter philosophischem Aspekt. Es lassen sich fünf Arten von Zeit definieren: ideelle Zeit, physikalische oder relativistische Zeit, thermodynamische Zeit, physiologische oder biologische Zeit und wahrgenommene oder psychologische Zeit. Könnten Sie die Merkmale dieser verschiedenen Arten von Zeit kurz zusammenfassen? Beginnen wir mit der ideellen Zeit.*

Prof.L.-M.V.: Die von Ihnen erwähnten verschiedenen Arten von Zeit sind meines Erachtens schon ein Beweis, daß man in Wirklichkeit nicht weiß, um was es sich handelt, wenn man von Zeit spricht. Ich werde eine Definition versuchen: Die ideelle Zeit ist die Zeit eines »euklidischen Universums«, in dem die Zeit fließt oder abläuft, absolut unabhängig von allem, was im Raum geschehen kann. Stellen Sie sich einen Raum vor, in dem eine Pendeluhr an der Wand hängt. Zwei Personen betreten den Raum. Die Uhr wird anzeigen, wenn eine Stunde vergangen ist, gleichgültig, ob die beiden Personen während der ganzen Zeit herumgesessen haben, ob sie in ein Gespräch vertieft auf und ab gegangen sind oder ob sie gar nicht im Zimmer geblieben sind. Genauso denkt man sich bei der Vorstellung vom »euklidischen Raum« den Raum wie einen Karton, in den man Gegenstände hineintun kann oder nicht, aber in jedem Fall existiert dieser Raum. In meinem Beispiel werden die Abmessungen des Zimmers unverändert bleiben, bevor und nachdem die Personen es betreten haben werden. Ideelle Zeit, das bedeutet insgesamt eine von unserer Intelligenz vorgestellte Zeit, die aber nicht unbedingt mit der Realität übereinstimmt. Tatsächlich haben die zuerst von ALBERT EINSTEIN entwickelten Relativitätstheorien gezeigt, daß diese Auffassung falsch war, daß der Raum nicht ohne Materie existieren kann; in Wirklichkeit schafft die Materie, das heißt letztlich die Energie, den Raum, und jedenfalls gibt es ohne Raum auch keine Zeit. Das etwa könnte man »relativistische Zeit« nennen.

E.E.V.: *Und die thermodynamische Zeit?*

Prof.L.-M.V.: Das ist ein dritter, relativ neuer Zeitbegriff, den wir vor allem dem belgischen Physiker und Nobelpreisträger ILYA PRIGOGINE verdanken. Prigogine verbindet thermodynamische Zeit mit dem Ablauf chemischer Reaktionen. Bekanntlich endet jeder Austausch von Energie, jede chemische Reaktion unvermeidlich in der Erzeugung von Entropie, das heißt einer entwerteten Form von Energie, die zu nichts mehr dienen kann. Die thermodynamische Zeit ist für Prigogine in der Tat Synonym für diesen Ablauf chemischer Reaktionen. Wenn man eine Reaktion einfriert, steht die Zeit still. Diese Auffassung von Zeit unterscheidet sich ziemlich stark von den vorhergehenden, denn genaugenommen besagt sie, daß die Zeit etwas ist, das nicht existiert, es ist in gleicher Weise eine Übereinkunft wie die Zeit, die von einer Uhr angezeigt wird. Tatsächlich stellt eine Uhr ja keine Zeit her. Wir registrieren nur das Vorrücken der Zeiger auf einem Zifferblatt, aber die Zeit selbst ist etwas völlig Relatives, völlig Subjektives.

E.E.V.: *Nun bleiben noch die physiologische oder biologische Zeit und die wahrgenommene oder psychologische Zeit.*

Prof.L.-M.V.: Diese beiden letzten Arten von Zeit stehen in relativ engem Bezug zu der Idee von Prigogine, von dem Unterschied abgesehen, daß sie spezieller auf menschliche Lebewesen zutreffen. Die physiologische Zeit ist die Zeit, in der biologische Prozesse ablaufen. Dieser Begriff der biologischen Zeit wurde von PIERRE LECOMTE DU NOÜY entdeckt. Dieser Mediziner und Biologe hatte während des Ersten Weltkriegs Verwundete behandelt und dabei festgestellt, daß zwei identische Verletzungen je nach Alter der Patienten verschieden lange brauchten, um zu heilen. Daraus leitete er anhand einer mathematischen Formel ab, daß die Zeit für menschliche Lebewesen nicht einheitlich abläuft, wie dies der Fall ist bei einem physikalischen Phänomen, zum Beispiel der Umlaufbahn der Erde um die Sonne. Er folgerte, daß jedes Lebewesen eine ihm eigene Zeit besitze. Am Ende des Buches, das er zu diesem Thema geschrieben hat (*Le temps et la vie*, »Die Zeit und das Leben«), stellte PIERRE LECOMTE DU NOÜY die Frage, ob – analog zur Relativitätstheorie – das Leben letztlich nicht eine spezifische Verzerrung der Raum-Zeit-Dimension sei. – Die psychologische Zeit war Gegenstand verschiedener

Untersuchungen, darunter der von PAUL LÉVY, wie sie in einem schmalen, mathematisch sehr fundierten Buch dargestellt ist (*Le temps psychologique*, »Die psychologische Zeit«; erschienen bei Dunod, Paris 1969). Lévy zeigt, daß unsere Zeitwahrnehmung von der Anzahl der Ereignisse abhängt, die wir registrieren. Wenn man sich in einem Raum aufhält, in dem absolut nichts geschieht, der keinerlei Anhaltspunkt bietet, dann wird man keinen klaren Begriff vom Ablauf der Zeit bekommen; die Zeit erscheint entweder sehr lang oder sehr kurz. Folglich ist das, was unseren Begriff von wahrgenommener Zeit gestaltet, in Wirklichkeit der Ablauf von Ereignissen, die unserem Bewußtsein zugänglich sind. Deswegen erscheint uns die Zeit sehr lang, wenn wir auf etwas warten, dagegen sehr kurz, wenn wir das Ziel starker Stimulierung sind.

E.E.V.: *Welche der fünf Zeitkategorien stimmt am besten mit Ihrer Auffassung von der Auferstehung überein?*

Prof.L.-M.V.: Auch das ist schwer zu beantworten. Tatsächlich ziehe ich zwei Arten von Zeit in Betracht: die Zeit, welche die Welt des Geistigen, die mentale Welt, betrifft, was der Neurophysiologe und Nobelpreisträger JOHN ECCLES als Welt II oder Welt der Bewußtseinszustände bezeichnet, und die Zeit, in der sich die physischen Objekte bewegen (Welt I). Die Theologen haben diese Schwierigkeit ebenfalls sehr schnell erkannt und einen Begriff von Zeit, die Ewigkeitszeit, entwickelt (laut LAROUSSE bei den Römern der Kaiserzeit die Personifikation der Ewigkeit, der Unveränderlichkeit von Zeit), unter der sie sich eine besondere Zeit mit außerirdischen Wesen und Engeln vorstellen: das Himmelreich. Man darf davon ausgehen, daß diese Zeit von anderer Art ist als die irdische Zeit und daß sie exakt in einer Raum-Zeit-Dimension angesiedelt ist, die jene des Bewußtseins ist. Diese Zeitauffassung hängt wohlgemerkt von physikalischen Hypothesen ab, die man über die Natur dieser abstrakten Wesenheiten aufstellen kann, über die Natur dieser Bewußtseinszustände, insbesondere im Rahmen der Physik der Überlichtgeschwindigkeit. Allerdings ist anzufügen, daß auch andere Theorien möglich sind.

E.E.V.: *Also stimmt nicht unbedingt eine dieser fünf Arten von Zeit mit der Dimension, die uns interessiert, am besten überein?*

Prof.L.-M.V.: Richtig, nicht unbedingt eine der fünf oder vielmehr der vier Arten von Zeit, denn eine ideelle Zeit gibt es ja nicht. Außerdem wissen wir, daß die relative, die thermodynamische und die biologische Zeit die Welt der Materie, der unbelebten wie der belebten, betreffen. Man kann durchaus annehmen, daß es noch eine weitere Art von Zeit gibt, die exakt den Bereich des Bewußtseins oder den Bereich des Psychischen betrifft, wie ich ihn vorhin definiert habe.

Die Form, die den physischen Tod überleben würde

E.E.V.: *Wollen wir jetzt, wenn es Ihnen recht ist, darüber sprechen, was im Augenblick der Nahtodeserfahrung geschieht. Das Leben ist aus dem physischen Körper gewichen, alle physiologischen Funktionen sind zum Erliegen gekommen, die Gehirnaktivität ist gleich Null. Dennoch funktioniert das Bewußtsein des Experiencers, denn er nimmt den Verlauf der NTE wahr, speichert ihn und kann bei seiner Rückkehr ins Leben darüber berichten. Meine erste Frage bezieht sich auf den Begriff des klinischen Todes. Ich vermute, es ist derzeit noch sehr problematisch, den Zeitpunkt des physischen Todes exakt zu bestimmen, da sich die Kriterien des Todeszeitpunktes (Atmung, Herzfunktion, Gehirnaktivität und dergleichen) im Laufe der Zeit gewandelt haben. Kann man sagen, daß die Experiencer nach heutigen Kriterien während ihrer NTE tatsächlich klinisch tot waren, daß aber diese Kriterien in Wirklichkeit falsch sind, weil diese Personen ja ins Leben zurückgekehrt sind?*

Prof.L.-M.V.: Das ist wirklich die wesentliche Frage in bezug auf NTE, und ich muß gestehen, daß ich dem, was ich zu diesem Thema in verschiedenen Werken gelesen habe, keineswegs zustimme, weil stets die Frage aufgeworfen wird, ob die Betreffenden auch wirklich tot waren. Diese Frage ist aus zwei Gründen schlecht gestellt: erstens weil man, bevor man jemanden *wirklich für tot* erklärt, genau definieren muß, was Tod ist, und das ist keineswegs einfach. Dazu muß man, wie ich schon sagte, definieren, was Leben ist. Ich will kurz auf diesen Punkt eingehen. Ich betrachte das Leben als einen Zustand der Materie. Ein Zustand wird von Eigenschaften bestimmt: Ein Gas ist komprimierbar, eine Flüssigkeit nicht, aber im Gegensatz zu einem festen Körper ist sie fließfähig und so weiter. Ebenso läßt sich der Zustand des Lebendigen durch eine *Gesamtheit von Eigenschaften* definieren, wie zum Beispiel verschiedene Formen von Energie verbrauchen, sich fortpflanzen oder sich fortbewegen … Bestimmte Systeme weisen lebenstypische Eigenschaften auf, ohne jedoch lebendig zu sein: Ein Auto bewegt sich fort, verbraucht Energie, aber pflanzt sich nicht in Form kleiner Autos fort. Ein Maultier ist ein Lebewesen, aber es kriegt keine Jungen! Ein Virus kann in kristalliner Struktur vorliegen, aber es vermehrt sich, und so weiter. Diese wenigen Beispiele zeigen, daß die Dinge nicht einfach sind. Die Grenze zwischen lebendig und nichtlebendig ist nicht so scharf gezogen, wie man denkt. Stark vereinfacht könnte man sagen, daß die Dinge mehr oder weniger lebendig sind! Lassen Sie uns davon ausgehen, den Tod als Zustand von etwas zu definieren, das lebendig war und es nicht mehr ist. – Der zweite Grund, weshalb die Frage schlecht gestellt ist: Bei einem menschlichen Wesen tritt der Tod weder schlagartig noch einheitlich ein. Ich möchte das erläutern. Gewiß, bei einem Experiencer geht man davon aus, daß die Gehirnaktivität gleich Null ist (das »flache« EEG), aber kann man dessen wirklich sicher sein? Wohlgemerkt, bei den wichtigen physiologischen Funktionen wie Blutkreislauf und Atmung tritt ein Stillstand ein. Als Individuum, als *organisierte Einheit* ist der Mensch tot. Seine Bestandteile jedoch, die Organe, die Zellen, sind mehrheitlich und für eine bestimmte Zeit noch lebendig, wie die Transplantationschirurgie beweist. Der wirkliche, unwiderrufliche Tod tritt erst ein, wenn das Leben der letzten Zelle erlischt. Somit ist der Tod weder schlagartig noch einheitlich, denn bestimmte Gewebe oder Organe sind anfälliger als andere. Insbesondere das Gehirn, das einen enormen Sauerstoffbedarf hat, wird sehr früh geschädigt. Eine Frage jedoch ist wichtiger als die, ob die Experiencer wirklich tot waren; man weiß ja, daß sie zurückgekehrt sind. Die entscheidende Frage ist die, ob der Tod ein *reversibles Phänomen* sein könnte oder nicht.

Man kann sagen, daß die Betreffenden nicht wirklich tot waren, weil der Tod nicht vollständig war, aber man kann ebenfalls denken, daß die Experiencer tatsächlich tot waren und daß sie ins Leben zurückkehrten, weil der Tod ein reversibles Ereignis ist. Ich nehme ein ganz einfaches Beispiel: einen Eisenstab, der erhitzt wird. Der Eisenstab dehnt sich unter Hitzeeinwirkung, er wird länger. Läßt man ihn abkühlen, dann zieht er sich zusammen und gewinnt seine ursprüngliche Größe zurück. Das muß man unter einem reversiblen Ereignis verstehen. Nichts beweist, daß der Tod kein reversibles Phänomen wäre. Alle diese Fragen sind ungeklärt, und bevor man die Frage stellt, ob jemand wirklich tot ist, muß man zuerst wissen, wovon man spricht.

E.E.V.: *Wir sind uns einig, daß der physische Körper in einem gegebenen Augenblick tatsächlich außer Funktion ist, selbst wenn die derzeitigen Kriterien, die diesen Augenblick eingrenzen, vielleicht nicht präzise sind. Wie kann man sich aus biologischer Sicht die Existenz eines Bewußtseins ohne materielles Substrat vorstellen?*

Prof.L.-M.V.: Die Antwort wird vom philosophischen Standort des Befragten abhängen. Gesetzt den Fall, jemand vertritt den materialistischen Standpunkt und glaubt, daß das Denken, die psychischen Phänomene, die geistigen Aktivitäten ausschließlich das Ergebnis neuronaler Aktivität sind; er wird antworten, daß es sich, wenn die Experiencer bestimmte Dinge gesehen zu haben glauben, um Restaktivitäten ihres Nervensystems, ihres Gehirns handelt. Diese nicht nachweisbare Restaktivität würde sich demnach in sogenannten Halluzinationen äußern. Wenn man dagegen wie ich kategorisch den spirituellen Standpunkt vertritt, glaubt man, daß etwas anderes als der physische Körper existiert, und geht davon aus, daß das Bewußtsein eine Existenz auch außerhalb des physischen Körpers hat. Diese Theorie vertreten Gelehrte wie JOHN ECCLES, KARL R. POPPER oder KARL PRIBRAM. Nach John Eccles entschlüsselt das Gehirn nur die Signale, die Informationen, die das Bewußtsein ihm sendet, es entschlüsselt sie, um sie für den physischen Körper wahrnehmbar zu machen. Danach leuchtet ein, daß bei einer NTE, wenn der physische Leib inaktiv ist, das unabhängig von diesem materiellen Körper existierende Bewußtsein durchaus weiter funktionieren kann.

E.E.V.: *Wenn wir von der Hypothese ausgehen, daß das Bewußtsein, der Wille und die Persönlichkeit jenseits des Todes erhalten bleiben, bedeutet dies, daß es irgendwie, irgendwo ein »Gedächtnis« gibt. Dieses »Gedächtnis« kann nicht der lebenden Materie eingeprägt sein, denn diese wird ja völlig zerfallen. Wie können wir uns diese »Konservierung der Vergangenheit« vorstellen?*

Prof.L.-M.V.: Dies ist eine der fundamentalen Fragen, mit denen Sie die erklärten Materialisten leicht in Verlegenheit bringen können. Ich denke, daß man bei der Beschreibung von NTE diesem Problem des Erinnerns vielleicht nicht genügend Aufmerksamkeit gewidmet hat. Denn damit ein Experiencer, der ins Leben zurückkehrt, berichten kann, was er während seiner Reise gesehen oder gehört hat, muß er dies in der Tat irgendwie gespeichert haben. Nun ist es im Fall von klinisch Toten sehr schwer nachzuvollziehen, daß sich dieses Erinnern – wie die Reduktionisten behaupten – einzig auf neuronaler Ebene abspielt, sei es in der physikalischen Form elektrischer Impulse, sei es auf molekularer, auf chemischer Ebene. Rufen wir uns in Erinnerung, daß dem klinischen Tod die Nullinie des Elektroenzephalogramms entspricht. Das zwingt uns doch zu dem Eingeständnis, daß es etwas anderes gibt, womöglich im Bereich des Physikalischen, beispielsweise der Quantenphysik, wonach diese Informationen so gespeichert werden können, daß sie dem Experiencer, nachdem er ins Leben zurückgekehrt ist, zugänglich sind und er später darüber berichten kann.

Die Energie

E.E.V.: *Seit EINSTEIN mit seiner Relativitätstheorie wissen wir, daß die Materie Energie ist, untrennbar von Raum und Zeit. Auch die Gedanken sind Energie. Handelt es sich um die gleiche Art von Energie, die sich entweder in fühlbare und sichtbare Materie oder in unsichtbare, aber allgegenwärtige Gedanken verwandelt?*

Prof.L.-M.V.: Was ich jetzt sagen werde, ist meine ganz persönliche

Meinung. Ich bin überzeugt, daß Denken eine besondere Form der Energie ist. Nach bestimmten neuen Theorien könnten das Denken und die psychischen Aktivitäten in einem anderen Raum-Zeit-Bereich angesiedelt sein, in dem die Elementarteilchen sich schneller fortbewegen als das Licht. Die Experten für Relativität können das viel besser erklären als ich. Ich persönlich gehe in meinen Spekulationen noch weiter. In einem Zeitschriftenbeitrag habe ich auf einen Satz in Teilhard de Chardins *Phénomène humain* (»Das menschliche Phänomen«) angespielt. Er sagt, die Liebe sei die höchste und rätselhafteste Form der Energie. Er hatte das sicher symbolisch gemeint, aber ich habe eine Stilübung gemacht und ihn ganz wörtlich genommen, indem ich mir nämlich vorstellte, daß die Liebe tatsächlich eine Energieform im physikalischen Sinn sein könnte. Ich war ziemlich überrascht, schließlich zu einer Auffassung zu gelangen, die mir sehr schlüssig erscheint. Wir wissen, daß Energie mehr oder weniger edle Formen annimmt. Die Wärme ist die niederste Form von Energie: sie kann zu nichts mehr dienen. Licht ist die edelste Form von Energie; denn Licht läßt sich in Elektrizität verwandeln, Elektrizität in Bewegung, Bewegung in Wärme und so weiter. Diese Verwandlungen sind nicht umsonst, sie haben ihren Preis, und dieser Preis ist exakt die Entstehung von *Entropie*. Somit kann man sich sehr gut vorstellen, daß Liebe die allerhöchste Form der Energie ist und sich in Licht, in elektrische Energie, dann in mechanische Energie und so weiter verwandeln kann. Man wird einwenden, daß Liebe ein menschliches Gefühl ist und nichts mit Physik zu schaffen hat. Das muß man mir erst beweisen! Um Wärme in Elektrizität umzuwandeln, braucht man eine Turbine. Um Elektrizität in Wärme umzuwandeln, braucht man ebenfalls eine Maschine, nämlich einen elektrischen Radiator. Beide Maschinen sind menschengemacht. Warum sollte nicht der Mensch die Maschine sein, die Liebe in eine andere Energieform verwandelt?

E.E.V.: *Sie sprechen hier aber von Liebe in einem konkreten Sinn, da Sie die Verbindung mit der Energie und der Wärme herstellen, die ja konkrete Erscheinungen sind.*

Prof.L.-M.V.: Gewiß. Energie, Elektrizität oder Wärme mögen vielleicht konkrete Dinge sein, aber die Grenze zwischen Konkretem und Nichtkonkretem ist ziemlich schwer zu ziehen: Untersucht man die Materie mit immer leistungsfähigeren Methoden, dann sieht man erst Kristalle, dann Atome, dann Elementarteilchen, und in einem gegebenen Augenblick bemerkt man, daß die Materie eine Wahrscheinlichkeitswelle ist. Die Materie entmaterialisiert sich in dem Maße, wie man beobachtend immer tiefer in sie eindringt. Deswegen schockiert es mich nicht besonders, daß das Denken oder die psychischen Aktivitäten und die Gefühle, also auch die Liebe, eine Form der Energie sein könnten.

E.E.V.: *Das bedeutet, daß der Bereich des Bewußtseins, in dem die Liebe und andere Gefühle enthalten sind, eine direkte Wirkung auf die materielle Welt hätte?*

Prof.L.-M.V.: Davon bin ich völlig überzeugt. Es gibt dafür zahllose Beweise, und sei es nur das Vorkommen psychosomatischer Erkrankungen.

E.E.V.: *Die physiologische Funktion des Gehirns kennen wir recht gut, den Ursprung des Denkens, des Fühlens, der Intelligenz hingegen sehr schlecht. Wo überschneiden sich Physiologie und Psychologie?*

Prof.L.-M.V.: Ich bin nicht kompetent, um auf diese Frage zu antworten, das sollte man den Neurophysiologen oder den Psychologen überlassen. Ich stelle nur fest, indem ich mich auf meine Auffassung von Information beziehe, daß die Gemütsbewegungen wie die Empfindungen den abstrakten Teil der Information darstellen – so wie die Empfindung von roter Farbe der Bedeutung des Signals entspricht, das durch eine elektromagnetische Welle einer bestimmten Frequenz befördert wird, oder wie die Geschmacksempfindung Süß die Bedeutung eines Signals ist, das durch ein bestimmtes Molekül vermittelt wird. Ich glaube außerdem, daß durch irgendeinen Reiz ausgelöste Gemütsbewegungen in einem gewissen Maß ebenfalls Bedeutungsaspekte einer Information sind.

E.E.V.: *Das Gehirn, das physiologische Substrat der mentalen Dimension, gehorcht wie der menschliche Körper insgesamt den Gesetzen der Materie, die ihrerseits als hochgradig verdichtete Energie den Gesetzen der Thermodynamik gehorcht. Bekanntlich kann Energie nicht verschwinden, sondern nur sich verwandeln, in einen anderen Zustand übergehen. Das ist das Gesetz von der Erhaltung der Energie. Außer-*

dem haben wir gesehen, daß auch das Denken Energie sein könnte. Was
kann im Augenblick des Todes geschehen? Wie kann man sich diese Zu-
standsänderung der Energie vorstellen, da ja bekanntlich die Energie
nicht verlorengehen kann?

Prof.L.-M.V.: Ich muß auf die Auffassung von ECCLES zurückkommen, der zufolge das Gehirn wie eine Dekodiermaschine funktioniert und die Informationen entschlüsselt, die von einem unabhängig existierenden Bewußtsein übermittelt werden. Wenn sich das
Gehirn im Augenblick des Todes zu verändern beginnt, ist es klar,
daß alle chemischen Prozesse der Zersetzung der Materie einsetzen
werden, dem allgemeingültigen Gesetz von der Erhaltung der Energie gehorchend. Aber das bleibt unabhängig vom Vorhandensein
eines Bewußtseins, das seinerseits, wie bereits erwähnt, auf einer
anderen physikalischen Ebene angesiedelt sein kann und von der
physikalischen Entwicklung des materiellen Prozesses im Gehirn
unabhängig bleiben kann. Den ersten Teil der Frage, ob das Gehirn
eine Maschine sei, die den Gesetzen der Thermodynamik gehorcht,
beantworte ich mit Ja. Es ist experimentell nachgewiesen, daß ein
denkendes Gehirn Energie verbraucht. Aber ein Radio, das einge-
schaltet ist, verbraucht ebenfalls Energie. Der Verbrauch von Energie durch das Gehirn ist daher kein Beweis für die materielle Natur
des Denkens.

Die Information

E.E.V.: *Bekanntlich ist die Information dem genetischen Code einge-*
schrieben, sie ist in den Molekülen der DNS enthalten. Diese Moleküle
zersetzen sich im Augenblick des Todes. Was geschieht dann mit der In-
formation? Muß sie nicht ebenso der Zerstörung anheimfallen?

Prof.L.-M.V.: Wenn Sie in einem Buch über Molekularbiologie oder
Genetik blättern, finden Sie praktisch auf jeder Seite das Wort *In-*
formation. Sie wird gespeichert, übertragen und so weiter, als handele es sich um ein Ding an sich, um ein Bonbon, das man beliebig

anbieten oder verkosten kann! Es läßt sich leicht zeigen, daß Information tatsächlich eine komplexe Natur hat: Sie besteht aus einem materiellen Substrat (das Papier und die Wörter, die darauf geschrieben sind) und aus einem abstrakten Teil, dem Sinn, der Bedeutung der Wörter, das heißt dem Denken dessen, der den Text geschrieben hat. Diese Bedeutung existiert nur auf der Bewußtseinsebene dessen, der die Information geschrieben hat, und dessen, der sie liest. Die Antwort ist also klar: Die DNS ist das Papier! Wenn die Moleküle verschwinden, dann verschwindet der materielle Teil der Information.

E.E.V.: *Wenn die Bedeutung nicht den Molekülen, also der Materie, eingeschrieben ist, wo dann?*

Prof.L.-M.V.: Die Bedeutung ist im geistigen Bereich angesiedelt, das führt uns wieder zur Hypothese über die Existenz einer überlichtschnellen Dimension. Doch kommen noch weitere Möglichkeiten in Frage, zum Beispiel wären andere Raum-Zeit-Dimensionen oder auch die Speicherung durch Elektronen denkbar, wobei mich letztere Vorstellung am wenigsten fasziniert.

E.E.V.: *Ihre Theorie stützt sich auf die Hypothese, daß die Information aus zwei Komponenten besteht: die erste, DNS, ist ein materielles Substrat; die zweite ist die Bedeutung, das abstrakte Element, das im Bewußtsein des Senders angesiedelt ist. Um vom Empfänger entschlüsselt werden zu können, muß dieser die Bedeutung der Information vorgespeichert haben, damit er sie deuten kann. Das bringt uns auf die Idee zurück, daß die Zelle ein »Bewußtsein« hat – im Sinne eines (selbst elementaren) »Gedächtnisses«.*

Prof.L.-M.V.: In diesem Punkt bin ich ganz sicher. Ich habe eine Arbeit veröffentlicht, in der ich aufzeige, daß die Informationstheorie die Annahme PAUL CHAUCHARDS stützt, daß ein sogenanntes biologisches Bewußtsein, ein vom Leben untrennbares elementares Bewußtsein existiert. Zahlreiche Arbeiten haben die Existenz einer Informationsübertragung sogar zwischen weit voneinander entfernten Zellen bewiesen. Die Analyse der beteiligten komplizierten Mechanismen ergab, daß die Informationen durch verschiedene Moleküle und manchmal durch elektrische Impulse übertragen werden, wobei die einen für die anderen eintreten können. Erhalten bleibt schließlich der Sinn, die Absichtlichkeit der Information, was sich nur durch das Vorhandensein eines Psychismus erklären läßt, und sei er rudimentär. Leugnet man diesen Psychismus, kommt man schlicht und einfach wieder zu der dualistischen Auffassung vom Körper als Maschine und einem transzendenten Geist und steht wieder vor der ganzen Problematik, die auch im täglichen Leben relevanten psychosomatischen Interaktionen zu deuten.

E.E.V.: *Ich zitiere einen Satz aus Ihrem Essay* L'Energie et la pensée *(»Energie und Denken«): »Information kann nicht ohne materielles Substrat existieren, das ihr gestattet, sich zu aktualisieren.« Steht das nicht im Widerspruch zu dem, was Sie vorhin sagten?*

Prof.L.-M.V.: Genau. Ich denke, daß der abstrakte Teil der Information eines materiellen Substrats bedarf, und ich komme erneut auf die vorhin erwähnten physikalischen Theorien zurück. Ich wiederhole, daß man sich über den Sinn von »materiell« verständigen muß. Im allgemeinen versteht man unter materiell etwas Sichtbares und Greifbares. Doch eine Radiowelle ist weder sichtbar noch greifbar, falls sie nicht durch ein Rundfunkgerät geleitet und dekodiert wird; sie ist deshalb nicht weniger materiell, denn es handelt sich um Energie, die man exakt messen, leiten kann und so weiter. Man muß sich also über die Bedeutung des Wortes »materiell« ganz klar sein. Wenn ich sage, daß der abstrakte Teil der Information ein materielles Substrat benötigt, denke ich an eine Energie, die in einer anderen Raum-Zeit-Dimension, überlichtschnell oder anderer Natur, angesiedelt ist. Handelt es sich dagegen um DNS oder um Moleküle, die in der gewohnten materiellen Raum-Zeit-Dimension sind, dann meine ich, daß diese einzig Vehikel sind, die in dieser Dimension einen Gedanken zu aktualisieren gestatten, der bereits auf der Ebene des geistigen Systems des Empfängers existiert. Wir haben es also gewissermaßen mit einem Unterbrecher zu tun, mit etwas, das ein bereits existierendes Element irgendwie aufdeckt oder aktiviert.

E.E.V.: *In einer Ihrer Mitteilungen schreiben Sie: »Man kann sagen, daß die Information die zweite Komponente des Universums ist, während die erste, zu Materie verdichtet oder nicht, inertiale Energie darstellt.« Soll das heißen, daß absolut alles im Universum Energie ist, außer der Information, die ihrerseits abstrakt, geistig ist?*

Prof.L.-M.V.: Nicht ich habe das gesagt, aber ich denke, genau so ist es.

Die Auferstehung

E.E.V.: *Sie haben ein Buch mit dem Titel* Peut-on croire à la résurrection? *(»Kann man an die Auferstehung glauben?«) geschrieben. Ich wüßte gern, ob Sie diesen Begriff der biologischen Auferstehung symbolisch oder wörtlich verstehen.*
Prof.L.-M.V.: Ich verstehe ihn wörtlich, das heißt im Sinn einer Auferstehung des physischen Leibes. Um den Schwierigkeiten zu entgehen, die diese Frage aufwerfen kann, haben manche Theologen sich tatsächlich ausgedacht, es handele sich um eine symbolische Auferstehung, aber in dem Fall fragt man sich, was denn da wohl auferstehen würde.
E.E.V.: *Bevor ich in den Kern des Problems eindringe, die NTE, möchte ich auf Ihre physikalisch-biologische Erklärung der Auferstehung zurückkommen. Nach Ihrer Informationstheorie kann man sich die Idee der Erhaltung eines Gedächtnisses vorstellen, im Sinn der Informatik einer Speicherung von Information über den Tod hinaus, ohne materielles Substrat. Sie meinen die Existenz eines intelligenten Denkens mit einem Gedächtnis, das alle Elemente eines Lebens enthält, also die Persönlichkeit des Menschen umfaßt, ohne materielles Substrat, unabhängig von den Sinnesorganen und dem Gehirn. Wie sehen Sie, von dieser Hypothese ausgehend, die Auferstehung im leiblichen Sinn des Wortes?*
Prof.L.-M.V.: Was unter »materiell« zu verstehen ist, habe ich bereits erklärt. Es wäre besser, den Begriff »physikalisch« oder »transphysikalisch« zu verwenden, wobei letzterer die Phänomene jenseits der Lichtgeschwindigkeit bezeichnet. Das wäre weniger verwirrend. Ich werde also antworten: Erhaltung ohne materielles Substrat, ja, ohne physikalisches oder transphysikalisches Substrat, nein. Was die Erhaltung der Persönlichkeit angeht, sei daran erinnert, daß es zwei

Kategorien von Information gibt: 1. Informationen, die genetisch weitergegeben werden und den Aufbau des Körpers (Morphogenese) und seine Funktionen betreffen. 2. Während des Lebens erworbene Informationen, sie bilden das »Gedächtnis der Erfahrung«. Man darf aber nicht vergessen, daß Denken nicht nur Speicherung, sondern auch Verarbeitung von Informationen bedeutet. Bekanntlich werden zwei Personen, die demselben Ereignis beiwohnen, nicht auf genau gleiche Weise darauf reagieren. Ich meine aber, daß diese Verarbeitung auf der geistigen Ebene geschieht, mathematisch ausgedrückt, durch einen »Operator«. Das Mal-Zeichen »x« schreibt man zwischen zwei Zahlen. Was ist sein Wesen? Das weiß ich nicht. Vielleicht ist es das, was die Philosophen »Ich« nennen? Wie dem auch sei, die Persönlichkeit ist die Gesamtheit all dieser Informationen und ihrer Verarbeitung. Nach dem christlichen Dogma bleibt diese Persönlichkeit nach dem Tod durch ein spirituelles Element, die Seele, erhalten. Nichts verbietet, dieses Element als transphysikalisches Substrat zu deuten, zum Beispiel als den Bereich, der quantenphysikalisch an die überlichtschnellen Teilchen gebunden ist.

E.E.V.: *Wie kann das Überleben der Seele die Auferstehung begründen?*

Prof.L.-M.V.: Das ist sehr einfach. Ich konnte nachweisen, daß man fälschlich Körper und Materie verwechselt. Sehr genaue Untersuchungen haben ergeben, daß die Substanzen, aus denen der Körper besteht, einschließlich der DNS, ständig erneuert werden. Um sich davon zu überzeugen, braucht man nur eine einfache Rechnung aufzumachen. Dabei ergibt sich, daß ein Mensch, der zeit seines Erwachsenenlebens täglich zwei Kilogramm Nahrung zu sich nimmt, mit siebzig Jahren fünfzig Tonnen Materie aufgenommen und ausgeschieden haben wird. Was während dieser Zeit einigermaßen unverändert bleibt, ist unsere Form. Alles geschieht, als würde ein Strom von Materie ununterbrochen durch eine unsichtbare Form fließen.

E.E.V.: *Was meinen Sie mit Form?*

Prof.L.-M.V.: Ich meine einen Teil des Raums, mit 1, 2, 3, … n Dimensionen. In unserem Fall ist es ein Volumen, in dessen Innerem die chemischen Elemente, aus denen die von uns aufgenommene Nahrung besteht, umgewandelt werden, um körpereigene Substanz zu werden. Mit anderen Worten, im Inneren dieser Form wird die Materie, die wir absorbieren, informiert, damit sie zu körpereigener, lebendiger Substanz werden kann. Wohlgemerkt, das ist nicht abgekoppelt vom traditionellen Begriff des feinstofflichen Leibes oder Ätherleibes. Doch mehr als sonst muß man hier vorsichtig sein und sich vor voreiligen Schlüssen hüten. Um auf den wissenschaftlichen Bereich zurückzukommen, die Mathematiker definieren ein Feld exakt wie einen Raumanteil, in dem irgendwelche Kräfte wirksam sind. Beispielsweise magnetische oder elektrische Kräfte. Oder Informationen. Damit die körperliche Auferstehung möglich sei, »genügt es« daher, daß das nichtmaterielle Prinzip, das unsere Informationen, unsere Seele oder unser Quantenfeld – der Name ist nicht so wichtig – fortbestehen läßt, die somatischen Informationen bewahrt, vor allem jene, die in bezug auf den Raum »kodieren«. Die Auferstehung wird eintreten, wenn die Materie sich in einem solchen Feld neu informiert. Aber durch welchem Impuls? Das ist ein anderes Thema!

Die Nahtodeserfahrungen

E.E.V.: *Kehren wir jetzt zum Kern unseres Themas, zur Problematik der NTE, zurück. Wir haben uns bemüht zu verstehen, wie das »immaterielle Ich« ohne Körper überdauern könnte. Einige Experiencer sagen jedoch, daß sie während ihrer NTE einen »feinstofflichen« Körper hatten. Was halten Sie davon?*

Prof.L.-M.V.: Ich würde nicht so weit gehen, von »experimentellem Beweis« zu sprechen, aber ich denke schon, daß es ein Hinweis zugunsten unserer Vorstellungen ist.

E.E.V.: *KENNETH RING ist wahrscheinlich der Forscher, der die meisten Experiencer befragt hat. Er stützt sich auf das, was er in Gesprächen mit ihnen erfahren hat, um seine Hypothese zu formulieren, daß dieser »feinstoffliche Leib« eine Art »Krücke« sein könnte, die den Experien-*

cern ermöglicht, sich in ihrem entkörperlichten Zustand zurechtzufinden. Nach seinen Worten fällt es uns sehr schwer, uns vorzustellen, wir wären reines Bewußtsein. Wenn die Experiencer sich jedoch diesen Zustand zu eigen gemacht haben, benötigen sie diese Krücke nicht mehr. Erscheint Ihnen die Vorstellung eines materiellen Körpers, und sei er feinstofflich, in dieser Dimension, die im wesentlichen spiritueller Natur zu sein scheint, ungereimt?

Prof.L.-M.V.: Nicht im mindesten, aber ich würde nicht gerade sagen, daß es sich um eine »Krücke« handelt. Ich sehe die Dinge so: Der Bereich oder das Feld (ich ziehe diesen Begriff dem des feinstofflichen Leibes vor, der mir zu esoterisch ist) überdauert mit den Informationen, deren Träger es ist. Ich glaube, der Experiencer braucht eine gewisse Zeit, um sich daran zu gewöhnen, daß er keine räumlichen Dimensionen mehr in unserem gewohnten irdischen Sinn hat. Ich werde meinen Gedanken durch ein Beispiel veranschaulichen. Ich zeichne einen Kreis auf ein Blatt Papier. Auf diese Figur werde ich mich geistig beziehen. Jetzt werde ich denselben Kreis durch seine wohlbekannte Gleichung darstellen: $x^2 + y^2 = r^2$ (r ist der Radius des Kreises). Um mich geistig auf die Gleichung einzustellen, brauche ich mehr Zeit als für die geometrische Figur. Dennoch handelt es sich um die gleiche Sache, die Figur und die Gleichung enthalten dieselben Informationen.

E.E.V.: *Die Berichte der Experiencer erwähnen Bilder, Empfindungen oder Gespräche, an die sie sich erinnern, mit einem Wort, Kommunikation, Austausch mit einer äußeren »Umgebung« während der NTE. Ich würde jetzt gern das Problem der damit einhergehenden sensorischen Erscheinungen besprechen. Von den fünf Sinnen scheinen nur das Sehen und das Gehör erhalten zu bleiben, in äußerst verstärkter Form. Die drei übrigen Sinne, Geruchs-, Tast- und Geschmackssinn, scheinen während einer NTE keine Rolle zu spielen, außer wenn der Experiencer versucht, den Arm einer lebenden Person zu fassen, und einfach durchgreift. Könnten Sie das erklären?*

Prof.L.-M.V.: Mich verblüfft besonders, daß die optischen und akustischen Informationen durch Wellen übermittelt werden, während Geruch und Geschmack durch Moleküle transportiert werden. Ihre Übertragung bringt Materie ins Spiel. Ebenso der Tastsinn. Wenn das Feld Wellencharakter hat, scheint es logisch, daß es von einem anderen Wellenphänomen und nicht von Molekülen beeinflußt wird. Doch wohlgemerkt, das ist ganz intuitiv gesagt und ist keine Erklärung, sondern nur ein Forschungsansatz. Es müssen viele Punkte geklärt werden.

E.E.V.: *Die Zeugnisse der Experiencer stimmen stark insofern überein, als die Betroffenen einen Zustand der Schwerelosigkeit empfinden. Sie nehmen sich als körperlos oder als äußerst leicht wahr. Oft ist dieses Gefühl der Schwerelosigkeit von einem Eindruck hoher Geschwindigkeit begleitet. Ich zitiere einen Zeugen von* KENNETH RING: *»Dann stellte ich fest, daß ich ganz leicht dahinschwebte, ohne daß ich es ausdrücklich wollte. Sehr rasch entdeckte ich, daß ich nicht nur von den Gesetzen der Schwerkraft befreit war, sondern daß ich ohne die geringste Angst flog. Und ich flog mit ungeheurer Geschwindigkeit und mit einem Gefühl der Freiheit, die man normalerweise im Flugzeug nicht empfindet, sondern vielleicht eher beim Segelfliegen oder dergleichen … Meine Geschwindigkeit war ungeheuer, und das löste in mir eine intensive Freude aus und das Gefühl, wirklich mit meinem ganzen Wesen zu fliegen.«*

Prof.L.-M.V.: Diese Schwerelosigkeit scheint mir, wie alle Erfahrungen der Entkörperlichung, zu bestätigen, daß unsere wahre Persönlichkeit eine »unsichtbare Form« ist, an die das Bewußtsein und die Information gebunden sind, nicht aber an die Materie.

E.E.V.: *Während einer NTE ist das Zeitgefühl stark verändert. Die Berichte lassen an eine Dimension ohne Zeit denken.*

Prof.L.-M.V.: Das scheint mir in einem sehr logischen Zusammenhang mit unserer Hypothese zu stehen. Wie wir bereits am Beginn unseres Gesprächs feststellten, lehrt die Relativitätstheorie, daß Raum und Zeit eng an die Materie, an die Masse, also an außerordentlich stark verdichtete Energie gebunden sind. Tatsächlich sind sie durch sie geschaffen. Im Gegenzug scheint der Begriff einer Dimension ohne Zeit zu bestätigen, daß das Bewußtsein des Experiencers sich in anderen Dimensionen befindet, in denen Zeit nicht mehr vergeht.

E.E.V.: *Ich würde jetzt gerne über die wichtigsten Punkte, das Sehen und das Gehör, mit Ihnen sprechen.*

Prof.L.-M.V.: Wenn es Ihnen recht ist, würde ich am liebsten mit dem Gehör beginnen.

E.E.V.: *Hinsichtlich des Gehörs bin ich nicht sicher, ob es wirklich während der NTE weiterfunktioniert, denn die Experiencer scheinen eher mit ihrem Bewußtsein als mit den Ohren zu hören, sie scheinen eher die Gedanken der Menschen zu lesen, als Töne wahrzunehmen. Zu diesem Punkt gibt es zwei Arten von Zeugnissen. Die erste bezieht sich auf Experiencer, die im Zustand des klinischen Todes lebende Personen hören. Übrigens hören die Experiencer oft, wie ein Mitglied des Ärzteteams ihren Tod feststellt. Der Betroffene bemüht sich dann um eine Kommunikation mit den Personen, die ihn umgeben, aber er kann sich nicht verständlich machen. Die zweite Art des Zeugnisses in bezug auf das Gehör betrifft die Kommunikation, diesmal gegenseitig, zwischen dem Experiencer und verstorbenen Personen oder dem Lichtwesen. Diese Kommunikation scheint sich ohne Umweg über Sinnesorgane direkt zwischen Bewußtsein und Bewußtsein abzuspielen. Die Verständigung scheint augenblicklich und ganz unzweideutig zu erfolgen.*

Prof.L.-M.V.: Mir scheint, Sie haben die Fragen gestellt und gleich auch beantwortet! Wenn entsprechend meiner Theorie der Information die Bedeutung nur auf der Ebene der kognitiven Systeme von Sender und Empfänger existiert oder, falls Sie das vorziehen, auf der Ebene ihres Bewußtseins, dann ist klar, daß sowohl das Bewußtsein des Experiencers als auch das eines Verstorbenen oder einer Entität keines materiellen Substrats für die Kommunikation bedürfen, denn beide befinden sich in der gleichen Raum-Zeit-Dimension. Da die Zeit nicht mehr vergeht, wird die Kommunikation natürlich unmittelbar sein. Die Lebenden hingegen können, außer wenn es sich um medial begabte handelt, nicht direkt von Bewußtsein zu Bewußtsein kommunizieren, sondern nur über die Vermittlung materieller Informationen. Wir entwickeln zur Zeit ein biologisches Raum-Zeit-Modell, das uns helfen könnte, dieses Phänomen zu erklären. Wenn also das Bewußtsein des Experiencers während der NTE einen direkten Zugang zu dem eines Lebenden haben kann, beispielsweise zu einer Person des Ärzteteams, das bei einem klinisch Toten interveniert, ist es klar, daß das Umgekehrte nicht möglich ist.

E.E.V.: *Lassen Sie uns jetzt über das Sehen sprechen: Der Experiencer sieht seinen Körper von außen, meist von einem Punkt aus, der sich über dem physischen Körper befindet. KENNETH RING fragte diesbezüglich einen Experiencer, den ich zitiere:* »O ja, [ich sah ihn] ganz deutlich. Ich schwebte oben ..., und ich sah ihn unter mir, ein bißchen von der Seite.« *Ein Zeuge von R. A.* MOODY *berichtet:* »An den Schock erinnere ich mich nicht, aber ich bemerkte plötzlich, daß ich mich von oben betrachtete. Ich sah meinen Körper unter mein Fahrrad geklemmt und mein gebrochenes, blutendes Bein. Ich erinnere mich, daß ich meine Augen betrachtete; ich sah, daß sie geschlossen waren. Ich befand mich darüber, ich schwebte ungefähr zwei Meter über meinem Körper; ringsum standen ganz viele Leute ... Der Krankenwagen fuhr los, und ich versuchte, ihm zu folgen. Ich war über ihm und folgte ihm. Ich sagte mir, daß ich tot war.«*

Prof.L.-M.V.: Sicherlich ist dieser Punkt am schwersten zu erklären. Man kann sich fragen, mit welchen »Augen« das Bewußtsein des Experiencers diese Szene ablaufen sieht. Denn hier handelt es sich nicht mehr um Kommunikation mit Lebenden oder Toten, sondern um Bilder, um Szenen mit unbelebten Objekten, mit reiner Materie.

E.E.V.: *Ich bin wirklich nicht sicher, ob man sagen kann, daß das Sehen als Sinneswahrnehmung erhalten bleibt, denn wie sollte man erklären, daß Blinde oder stark Sehbehinderte während ihrer NTE dennoch sehen können? Ich zitiere nochmals einen Zeugen von* KENNETH RING: »... *Ich bin nämlich sehr kurzsichtig und kann normalerweise in fünf Metern Entfernung gerade noch erkennen, was die meisten Leute auf 130 Meter sehen ... Sie hatten mich mit einer Maschine verbunden, die sich hinter meinem Kopf befand. Und mein erster Gedanke war:* ›Großer Gott, ich kann sehen! Ich kann es nicht fassen, aber ich sehe alles.‹ *Ich konnte die Zahlen auf der Maschine hinter meinem Kopf lesen, es war furchtbar aufregend. Und ich dachte:* ›Sie haben mir meine Brille wieder aufgesetzt.‹ ... *Alles war schrecklich klar und hell ...«* *Würde das nicht bedeuten, daß auch das Sehen nicht über sinnliche Wahrnehmung, sondern auf andere Weise geschieht?*

Prof.L.-M.V.: Das bestärkt mich total in meiner Vermutung, daß es noch etwas anderes geben muß. Ich gestehe, ich habe zur Zeit keine befriedigende Antwort. Vielleicht sind die Bilder der materiellen Dinge an abstrakte Elemente gebunden, genau wie der Sinn der Wörter bei der Sprache? Man müßte das aus platonischer Sicht betrachten, unter dem Aspekt der Welt der Ideen und der Universen. Vielleicht können die Physiker etwas dazu sagen, aber ich glaube, zu diesem Punkt fehlen noch Ergebnisse. Zweifellos müssen die Berichte von Experiencern neu überprüft werden. Es ist außerdem denkbar, daß man ihnen nicht die richtigen Fragen zu stellen wußte. Doch ich halte es für naheliegend, daß man die Problematik von seiten der Eigenschaften des Lichts untersuchen müßte. Die Arbeiten von FRITZ A. POPP an der Universität Kaiserslautern über die Biologie des Lichtes sind in dieser Hinsicht sehr bedeutend.

E.E.V.: *Zahlreiche Experiencer berichten, sie hätten ein strahlendes Licht voll Schönheit und Liebe erblickt, das intensiver als jedes irdische Licht war, aber gleichwohl nicht blendete. Es schien von starker symbolischer Bedeutung erfüllt. Ich zitiere drei Zeugen von KENNETH RING:* »*Es ist, als würde man selbst dazugehören, als wäre man eins mit diesem Licht. Ich könnte sagen:* ›*Ich war Frieden, ich war Liebe.*‹ *Ich war die Helligkeit, sie war Teil von mir ...*« – »*Währenddessen breitete sich ein so starkes Gefühl in mir aus, als würde mich das Licht, das dieses Wesen umgab, einhüllen und zugleich in jeden Teil von mir eindringen. Als ich die Energie in mich aufnahm, spürte ich eine tiefe Wonne, anders kann ich es nicht beschreiben – dieses Gefühl war lebendig, bewegend, herrlich, anschwellend, überschwenglich – absolute Wonne.*« – »*Ich erwähnte das* ›*goldene Licht*‹ *– einfach weil ich kein angemesseneres Wort dafür kenne –, aber es hat meinen Augen nicht im geringsten weh getan. Vielmehr ist etwas von seiner Kraft auf mich übergegangen, als ich hineingeschaut habe. Wenn man in dieses herrliche goldene Licht sieht, kommt es einem so vor, als würde seine Energie irgend etwas ganz tief in einem selbst zum Leben erwecken. Es fand eine Übertragung von höherer Kraft, Wissen und Verstehen statt, und man bekam eine Ahnung von der* ›*Einheit aller Dinge*‹ *– wenn man das Licht sah.*« *Was halten Sie davon?*

Prof.L.-M.V.: Diese Berichte bekräftigen meine Auffassung, daß die Forschung beim Licht ansetzen muß. Es ist noch zu früh, eine Aussage zu machen, aber neuere Untersuchungen mehrerer Physiker legen den Schluß nahe, daß es sich um »überlichtschnelles« Licht handeln könnte. Dieses könnte das von der Informationstheorie postulierte Substrat oder eines der physikalischen Substrate des Bewußtseins sein. Aber natürlich ist das alles noch sehr ungewiß und derzeit, ich wiederhole es, im Bereich des Intuitiven angesiedelt.

E.E.V.: *Wenn die Experiencer während ihrer NTE verstorbenen Verwandten begegnen, erkennen sie sich meistens gegenseitig. Bedeutet das, daß auf jeden Fall ein Körper, eine sichtbare Form vorhanden ist, oder kann man sich vorstellen, daß dieses Erkennen ausschließlich auf der Ebene des reinen Bewußtseins stattfindet?*

Prof.L.-M.V.: Ich glaube nicht, daß hier das Sehen im gewohnten Sinn eine Rolle spielt. Vielleicht ist das Bewußtsein des Experiencers in der Lage, die »räumlichen Informationen« des Verstorbenen zu entschlüsseln, die seinen Körper virtuell definieren, so wie man, wenn man die Gleichung $x^2 + y^2 = 100$ cm liest, weiß, daß damit ein Kreis von 10 cm Durchmesser definiert ist. Die Antwort liegt aber vielleicht ebenso im Inhalt dieses Bewußtseins, genauso wie man einen Schriftsteller oder einen Musiker an seinem Stil oder jemanden an seinem Gang erkennen kann.

E.E.V.: *Der Erkenntnis aller natürlichen oder psychischen Phänomene ist gemeinsam, daß sie zu Beginn nicht bekannt waren. Die Erkenntnis entwickelt sich in mehreren Phasen. Ich möchte eine Klassifikation vorschlagen: Am Anfang ist Erkenntnis einer Intuition verwandt, einer Religion, die von ihrem Anhänger einen Akt des Glaubens erfordert. Daran schließt sich das Stadium der Philosophie an, hier gibt es bereits einige konkrete Ansätze rationalen Denkens, aber nichts sehr Solides. Schließlich kommt das Stadium der Wissenschaft, das fragliche Phänomen wird experimentell bewiesen, es ist Fakt geworden. Ob man will oder nicht, ob man glaubt oder nicht, der Beweis ist da. In welche der drei Kategorien würden Sie die NTE einordnen?*

Prof.L.-M.V.: Wie der Januskopf hat die Wahrheit zwei Gesichter. Es gibt die Fakten und die Deutung der Fakten. Wissenschaftliche Fakten werden, wenn die Untersuchung ordentlich durchgeführt wurde, niemals in Frage gestellt, was auch immer die uninformierte Öffentlichkeit darüber denken mag. In Frage gestellt werden die Deutungen, die man gibt, Deutungen, die von den in einer bestimmten Zeit gerade gültigen Paradigmen abhängig sind. Ich bin also ganz einverstanden mit Ihrer Klassifikation. Die Arbeit des Theoretikers gleicht der eines Künstlers, sagte ALBERT EINSTEIN einmal. Eine neue Theorie entsteht aus einer Eingebung. Im Laufe der Zeit beweisen Experimente, ob die Eingebung richtig war oder nicht. Doch niemals – auch das ist von ALBERT EINSTEIN! – gelangt man vom Experiment zur Theorie! Die Versuchsergebnisse sind die Steine, aber um ein Haus damit zu bauen, braucht man einen Plan. JULES HENRI POINCARÉ sagte übrigens, daß eine Anhäufung von Tatsachen so wenig Wissenschaft sei, wie ein Haufen Steine eine Behausung wäre … Es gibt also Grade bei der Interpretation eines Fakts, die allmählich durch Hinzukommen weiterer Fakten gestützt wird. Ich würde meinerseits folgende Klassifikation aufstellen: das Mögliche, das Wahrscheinliche, das Sichere und das Unmögliche. So haben die Religionen die Schöpfung des Universums durch Gott behauptet. Das ist eine intuitive Deutung dessen, was wir sehen. Mit dem Urknall haben die Physiker entdeckt, daß das Universum einen Ursprung in der Zeit hat. Das beweist nicht, daß Gott das Universum erschaffen hat, es beweist lediglich, daß dies eine Möglichkeit ist. Je umfassender unsere Erkenntnisse in allen Bereichen werden, im Hinblick sowohl auf die Kosmologie als auch auf den Ursprungs des Lebens, desto unwahrscheinlicher ist es, daß bei der Schöpfung nur der Zufall gewaltet hat. Das heißt, daß die Hypothese einer Schöpfung wahrscheinlicher wird. Um Ihre Frage zu beantworten, und das ist mein Schlußwort: Die Kohärenz der Tatsachen in bezug auf NTE mit den verschiedenen Vorstellungen oder Hypothesen über die Quantenphysik oder die Information veranlaßt mich, die Interpretation der NTE als Zeugnis eines Lebens im Jenseits für wahrscheinlich zu halten.

Interview mit Professor Régis Dutheil*
und Brigitte Dutheil**

Die Hypothese von der Überlichtgeschwindigkeit

Evelyn Elsaesser Valarino: *Herr Professor Dutheil, Sie haben eine Hypothese erarbeitet, die sich auf das überlichtschnelle Bewußtsein gründet. Was bedeutet dieses rätselhafte Eigenschaftswort?*

Professor Régis Dutheil: Unsere Hypothese gründet sich auf ein Modell, bei dem das Bewußtsein ein Feld tachyonischer – überlichtschneller – Materie ist; es ist Teil des wahren fundamentalen Universums, von dem unsere Welt nur eine unterlichtschnelle holographische Projektion darstellt.

E.E.V.: *Das Wörterbuch* LAROUSSE *definiert Tachyon wie folgt:* »*Hypothetisches Teilchen, dessen Geschwindigkeit im Vakuum größer ist als die Lichtgeschwindigkeit ... Bisher wurde noch kein überzeugendes Modell einer Interaktion zwischen Tachyonen und Tardyonen entwickelt, und der Nachweis von Tachyonen ist mit ungelösten theoretischen und praktischen Problemen verbunden.*« *Ihre Hypothese eines überlichtschnellen Bewußtseins stützt sich im wesentlichen auf die Tachyonen. Was können Sie uns zu diesen ungreifbaren Teilchen sagen?*

Prof.R.D.: Nach der EINSTEINschen Relativitätstheorie, genauer nach der Speziellen Relativitätstheorie, können materielle Körper oder

Einige Passagen dieses Gesprächs finden sich in dem Buch *La médecine superlumineuse* von RÉGIS und BRIGITTE DUTHEIL, das 1992 beim Verlag Sand, Paris, erschienen ist.

* Professor für Physik und Biophysik an der Universität von Poitiers, Mitglied der Medizinischen Fakultät.
** Brigitte Dutheil, seine Tochter und Mitarbeiterin, Absolventin der Ecole normale supérieure, Studium der klassischen Literaturwissenschaft.

Materieteilchen bekanntlich die Lichtgeschwindigkeit im Vakuum (300 000 km/s) nicht erreichen und schon gar nicht überschreiten. Diese Tatsache ergibt sich einfach aus der mathematischen Form der Gleichungen für die spezielle Relativität (Gruppe Lorentz). Dieses Dogma von der Unmöglichkeit, die Lichtgeschwindigkeit zu überschreiten, war bis etwa um die 1960er Jahre unantastbar. Zu dieser Zeit begann man in der Luftfahrt die Möglichkeit zu diskutieren, daß man »die Schallmauer durchbrechen« könnte. Dies hat einige Physiker auf die Idee gebracht, daß – analog zur Schallmauer – jenseits der Lichtmauer Teilchen existieren könnten, die noch schneller als das Licht sind. In den 60er Jahren konnten die beiden amerikanischen Physiker G. FEINBERG und S. SUDARSHAN mit Hilfe einer mathematischen »List« über den relativistischen Ausdruck der Energie als Funktion der Geschwindigkeit zeigen, daß ein Teilchen, das schneller und niemals langsamer ist als das Licht, über echte Energie und Antrieb verfügt. Feinberg nannte diese Teilchen »Tachyonen«, abgeleitet vom griechischen *tachus*, das bedeutet *schnell*. Er ordnete die Teilchen drei Kategorien zu. In die erste Kategorie gehören die Bradyonen, nach dem griechischen Wort *bradus*, das heißt *langsam* (früher nannte man sie, lateinisch, *Tardyonen*). Diese Teilchen bilden unser Universum mit den Elektronen, Protonen, Quarks und zahlreichen weiteren Teilchen, die in den Beschleunigern nachgewiesen werden. Alle diese Teilchen sind langsamer als die Lichtgeschwindigkeit. Die zweite Gruppe ist die der Luxone, das sind die Teilchen, die Lichtgeschwindigkeit haben, wie die Photonen. Die Lichtgeschwindigkeit ist bekanntlich eine Invariante, das heißt, daß ein Beobachter, wenn er die Lichtgeschwindigkeit mißt, im Vakuum stets 300 000 Kilometer pro Sekunde messen wird, um welche Bewegung es sich auch handle. Dies ist eines der Grundprinzipien der Relativität, das experimentell nachgewiesen wurde. Somit hat die zweite Kategorie der Teilchen, die der Luxone (vom lateinischen *lux*, das heißt *Licht*), immer Lichtgeschwindigkeit. Natürlich besteht das Licht, unter dem Teilchenaspekt, aus Photonen. Früher nahm man an, daß die Neutrinos, da sie Lichtgeschwindigkeit erreichen können, in diese Kategorie gehören. Vor ein paar Jahren fand man jedoch heraus, daß Neutrinos eine sehr geringe Masse haben, etwa 100 000mal geringer als die eines Elektrons, jedenfalls eine Masse, und deswegen können sie sich nicht mit Lichtgeschwindigkeit bewegen. Andere Teilchen, etwa die Gravitone, bewegen sich ebenfalls mit Lichtgeschwindigkeit. Wir kommen nun zur dritten, hypothetischen Kategorie, ich meine die Tachyonen, Teilchen, die stets schneller wären als Lichtgeschwindigkeit, nie langsamer. Feinberg hat übrigens darauf aufmerksam gemacht, daß sich daraus Kausalitätsprobleme oder vielmehr Probleme der Makrokausalität ergeben. Bekanntlich hat in unserem Universum jedes Ereignis, jede Wirkung eine Ursache, und immer geht die Ursache der Wirkung voraus. Niemals beobachtet man das Gegenteil. Dies nennt man das Prinzip der Makrokausalität, das die Physiker (obwohl es nie bewiesen wurde) als Dogma anerkennen. Feinberg postulierte, daß es sich bei den Tachyonen anders verhalte. Nehmen Sie einmal an, es würden Tachyonen erzeugt und, für uns Beobachter, unmittelbar danach vernichtet. Man könnte dann die Vernichtung des Tachyons vor seiner Erzeugung beobachten. Es kommt also zu einem Phänomen, das wir Zeitumkehr nennen, was viele Physiker arg störte. Die Lokalisation der Tachyonen gibt zahlreiche Rätsel auf, die derzeit ungelöst sind. Im Laufe der Jahre wurden mehrere Versuchsanordnungen ausgeführt, aber die Ergebnisse waren stets negativ. Das hat Feinberg zu der weisen Feststellung veranlaßt, daß nur eines möglich ist: Entweder gibt es keine Tachyonen, oder es gibt sie, aber wir suchen sie nicht dort, wo sie sich befinden!

E.E.V.: *Der Versuch, die Tachyonen zu lokalisieren, wurde also von anderen Forschern aufgegriffen?*

Prof.R.D.: Mitte der 80er Jahre gelang es dem Physiker JACQUES STEYAERT vom Institut für Kernphysik an der Universität Leuven in Belgien, die Existenz von Tachyonen nachzuweisen. Steyaert arbeitete mit dem großen institutseigenen Zyklotron, mit dem er Gammastrahlen hoher Energie erzeugte, und untersuchte die verschiedenen Absorptionsweisen dieser Gammastrahlen durch die Materie mit Hilfe einer Versuchsanordung, die zu beschreiben zu ausufernd wäre. Die Beobachtung erfolgte nicht in einem Raum-Zeit-System, nicht in einem Raum-Zeit-Achsensystem, sondern in einem Energie-Impuls-System. Die auf diese Weise erhaltenen Daten wurden äußerst aufwendig analysiert. Dabei ergab sich ein Paar von Teilchen, deren Geschwindigkeit das 1,2fache der Lichtgeschwindigkeit im Vakuum erreichte. Da sie schneller als das Licht waren, handelte es sich also um Tachyonen. Es gelang Steyaert außerdem, die Masse dieser Teilchen zu bestimmen. Wegen der Äquivalenz von Masse und Energie wird normalerweise die Masse in Elektronenvolt bestimmt, zum Beispiel beträgt die Masse des Elektrons 500 000 Elektronenvolt, während die Masse des Tachyons mit 230 000 Elektronenvolt bestimmt wurde, also knapp halb soviel. Diese Teilchen hatten außerdem die Besonderheit, daß sie sich wie magnetische Pole verhielten. Steyaert hatte nachgewiesen, daß ein Fluß dieser Teilchen durch Induktion einen elektrischen Strom erzeugen konnte. Leider hat Steyaert diese Poleigenschaften nur ein einziges Mal beobachten können und somit eigentlich nur Verwirrung gestiftet. Einerseits berichtete er, Tachyonen lokalisiert zu haben, und andererseits behauptete er, bei den Tachyonen handele es sich um magnetische Pole. Diese Versuche müßten wiederholt werden, um feststellen zu können, ob Steyaerts Deutung zutrifft. Würde sie sich als richtig herausstellen, dann wäre die Existenz von Tachyonen experimentell bewiesen.

E.E.V.: *Steht die* Quantentheorie *mit der* Tachyonenhypothese *im Einklang?*

Prof.R.D.: Ja. Es gibt ein Bündel von Indizien aus der Quantenmechanik, die nahelegen, daß Geschwindigkeiten oberhalb der Lichtgeschwindigkeit existieren. Der Physiker LOUIS DE BROGLIE hatte 1924 einen Zusammenhang zwischen Teilchen und Wellen hergestellt (Welle-Teilchen-Dualismus). Je nach den Gegebenheiten wird sich ein Teilchen entweder als Korpuskel oder als Welle verhalten, das heißt, entweder als etwas im Raum Lokalisiertes oder als etwas Ausgedehntes. Nach Broglies Berechnungen pflanzt sich die Welle stets mit einer Geschwindigkeit fort, welche die Lichtgeschwindigkeit übertrifft. Es handelt sich um eine sogenannte Phasengeschwindigkeit. Diese Tatsache hat die Physiker stark irritiert, waren sie doch überzeugt, daß die Lichtgeschwindigkeit durch nichts überboten werden kann. Sie zogen sich mit dem Argument aus der

Affäre, daß man die Phasenwelle nicht experimentell untersuchen kann, man muß zwei von annähernd gleicher Frequenz beobachten, und dann entsteht eine Interferenz. Diese Interferenz, die sich langsamer als das Licht fortpflanzt, will man beobachten. Sie transportiert die Energie. Aber schließlich bleibt nichtsdestoweniger die Tatsache, daß es Wellen gibt, die sich schneller als das Licht fortpflanzen. Bewiesen wird dies dadurch, daß man sie zur Interferenz veranlassen kann, und unlängst gelang es sogar, Interferenz bei Molekülen nachzuweisen, was belegt, daß es sich um ein allgemeines Phänomen handelt. In der Quantenmechanik sagen die meisten Physiker, daß das Bewußtsein bei der Messung interveniert. Es besteht eine Interaktion zwischen Beobachter und beobachtetem Objekt oder, genauer, zwischen dem Bewußtsein – das heißt dem Willen des Beobachters, der die Messung unternimmt – und dem beobachteten Objekt. Alles geschieht, als wären die Quantensysteme Wellen, und allein die Tatsache der Beobachtung der Messung ließe Werte für die physikalischen Größen erscheinen. Diese Werte äußern sich durch eine Entität, die wir Teilchen nennen, die aber in Wirklichkeit eine Hervorbringung des Beobachters ist – oder vielmehr seines Bewußtseins. Doch man hütet sich zu definieren, was das Bewußtsein ist! Hingegen erklärt sich alles, wenn man akzeptiert, daß das Bewußtsein ein Teilchenfeld ist, das mit dem beobachteten Quantenobjekt in Wechselbeziehung steht. Wenn dieses Teilchenfeld aus unterlichtschnellen Partikeln bestünde, dann läge auf der Hand, daß sie schon seit langem beobachtet worden wären, und dann dürften wir annehmen, daß das Bewußtsein aus Tachyonen bestehen könnte.

E.E.V.: *Sie behaupten, das Bewußtsein sei Materie, eine Materie ganz besonderer Art, mit spezifischen Eigenschaften, gewiß, aber doch Materie.*

Prof.R.D.: Ja, absolut. Man kann die Existenzmöglichkeit einer Materie, eines Bezugssystems, das von dieser Materie gebildet wird, die unvergänglich wäre, mathematisch definieren. Mit anderen Worten, diese Materie könnte nicht verschwinden. Man befände sich in einer Zeit, die nicht mehr verginge, wobei der Raum seinerseits sich auf eine Weise ändern würde, die wir uns nicht vorstellen können, und selbst der Begriff der Geschwindigkeit, die für uns eine an die vergehende Zeit gebundene Empfindung ist, wäre verschieden.

E.E.V.: *Ich fände es sinnvoll, wenn Sie den Kollaps des Psi (die Reduktion der Wellenfunktion Ψ) darlegen würden.*

Prof.R.D.: Man weiß in der Tat, daß eine Messung in der Quantenmechanik an die Reduktion der Wellenfunktion, den Kollaps des Psi, des beobachteten Quantenobjekts gebunden ist. Zwischen dem Ergebnis der Messung und dem Messenden selbst, genauer: dem Bewußtsein des Messenden besteht eine enge Interaktion. Alles geschieht, als gäbe es ein breites Spektrum möglicher Werte für die physikalischen Größen. Man kennt lediglich die Wahrscheinlichkeiten, mit denen einer dieser Werte erscheint, aber man hat erst eine Gewißheit, nachdem die Messung erfolgt ist, das heißt im Augenblick des Kollapses von Psi, der das Ergebnis der Interaktion zwischen der beobachteten Entität und dem Messenden ist. Der Kollaps des Psi läßt somit anstelle der Psi-Welle ein Teilchen erscheinen. Mit anderen Worten, wir haben es mit der Reduktion der Welle zu tun. Bei der Beobachtung und bei der Messung könnte man denken, daß die Welle in dem Augenblick verschwindet, in dem die Entität »Teilchen« erscheint, die durch eine bestimmte Zahl physikalischer Größen charakterisiert ist, deren Erscheinungswahrscheinlichkeiten zuvor errechnet wurden (Wahrscheinlichkeiten, die durch normalisierte Eigenfunktionen gemessen wurden). Seit BROGLIE wissen wir, daß es eine mit dem Teilchen verbundene Phasenwelle gibt, deren Geschwindigkeit (Phasengeschwindigkeit) stets größer ist als die Lichtgeschwindigkeit im Vakuum. Die Amerikaner haben Experimente durchgeführt (1991), um herauszufinden, ob eine »Führungswelle« existiert, die dem Teilchen irgendwie eine Richtung gibt. Die Ergebnisse scheinen zwar die Hypothese der Führungswelle in Frage zu stellen, sind aber gleichwohl überraschend. Bei ihren Versuchen verwenden die Amerikaner einen Apparat, der ähnlich gebaut ist wie ein Gerät zur Interferenzmessung; er hat eine Vorrichtung, mit der Schlag auf Schlag Photonen erzeugt werden können. Ein Bündel von Entitäten wird in zwei aufgeteilt. In dem einen hat man die Gewißheit, daß sich eine individuelle Teilchen-Entität, das Photon, als Träger von Energie und Impuls fortpflanzt. Aber geschieht auch etwas in dem zweiten Bündel? Ja. Auf diesem Weg wird eine Welle befördert, die man »leere Welle« nennt, weil sie keinerlei Energie transportiert. Doch diese leere Welle erzeugt gleichwohl physikalische Wirkungen. Wir dürfen daher die leere Welle der Phasenwelle gleichsetzen. Louis de Broglie hatte dieses Problem theoretisch untersucht und neigte zu der Auffassung, daß die Phasenwelle eine winzige Menge Energie befördert. Diese am Photon gewonnenen Ergebnisse lassen sich natürlich auf Materieteilchen wie das Elektron übertragen. Unter diesen Bedingungen und im Fall der »Materie«teilchen ist ersichtlich, daß nach dem Zusammenbruch des Psi und dem Erscheinen des Teilchens eine Phasenwelle – die leere Welle – existiert, die schneller ist als das Licht und Wirkungen erzeugen kann. Denn obwohl sie keine Energie hat, würde sie Information transportieren. Wohlgemerkt, der Zusammenbruch des Psi gilt auch für die überlichtschnellen Tachyonen. Doch in diesem Fall ist die Geschwindigkeit der Phasenwelle oder leeren Welle geringer als die Lichtgeschwindigkeit.

Parallelen zwischen früheren und aktuellen Untersuchungen

E.E.V.: *Ich vermute, daß Ihr Modell des überlichtschnellen Bewußtseins auf früheren Untersuchungen aufbaut. Von welchen Forschern wurden Sie zu Ihren Untersuchungen inspiriert?*

Prof.R.D.: Der australische Neurophysiologe Sir JOHN ECCLES, der für seine Arbeiten über die synaptischen Schaltungen in der Hirnrinde 1963 den Nobelpreis für Medizin bekommen sollte, entwickelte zwischen 1955 und 1960 die Vorstellung, daß das Gehirn nur ein einfacher Rechner ist, der Informationen weiterleitet. Die Software, das Programm, befindet sich anderswo. Eccles stellte aufgrund einer ganzen Fülle von Argumenten, die er von der Nervenphysiologie, der Neurochirurgie und den Neurowissenschaften herleitete, die

Hypothese auf, daß ein Feld von Teilchen existiert, die noch nicht mit physikalischen Verfahren nachgewiesen wurden, ein Teilchenfeld, das exakt das Programm, die Software des Rechners Gehirn darstellt. Tatsächlich handelt es sich hier um das erste Modell eines materiellen Bewußtseins.

E.E.V.: *Erst kürzlich haben deutsche Physiker auf diesem Gebiet interessante Entdeckungen gemacht. Um was genau handelt es sich?*

Prof.R.D.: 1992 publizierten die deutschen Physiker NIMTZ und ENDERS vom physikalischen Institut der Universität Köln das Ergebnis von Versuchen mit Wellenleitern, in denen sich Mikrowellen fortpflanzten. Ihre Versuchsergebnisse wurden von amerikanischen Kollegen (Arbeitsgruppe Chiao, 1993) bestätigt. In diesen Experimenten beobachtet man »Wellenpäckchen«, die sich senkrecht zur Welle des Wellenleiters ausbreiten, Energie transportieren und eine mehrfach höhere Gruppengeschwindigkeit haben als die Lichtgeschwindigkeit im Vakuum. Geht man davon aus, daß ein Photon von einem Bradyon und einem Tachyon gebildet wird, wie dies bei dem von mir publizierten Photonenmodell der Fall ist, dann kann man sagen, daß das Photon sich unter bestimmten Voraussetzungen aufspaltet und dabei ein Tachyon freisetzt. Und dies sollen Nimtz und Enders beobachtet haben.

E.E.V.: *Könnten Sie bitte kurz die Theorie des morphogenetischen Feldes von SHELDRAKE umreißen und sagen, ob Sie irgendeine Beziehung zwischen den morphogenetischen Feldern und den Tachyonenfeldern sehen?*

Prof.R.D.: RUPERT SHELDRAKE entwickelt die Vorstellung, daß jede Art Zelle, Gewebe, Organ und Organismus ein eigenes Feld besitzt. Diese Felder formen und gestalten die werdenden Mikroorganismen, die Flora und Fauna und stabilisieren die adulten Organismen. Er schlägt vor, diese Felder als »morphogenetische Felder« zu bezeichnen. Wie wir noch sehen werden, können die Felder des tierischen und menschlichen Verhaltens, der gesellschaftlichen und kulturellen Systeme und der mentalen Aktivität als morphogenetische Felder betrachtet werden, denen ein Gedächtnis inhärent ist. Diese Felder sind laut Sheldrake Informationsfelder, denn sie enthalten ein angeborenes Gedächtnis, das durch die auf der Ähnlichkeit gründende morphogenetische Resonanz gestützt wird. Dieses Gedächtnis ist kumulativ. Je öfter ein bestimmtes Aktivitätsmuster wiederholt wird, um so mehr prägt es sich ein. Auf diese Weise läßt sich der Ursprung des »genetischen Programms« gut erklären: Wir sagen, daß es sich eigentlich um Software handelt, die dieses Programm zum Funktionieren bringt. Der Programmierer scheint allerdings anderswo zu sein, auf der Ebene des überlichtschnellen Bewußtseins.

Die Implikationen des Modells der Überlichtgeschwindigkeit

E.E.V.: *Nach Ihrer Hypothese befindet sich das überlichtschnelle Bewußtsein in dem, wie Sie es nennen,* fundamentalen Universum, *das man gleichermaßen – so unterstelle ich – als das Universum des Todes definieren kann.*

Prof.R.D.: Ja, gewiß. Das Bewußtsein oder der Geist besteht aus einem Tachyonenfeld oder überlichtschneller Materie und ist jenseits der Lichtmauer in der überlichtschnellen Raum-Zeit-Dimension angesiedelt. Wir haben die Vorstellungen von PRIBRAM und BOHM aufgegriffen und verstehen das überlichtschnelle Universum im Sinne dessen, was Pribram den Bereich der Frequenz oder das fundamentale Universum nennt. Unser unterlichtschnelles Universum ist nur eine holographische Projektion des fundamentalen Universums, in dem sich Information und Bedeutung befinden. Diese Projektion geschieht über die Hirnrinde, die wie ein Filter wirkt, indem sie nur einen ganz geringen Teil der vorhandenen Information und Bedeutung durchläßt, die nach kausalen Sequenzen in einer entropischen Zeit, die vergeht, angeordnet sind.

E.E.V.: *Danach gäbe es also zwei Universen: das unterlichtschnelle, das wir kennen, und ein überlichtschnelles, das Universum der Teilchen, die schneller sind als Lichtgeschwindigkeit.*

Prof.R.D.: So ist es. Es gäbe danach zwei Universen: einerseits unser

unterlichtschnelles, das uns vertraut ist; andererseits besteht auf ma-
thematischer Ebene unbestreitbar die Möglichkeit eines anderen
Universums, eines weiteren und einzigen Universums, einer anderen – überlichtschnellen – Raum-Zeit-Dimension. Natürlich gibt es
auch so etwas wie eine Schnittstelle zwischen beiden Universen.
Diese Schnittstelle kennen wir, die Relativisten nennen sie den
Lichtkegel, auf dessen Oberfläche sich das Licht, die Photonen und
die anderen Teilchen, die Lichtgeschwindigkeit haben, fortpflanzen.
Die Grenze zwischen diesen beiden Universen bildet eine gemeinsame Zone, die wahrscheinlich aus Photonen besteht. Ich habe ein
Modell entwickelt, bei dem ich davon ausging, daß das Photon sich
aus einem unterlichtschnellen und einem überlichtschnellen Anteil
zusammensetzt. Man könnte sagen, daß es mit einem Fuß im unterlichtschnellen, mit dem anderen im überlichtschnellen Universum steht.

E.E.V.: *Es handelt sich gewissermaßen um ein Ding und sein Gegenteil,
um das Sichtbare und das Unsichtbare.* Die Lichtmauer wäre die
Grenze zwischen diesen beiden Universen. *Wo hat die NTE in dieser
Vorstellung ihren Platz?*

Brigitte Dutheil: NTE wären nach unserer Hypothese für das Lebewesen Mensch der Übergang von der unterlichtschnellen zur
überlichtschnellen Welt. Menschen, die eine NTE machten, hätten
einen Übergang erlebt, den Beginn des Eintritts in die überlichtschnelle Welt. Diesen Übergang kennzeichnen mehrere Stufen. Insbesondere beobachtet man den Verlust der Kommunika-
tionsmöglichkeit mit der unterlichtschnellen Welt. Dagegen bleiben
die visuellen und akustischen Wahrnehmungen erhalten. Sodann
erfolgt ein Verlassen des Körpers, auf das eine Passage durch eine oft
als Tunnel beschriebene dunkle Zone folgt, an deren Ende sich ein
überwältigendes Licht befindet, über das die meisten Zeugen berichten. Diese Tunnelpassage könnte man als Übergang bezeichnen.
In dem Augenblick, da die Zeugen diese dunkle Zone überwinden,
haben sie den Eindruck, daß eine echte Grenze vorhanden ist zwischen der unterlichtschnellen Welt, der Welt unseres physischen
Daseins, und der überlichtschnellen Welt, welche die Welt des Todes wäre. Warum eine dunkle Zone, die übrigens bereits früh in der

Malerei auftaucht, insbesondere in den Gemälden von HIERONYMUS
BOSCH? Warum dieser Eindruck der dunklen Zone? Für uns handelt es sich unbestreitbar um die Überwindung der Lichtmauer, das
heißt, daß genau in dem Augenblick des Übergangs das partielle
Bewußtsein des Menschen, der im Sterben liegt und eine NTE
erlebt, die Lichtmauer überwindet und von Teilchen mit Lichtgeschwindigkeit, also Photonen, durchdrungen wird. Dieses Bewußtsein wird selbst Licht und nimmt alles, was es umgibt, als
dunkel wahr, daher der Eindruck eines Tunnels oder einer dunklen
Zone. Es stimmt, die NTE sind nur der Anfang einer Erklärung der
überlichtschnellen Welt, denn die Berichte der Menschen, die eine
NTE erlebt haben, decken nur eine kurze Spanne ab, da diese ja in
die Welt der Lebenden zurückkehren. Sie haben nur den Beginn
der Erfahrung erlebt.

E.E.V.: *Der Tod bedeutet für die Mehrzahl der Menschen das Unbekannte, und wie wir wissen, erzeugt das Unbekannte Angst. Könnte
man sich nicht vorstellen, daß der Tod eigentlich die Rückkehr zu den
Ursprüngen ist, die Wiedervereinigung mit dem fundamentalen Universum, der Ort ohne Zeit, an dem es weder Vergangenheit noch Gegenwart, noch Zukunft gibt, wo das Bewußtsein absolut ist, wo alle Ereignisse gleichzeitig existieren? Unser Auftauchen in der unterlichtschnellen Welt wäre dann nur die kurze und punktuelle Aktualisierung
eines Daseins, das in der überlichtschnellen Welt verankert ist. Das Dasein nach dem Tod müßte dann als eine Rückkehr zu den Ursprüngen
gedeutet werden.*

B.D.: Man kann unbedingt sagen, daß die Frage die Antwort zu-
sammenfaßt. Es trifft zu, daß wir die Welt jenseits der Lichtgeschwindigkeit für die fundamentale Welt, für die Welt des Ursprungs des Bewußtseins halten. Teilweise inkarniert sich das Bewußtsein in lebenden Körpern in der unterlichtschnellen Welt. Im
Augenblick des Todes kehrt es nur in sein Ursprungsmilieu zurück,
und darin begegnen wir der Idee PLATONS wieder, die besagt, daß
die Seele im Körper gefangen ist und daß sie im Augenblick des Todes befreit wird und ihren ursprünglichen Ort, den Ort ihrer Geburt, wiedersieht. Platon hatte außerdem eine umfassende Theorie
des Wissens entwickelt, das für ihn Erinnern bedeutete, das heißt,

für Platon trägt die Seele bereits bei der Geburt das totale Wissen in sich. Wir können tatsächlich sagen, daß das Bewußtsein potentiell das totale Wissen hat und im Laufe des irdischen Lebens und gesammelter Erfahrungen zum Teil bestimmte Elemente dieses totalen Wissens wiederfindet.

E.E.V.: *Könnten wir jetzt bitte einen philosophischen Aspekt Ihrer Hypothese diskutieren? Mir scheint, jeder Mensch will glauben, daß die Welt mehr sein muß als das, was wir sehen, und vielleicht sogar etwas völlig anderes! Wer wäre nicht schon deprimiert gewesen bei dem Gedanken, daß unser Leben nur eine mehr oder weniger glückliche Existenz sein könnte, an deren Ende der Tod und vielleicht das Nichts steht? Wer hätte sich nicht schon gesagt, daß es noch etwas anderes geben muß, eine verborgene Seite, eine unbekannte und bessere, »lichtere« Welt?*

B.D.: Damit haben sich auch alle Philosophen auseinandergesetzt. Von PLATON war schon die Rede, dem Philosophen, der dargelegt hat, daß unser Universum nur Illusion ist, nur die Spiegelung von etwas anderem, das sich auf der anderen Seite befindet. Beim Höhlengleichnis können wir nur den Widerschein der Sonne sehen, die die reale Welt erhellt. Die Philosophien waren stets in zwei Lager gespalten: Jene, die glauben, daß es eine andere Realität gibt, die im Augenblick des Todes zugänglich wird, und jene, die dafürhalten, daß alles auf unser Leben begrenzt ist, also die materialistischen Philosophien marxistischer oder existentialistischer Prägung. Bei unserer Hypothese haben wir versucht, alle Philosophien miteinander zu versöhnen. Die Vorstellung, daß das Bewußtsein aus Teilchenmaterie gebildet wird, hat durchaus einen gewissen materialistischen Aspekt, aber es ist offensichtlich, daß das Wesentliche unserer Hypothese gleichwohl spiritueller Natur ist, da die Materie, welche die Bewußtseinsteilchen bildet, spirituelle Eigenschaften besitzt: Gleichzeitigkeit der Zeit; unaufhörlich zunehmende Ordnung, Harmonie; Aufhebung der an das Vergehen von Zeit gebundenen Kausalität. Es stimmt, wir sind überzeugt, daß es etwas anderes gibt, eine schönere, stärkere, jenseitige Realität.

Prof.R.D.: Ich möchte den Begriff »Materialismus« nochmals aufgreifen. Ich glaube, wir sind Opfer der Wörter, es ist eine Frage der Semantik. Wer Materialismus sagt, meint immer Materie im Sinn des

19. Jahrhunderts. Was aber bedeutet Materie für den modernen Physiker? Sind es Wellen, oder ist es eine Erfindung seines Geistes? Heute gibt es weder Materialismus noch Spiritualismus.

E.E.V.: *Die* Umkehr der Realität *ist zweifellos einer der faszinierendsten Aspekte Ihrer Hypothese. Wir neigen natürlich dazu, das, was wir sehen, für Wirklichkeit zu halten. Dennoch hat uns die Quantenmechanik schon gelehrt, daß unsere Art und Weise, das Reale zu erfassen, falsch ist.*

Prof.R.D.: Richtig. Ich glaube, man muß von der Sichtweise der Quantenmechanik ausgehen, welche die Vorstellung, die man sich vom Realen machte, stark erschüttert hat. Was ist ein Teilchen – quantenphysikalisch gesehen? Es ist nur eine Hervorbringung des Betrachters! Die meisten Leute stellen sich nun vor, daß wir aus Teilchen bestehen, die sie sich als kleine Objekte denken, die in Form der Atome von Molekülen übereinander gehäuft sind, das erscheint ihnen sehr real. Aber das stimmt so nicht! Ein Teilchen ist kein Objekt. Was aber ist dann die Realität? Derzeit glauben die Physiker, daß der Wellenaspekt dominiert, im Gegensatz zur Auffassung von Louis de Broglie, der für den Teilchenaspekt eintrat. Danach gäbe es Quantensysteme, die stationäre Wellen wären, und der intervenierende Beobachter oder vielmehr sein Bewußtsein würde diese Quantensysteme in bestimmte Größen verwandeln, die den Eindruck vermitteln würden, daß es sich um Teilchen handelt. Schon hier wird der Realitätsbegriff stark erschüttert. In diesem Zusammenhang können, wenn wir unterstellen, daß das Bewußtsein ein Feld von Tachyonenmaterie ist, die Tachyonen auch als Wellen betrachtet werden. Wenn man dies annimmt, würde sich das fundamentale Universum, das die Information besitzt, in Form unterlichtschneller Hologramme projizieren. Diese Deutung fügt sich übrigens gut in die Vorstellungen von Eccles, Pribram und Bohm. Wir haben diese Ideen aufgegriffen, indem wir sagten, daß der Frequenzbereich dem Tachyonenbereich, dem Bereich jenseits der Lichtgeschwindigkeit, entspricht. Die Grundidee jedoch ist die gleiche: es besteht eine Inversion. Wir haben das Vordergründige für sein Gegenteil genommen und umgekehrt. Wir kennen nur das Vordergründige; das Gegenteil befindet sich auf der anderen Seite der Lichtmauer.

E.E.V.: *Bitte erklären Sie doch das* Prinzip des Hologramms, *damit diese neue Art, die Wirklichkeit zu erfassen, verständlich wird.*

Prof.R.D.: Wir definieren das holographische Modell von Pribram, indem wir es präzisieren. Nach der Überzeugung des Neurochirurgen und Gehirn- und Holographieexperten KARL PRIBRAM ist das, was wir real nennen, nur eine holographische Projektion eines fundamentalen Universums, der Bereich der Frequenz, in dem Zeit und Raum zusammengebrochen sind und nur Wellen existieren, die Pribram in einer anderen Dimension ansiedelt. In diesem Bereich der Frequenz existieren alle Elemente ohne Zeit- und Raumbegriff. Die Schnittstelle zwischen Bewußtsein und Hirnrinde ist fähig, eine Fourier-Analyse vorzunehmen und in ein System willkürlicher Koordinaten, die man Zeit und Raum nennt, alle Interferenzschemata des Frequenzbereichs in Form von Hologrammen zu projizieren. Wie das ganze sichtbare Universum sind somit die Sterne, die Galaxien, die Teilchen, die Lebewesen nur Hologramme. Die Vorstellungen von David Bohm, der eine andere Nomenklatur benutzt – er spricht von eingefaltetem und entfaltetem Universum –, sind insgesamt mit denen von Pribram vergleichbar.

E.E.V.: *Wie funktioniert Holographie?*

Prof.R.D.: Die Holographie ist ein photographisches Verfahren. Ein erstes Verfahren besteht darin, Licht auf das zu photographierende Objekt zu werfen. Nach den Gesetzen der Optik wird das Licht von dem Objekt reflektiert, und man projiziert sein Abbild mit Hilfe einer Linse auf einen empfindlichen Film. Das ist die übliche Methode. Bei der zweiten Methode wird auf jeden einzelnen Punkt des Objekts Licht geworfen, und jeder Punkt wirft das Licht zurück und verhält sich aufgrund dieser Tatsache wie eine zweite Lichtquelle. Diese vielfältigen Lichtquellen erzeugen Interferenzen. Das Verfahren der Holographie besteht darin, diese zu photographieren. Ich möchte präzisieren, daß man hierzu nicht beliebiges Licht verwenden kann, sondern kohärentes Licht benötigt, das von Atomen erzeugt wird, die alle gleichzeitig vibrieren, die also Photonen in Phase hervorbringen: dies trifft auf Laserlicht zu. Man beleuchtet ein Objekt mit Laserlicht und photographiert die von diesem reflektierten Laserlicht erzeugten Interferenzen. Dabei erhält man ein

sogenanntes Interferenzschema, eine Art von Wirbeln, die nichts
darstellen. Belichtet man jedoch dieses Interferenzschema erneut
mit kohärentem Licht, also Laserlicht, dann erscheint das dreidimensionale Bild des Objekts im Raum, das ist sehr eindrucksvoll.
Zerteilt man das Interferenzschema in mehrere Teilstücke, dann besitzt jedes die gleichen Eigenschaften wie das Ausgangsschema, das
heißt, man kann das Objekt reproduzieren. So funktioniert also
grob das holographische Verfahren. Die mathematische Theorie ist
höchst kompliziert, es genügt festzuhalten, ohne in weitere Details
zu gehen, daß sie sich auf die Fourier-Gleichungen stützt. Auch die
Grundlagen der Quantenmechanik beruhen auf den Fourier-Gleichungen. Das ist ein ganz wesentlicher Punkt. Nach der Theorie
von Pribram spielt die Hirnrinde ein bißchen die Rolle des Laser-
strahls, des kohärenten Lichts, ich würde eher sagen, der Schnittstelle zwischen Hirnrinde und Bewußtsein. Nach meiner Überzeugung kann vor allem das Bewußtsein diesen Effekt hervorbringen,
denn die Hirnrinde selbst ist ja Materie, ist demnach ein Hologramm. Diese Schnittstelle wird die Rolle des kohärenten Lichts
spielen, aber was spielt die Rolle des Interferenzschemas? Immer
noch nach der Theorie von Pribram, ist es der Bereich der Frequenz. Wie der Laserstrahl benutzt die Hirnrinde die Fourier-Gleichungen, um Frequenzen zu projizieren, und diese Frequenzen bilden das Hologramm, und dies in einem völlig willkürlichen Koordinatensystem, welches das Gehirn oder das Bewußtsein erzeugt.
Dieses Koordinatensystem entspricht unserer gewohnten Raum-
Zeit-Dimension, in der die Teilchen langsamer sind als die Lichtgeschwindigkeit. Von dieser Theorie sind wir ausgegangen, und wir
haben präzisiert, daß der Bereich der Frequenz der Bereich der
Tachyonen ist und daß die Projektion unterlichtschnell ist.

E.E.V.: *Die Vorstellung der Tachyonendimension und ihrer Implikationen kann ich noch nachvollziehen, aber es fällt mir enorm
schwer, mir mich selbst als Hologramm vorzustellen! In welchem Maße
sind diese beiden Begriffe untrennbar?*

Prof.R.D.: Ich muß nochmals auf PLATONS Höhlengleichnis zurückkommen: Die in der Höhle Gefangenen sehen sich nicht, wie sie
»in Wirklichkeit« sind, sondern sie identifizieren sich mit ihren auf

die Höhlenwand geworfenen Schatten. So verhält es sich auch mit dem Hologramm, der Projektion unseres überlichtschnellen höheren Ichs. Wir sehen nur das Hologramm (unseren Körper) und identifizieren diesen holographischen Schatten, der allein unserer Wahrnehmung zugänglich ist, mit unserem überlichtschnellen Ich. Die beiden lassen sich nicht trennen, da der Schatten (oder das Hologramm) nur »existiert« in bezug auf das höhere Bewußtsein, welches auch der »Laserstrahl« ist, der dieses Hologramm »erzeugt«.

E.E.V.: *Würden Sie sich jetzt bitte zur Funktion der Hirnrinde äußern, zur Entstehung einer Empfindung, die durch die in der Hirnrinde umgewandelten elektrischen Signale ausgelöst wird, und vor allem zum Bewußtsein, das in dem wunderbaren Augenblick interveniert, in dem ein einfaches elektrisches Signal zur Empfindung wird.*

Prof.R.D.: Sie haben völlig recht, die Psychophysiologen konnten die Frage der Empfindung bislang nicht beantworten, und das aus gutem Grund. Nehmen wir zum Beispiel das Auge: Das Licht stimuliert die Netzhaut, die Zapfen oder die Stäbchen, auf einer photochemischen Stufe. Dann wird die Information entlang den Axonen des Sehnervs mit den verschiedenen Synapsen verschlüsselt, und diese mehrfach kodierte elektrisch weitergeleitete Botschaft gelangt schließlich in die Hirnrinde und erzeugt eine lokalisierte Stimulierung der Hirnrinde. In diesem Augenblick kommt ein neues Element ins Spiel, denn diese elektrische Stimulierung ist nicht der Empfindung gleichzusetzen. Die Empfindung tritt in dem Moment ein, in dem wir zum Beispiel eine Farbe wahrnehmen. Welcher Mechanismus verwandelt die elektrische Reizung der Hirnrinde in eine Empfindung? Wir vertreten die Auffassung, daß die Empfindung bereits der überlichtschnellen Raum-Zeit-Dimension angehört, daß nicht der physikalische Reiz, also das Licht, Ursache der Empfindung ist, sondern daß es sich um eine einfache Korrelation handelt. Für die Annahme, daß die Empfindung der überlichtschnellen Welt angehört, spricht auch das, was sich bei einer NTE abspielt. Die Experiencer berichten, daß sie während ihrer NTE viel stärkere, viel intensivere Empfindungen hatten als gewöhnlich, vor allem im Hinblick auf Farben und Licht. Sie nehmen Farben wahr, die sie noch nie gesehen haben, von einer unerwarteten Intensität. Die

Empfindungen werden vielfach verstärkt. Letzten Endes könnte man sagen, daß es sich bei dem, was wir sehen, den Empfindungen, die wir spüren, um Empfindungen handelt, die durch die Passage durch die Hirnrinde abgeschwächt sind. Dies würde bedeuten, daß die Sinnesorgane Filter sind, welche die Empfindungen abschwächen.

E.E.V.: *A propos Empfindungen, es wäre interessant, wenn Sie Ihre Vorstellung erläutern würden, nach der die* Empfindung eine Form der Information *ist.*

Prof.R.D.: Ja. Ich glaube, wenn man anerkennt, daß die Empfindung wirklich der tachyonischen Raum-Zeit-Dimension angehört, dann wäre sie die Information in diesem überlichtschnellen Universum. Die verzehnfachte, die totale Gefühlsempfindung wäre die Information.

E.E.V.: *Sie postulieren, daß das überlichtschnelle Universum der Bereich der absoluten Information im Reinzustand ist. Die* Entropie *(die Unordnung) nimmt beständig ab, die* negative Entropie *(die Information) nimmt unaufhörlich zu. Können Sie diese Idee näher erläutern?*

Prof.R.D.: In unserem unterlichtschnellen Universum gibt es ein sehr wichtiges Prinzip, das die Physiker gut kennen, nämlich das der konstanten Zunahme der Entropie in einem geschlossenen System. Im äußersten Fall kann man das Universum als ein geschlossenes System betrachten. Das Prinzip der Zunahme der Entropie gilt demnach für das gesamte Universum. Im unterlichtschnellen Universum entspricht die vergehende Zeit einer konstanten Zunahme der Entropie, das heißt daß man sich stets von einer Situation der Ordnung zu einer Situation der Unordnung bewegt. Diese Zunahme der Unordnung kann man nur durch die Information bekämpfen. Dagegen nimmt die Entropie in einem geschlossenen System tachyonischer Materie konstant ab, dies bedeutet, daß die Information und die Bedeutung permanent zunehmen. Man kann sich das leicht am Beispiel eines Lebewesens klarmachen. Beim Neugeborenen besteht eine sehr durchstrukturierte Ordnung der Moleküle. Dann erfolgt bei dem Lebewesen mit der Zeit, mit dem Alter, ein deutlicher Abbau, denn die Unordnung stellt sich unaufhaltsam ein. Es gibt nur eine Möglichkeit, gegen die Unordnung zu kämpfen, nämlich die Information. Ich beziehe mich auf Lebewesen, aber das läßt sich auch auf Materie allgemein anwenden. Ich werde das am Beispiel der Körpertemperatur eines Menschen, die normalerweise 37°C beträgt, veranschaulichen. Wenn es zu heiß wird, steigt die Temperatur an. Sogleich nehmen die Rezeptoren diese Information auf und senden Befehle aus, damit der innere Thermostat anspringt und die Temperatur normalisiert. Stiege die Temperatur weiter an, dann würde die daraus folgende Zunahme der Unordnung unvermeidlich zum Tode führen. Doch dank der Information läßt sich die Situation normalisieren. Dies bezeichnen wir als negative Entropie. Das geht so während einer bestimmten Zeit, für die Dauer des Lebens, danach nimmt die Entropie zu. Man kann sagen, daß die Lebewesen Pumpen mit negativer Entropie sind; sie absorbieren negative Entropie, um die Entropie zu bekämpfen; dann, in einem bestimmten Augenblick, geht die Pumpe nicht mehr, und die Entropie übernimmt die Führung. Im überlichtschnellen Universum dagegen, und das ist kein Hirngespinst, sondern Ergebnis einer Berechnung, nimmt die Entropie konstant ab. Das heißt, daß die negative Entropie oder die Information konstant zunimmt. Die Entwicklung geht in Richtung der immer größeren Ordnung, Information und folglich Harmonie.

E.E.V.: *Ich wüßte gern Ihre Meinung über eine wesentliche Frage. Ich meine den* freien Willen. *Stets wollte der Mensch Herr seines Schicksals sein, frei sein, seinen Lebensweg nach seinen Wünschen zu gestalten. Wie stehen Sie zur Problematik des Determinismus und des freien Willens?*

B.D.: Der Determinismus ist nach unserer Hypothese an die Kausalität und an die vergehende Zeit gebunden. Der Determinismus ist ein Merkmal unserer unterlichtschnellen Welt. Im überlichtschnellen Universum hingegen gibt es, da die Zeit stillsteht, keine Kausalität mehr, da die Kausalität an den Ablauf der Zeit gebunden ist. Im Gegenteil, es gibt ein Affinitätsgesetz, das die Ereignisse untereinander verbindet, nämlich die Synchronizität. In den dreißiger Jahren hat C.G. JUNG diesen Begriff entworfen und 1950 mit dem Physiker und Nobelpreisträger WOLFGANG PAULI eine ganze Theorie dazu ausgearbeitet. Eine Synchronizität ist beispielsweise das gleichzeitige Eintreten zweier Ereignisse, die nicht kausal, sondern sinngemäß zusammenhängen. Synchronizitäten begegnen uns tagtäglich in unserem Alltag. Von Zeit zu Zeit käme es durch diese Phänomene der Synchronizität zu einer Immersion dieses Gesetzes, das die überlichtschnelle Welt bestimmt. Da es auf der Ebene der Tachyonen weder eine Kausalität noch eine Zeitbewegung gibt, denken wir, daß die Möglichkeit besteht, gleichzeitig Vergangenheit, Gegenwart und Zukunft eines Individuums und sogar aller Individuen zu kennen. Somit ist es möglich, in einer Augenblickszeit auf künftige Ereignisse einzuwirken. Ein Individuum, das auf der überlichtschnellen Ebene lebt, hat folglich ein Bündel von Möglichkeiten für seine Zukunft vor sich, und es kann sein Schicksal in einer Zeit Null und auf der unterlichtschnellen Ebene ändern, also auf der Ebene seines Hologramms. Da die Änderung augenblicklich erfolgt, bemerkt man diese Anpassung nicht, und sie wird einem wie etwas erscheinen, das kommen mußte, das vorbestimmt war. Auf der Ebene des Bewußtseins gibt es somit einen freien Willen, die Möglichkeit, eine Folge von Ereignissen zu ändern, wogegen es auf der unterlichtschnellen Ebene Determinismus gibt.

E.E.V.: *Ich sehe nicht, wie wir zu unseren Lebzeiten Zugang zu der überlichtschnellen Welt bekommen und wie wir folglich unser Schicksal auf überlichtschneller Ebene ändern könnten, es sei denn, Sie gingen davon aus, daß diese Tachyonendimension uns teilweise und momentan – unbewußt – zugänglich wäre.*

Prof.R.D.: Die Wende des Schicksals würde einzig auf der Ebene des überlichtschnellen Bewußtseins erfolgen. Um dies zu erreichen, muß man keinen Zugang zur unterlichtschnellen Ebene haben, die vom Individuum als Realität empfunden wird. Die Wende seines Schicksals im unterlichtschnellen Universum findet für ihn unbewußt statt, denn sie wird einzig durch das höhere Ich realisiert, das in der »Zeit Null« eine Folge kausaler Ereignisse modifiziert.

Die NTE aus der Sicht der Hypothese von der Überlichtgeschwindigkeit

E.E.V.: *In Ihrem Modell der Überlichtgeschwindigkeit stellen Sie eine Verbindung zwischen den Tachyonen und der* Raum-Zeit *her. Was verstehen Sie darunter?*

Prof.R.D.: Die Tachyonen sind an eine andere Raum-Zeit als unsere unterlichtschnelle Raum-Zeit gebunden. In der überlichtschnellen Tachyonen-Raum-Zeit haben Zeit und Raum nicht mehr dieselben Eigenschaften. Die eigentliche, das heißt die gelebte Zeit wird räumlich und vergeht nicht mehr, was der Vorstellung von der unendlichen Geschwindigkeit entspricht. Für einen Beobachter in der Tachyonen-Dimension gibt es keine Vergangenheit, keine Gegenwart, keine Zukunft mehr, und alle Ereignisse existieren für ihn in einem einzigen Augenblick und dennoch dauerhaft. Ein derartiges Materiefeld besteht unendlich fort.

E.E.V.: *Sie postulieren, daß in der Dimension der Tachyonen alle Ereignisse in einem Augenblick, also gleichzeitig, stattfinden. Kausalität gibt es nicht mehr, ein Ereignis kann seiner Ursache vorausgehen. Tatsächlich liegen zahlreiche Berichte von Experiencern vor, welche diese Hypothese zu bestätigen scheinen, insbesondere hinsichtlich der Lebensrückblende.*

B.D.: Ja, unbedingt. Die Zeugen, die eine NTE erlebten, hatten häufig den Eindruck, daß ihr ganzes Leben an ihnen vorüberzog. In dem Moment, da sie in das Universum des Lichts eintraten, lief dieses Lebenspanorama mit irrsinniger Geschwindigkeit vor ihnen ab, vergangene mischten sich mit künftigen Ereignissen. Manche Experiencer haben die wichtigen Ereignisse ihres künftigen Lebens vorausgesehen. Ich denke hier besonders an eine kinderlose Frau, die sich in Begleitung ihres Sohnes sah. Andere Experiencer sahen ziemlich genau ihre künftigen Lebensumstände vor sich. Dies scheint darauf hinzudeuten, daß man, sobald die Lichtmauer überwunden ist, die Zeit völlig beherrscht und daß man sich augenblicklich sowohl in ein Ereignis der Vergangenheit wie auch der Zu-

kunft versetzen kann. Wir sehen als Hauptmerkmal des überlichtschnellen Universums die totale Gleichzeitigkeit der Ereignisse, da
die Zeit nicht mehr vergeht. Die Zeit verschmilzt mit dem Raum,
und da unendliche Geschwindigkeiten erreichbar sind, folgt logischerweise, daß man, indem man sich im Raum fortbewegt, sich
gleichzeitig auch in der Zeit fortbewegt. Wahrscheinlich hat man
hier ebenfalls Zugang zu den vergangenen und künftigen Ereignissen im Leben anderer Menschen, aber in dieser Hinsicht sind Zeugnisse deutlich seltener.

Prof.R.D.: Moody berichtet über den Fall eines Mannes, der sich
während einer NTE, die er – ich glaube, mit fünfzehn Jahren – erlebte, als verheirateter Mann zwanzig Jahre später sah: Er befand
sich in einem Zimmer mit seiner Frau und seinen beiden Kindern.
Es war keine Vision, sondern seiner Aussage nach lebte er diese Situation während seiner NTE, somit war er wirklich in die Zukunft
versetzt worden.

E.E.V.: *In diesem Bericht findet sich ein interessantes Detail: Der Mann
spürte hinter seinem Rücken einen Gegenstand, den er nicht identifizieren konnte.*

Prof.R.D.: Genau, Evelyn, Sie haben recht; es handelte sich um einen
Gegenstand, der im Augenblick seiner NTE nicht vorhanden sein
konnte.

E.E.V.: *Jetzt fällt es mir wieder ein, es handelte sich um einen Heizkör-
pertyp, den es noch nicht gab, als der Mann fünfzehn war.*

Prof.R.D.: Stimmt, es war was mit Heizung. Ich glaube, das veran-
schaulicht unser Problem ganz gut.

E.E.V.: *Wohin wir auch blicken, immer begegnen wir dem Begriff
»Licht«, der für das Verständnis des Rätsels des Lebens äußerst bedeutsam zu sein scheint. In der Bibel steht geschrieben: »Es werde Licht!
Und es ward Licht!« Und das Licht war gut. Das Tibetanische Totenbuch (Bardo Thödol) erzählt, daß ein Verstorbener dreieinhalb Tage
nach seinem Tod von einem strahlenden Licht umgeben ist und daß er
dieses Licht erkennen muß, um vom Zyklus der Wiedergeburten erlöst
zu werden. Den Menschen, die eine NTE erlebt haben, fehlen letztlich
die Worte, um die unendliche, herzergreifende, strahlende und unsag-
bare Schönheit dieses Lichtes oder Lichtwesens zu beschreiben, dem sie*

im Augenblick des Übergangs begegnet sind und das ihnen eine unaus-
löschliche Sehnsucht eingegeben hat. Auch nach Ihrer Hypothese nimmt
das Licht einen hervorragenden Platz, eine Schlüsselstellung ein. Welche
Verbindung stellen Sie zwischen all diesen Zeugnissen her?
Prof.R.D.: In allen Religionen spielt das Licht eine wesentliche Rolle.
Auch in den Berichten über Nahtoteserfahrungen ist das Licht fun-
damental. Ich glaube, daß das Licht in einem überlichtschnellen
Universum eine ganz andere Funktion hat als in unserem gewohnten Universum, und ich sage das vom physikalischen Standpunkt
aus. Zunächst hätte das Licht die kleinste mögliche Geschwindigkeit, es würde sich mit Schneckentempo in dieser überlichtschnellen Welt fortpflanzen. Man darf annehmen, daß hiermit Unterschiede in den Gesetzen der Interaktion zwischen Photonen und
Tachyonen verbunden sind; die Gesetze der Lichtreflexion wären
somit nicht mehr dieselben. Stellen wir uns hingegen ein Tachy-
onenkörperchen vor, das heißt ein Teilchen, das aus Tachyonen-Ma-
terie gebildet ist. Ich berufe mich hier auf den sogenannten KEREN-
KOV-Effekt, der sich wie folgt erklären läßt: Ein unterlichtschnelles
elektrisch geladenes Teilchen, zum Beispiel ein Elektron, das sich
mit konstanter Geschwindigkeit bewegt, wird bekanntlich kein
Licht emittieren. Um Licht auszustrahlen, muß es verlangsamt werden, das heißt einen Energieverlust erleiden; in diesem Augenblick
emittiert es ein Photon. Befindet sich dieses geladene Teilchen, ein
Elektron oder etwas anderes, jedoch in einem anderen Milieu als Luft
oder Vakuum, etwa in einem Kristall, dann wird es sogar bei konstanter Geschwindigkeit ein Photon, also Licht, abgeben. Dieses
Phänomen nennen wir Kerenkov-Effekt. Man kann nun mathematisch beweisen, daß ein geladenes Tachyon bei konstanter Geschwindigkeit im Vakuum Licht emittiert. Davon läßt sich ableiten,
daß ein Tachyonenkörper leuchtet, daß er infolge des Kerenkov-Ef-
fektes konstant Licht aussendet. Folglich leuchten alle Tachyonenkörper, und diese Feststellung findet eine Parallele in dem, was
die Zeugen über NTE berichten, wie auch in den von Licht um-
hüllten Gestalten, die in vielen Religionen beschrieben werden. Ich
stimme Ihnen zu, das Licht spielt eine ganz wesentliche Rolle.
E.E.V.: *Die Menschen, die eine NTE erlebt haben, betonen immer wie-*

der, wie wichtig das Wissen und die Liebe *im umfassendsten Sinn sind. Mir scheint, daß man zwischen diesen Zeugnissen und Ihrer Hypothese, wonach es in der überlichtschnellen Welt ein absolutes, in der unterlichtschnellen Welt hingegen ein partielles Wissen gibt, eine Verbindung herstellen kann.*

B.D.: Das stimmt. Für uns verschmilzt das Reich des Todes mit dem Reich des Wissens. Wenn wir sagen, daß die Welt der Überlichtgeschwindigkeit sich durch eine konstante Zunahme der Information, der Ordnung und der Harmonie auszeichnet, dann scheint es plausibel, daß die Menschen, die im Augenblick der NTE die Lichtmauer überwunden haben, zu diesem Wissen, dieser Harmonie, die das Reich des Todes auszeichnet, vorgedrungen sind. In der Tat berichten ja zahlreiche Zeugen, während ihrer NTE Zugang zum absoluten Wissen gehabt zu haben und seitdem ein starkes Bedürfnis zu lernen verspüren. Auch die Verbindung zwischen Liebe und Wissen erscheint uns ziemlich logisch, da in der überlichtschnellen Welt die Harmonie durch das Wissen zunimmt. Die Empfindungen bestehen im Reinzustand, ungefiltert, völlig uneingeschränkt, sie werden verstärkt, und das äußert sich in einem Eindruck von Liebe. Insofern tun wir nichts weiter, als die Lehren der Mystiker aller Zeiten, die stets Liebe und Wissen verbunden haben, zu vereinen.

Prof.R.D.: Ich denke gerade an eine Bekannte, die eine NTE erlebt hat. Sie sagte ganz klar, sie habe, als sie den Tunnel verlassen hatte und dem Lichtwesen begegnete, noch andere, übrigens leuchtende Wesenheiten gesehen. Sie war gleichzeitig sie selbst und diese Wesen. Wie könnte man die anderen nicht lieben, wenn diese gleichzeitig mit einem selbst identisch sind? Das hieße ja, sich dazu verdammen, sich selbst nicht zu lieben. Ich glaube, hier bekommen die Worte des Evangeliums »Du sollst deinen Nächsten lieben wie dich selbst« ihren tiefen Sinn.

E.E.V.: *Nach den Berichten vieler Experiencer hatten diese in einem bestimmen Augenblick die Wahl, entweder für immer in die überlichtschnelle Welt einzugehen, also zu sterben, oder ins Leben, in die unterlichtschnelle Welt zurückzukehren. Man kann sich fragen, ob jeder Mensch diese* Wahl *hat in dem Augenblick,* da er die Lichtmauer überwindet. *Man kann sich vorstellen, daß die Verstorbenen der Verlockung der überlichtschnellen Welt nicht widerstehen konnten und daß jeder Tod eine Wahl bedeutet. Andererseits gibt es natürlich auch physische Zwänge, und es ist schwer vorstellbar, daß ein Körper, nachdem seine Uhr abgelaufen ist und der Stoffwechsel daniederliegt, seine Funktionen wieder aufnehmen könnte, wenn sein »Besitzer« es beschlösse. Wo liegt die Grenze zwischen dem Bewußtsein – dem man den Willen beigesellen kann – und den physischen Zwängen?*

B.D.: Es stimmt, die Zeugen erzählen uns, daß die letzte Stufe ihrer NTE die Rückkehr ins Leben war. Der Begriff der Wahl erscheint mir jedoch nicht so eindeutig, wie Sie es suggerieren. Manche Experiencer befanden sich direkt vor einer Grenze, die oft als Fluß, Berg oder Hecke in Erscheinung tritt, und sie fanden sich fast augenblicklich in ihrem physischen Leib wieder, sie konnten also gar nicht wirklich wählen. Anderen hingegen wurde eine Wahl von einem Verstorbenen vorgeschlagen, der ihnen nahegestanden hatte, ihnen beratend zur Seite stand und ihnen beispielsweise sagte, ihr Leben sei noch nicht zu Ende, sie hätten noch eine Aufgabe zu erfüllen usw. Einige versuchten zu verhandeln, wie zum Beispiel eine Mutter, die das Lichtwesen anflehte, sie ihre Kinder aufziehen zu lassen. Tatsächlich gibt es nahezu alle Konstellationen: die oktroyierte Rückkehr ins Leben, die vom Lichtwesen oder einem verstorbenen nahen Angehörigen vorgeschlagene Wahl, das willentliche Verhandeln von seiten des Experiencers. Dazu kommt noch, daß wir natürlich nur über Zeugnisse von Menschen verfügen, die zurückkehrten! Läßt sich davon zwangsläufig ableiten, daß die Menschen, die sterben, das Sterben gewählt haben? Darüber wissen wir nichts. Ebenso wie jene, die sich plötzlich in ihrem Körper wiederfanden, nachdem sie an eine Grenze gestoßen waren, keine Wahl gehabt haben mögen, wurden vielleicht auch jene, die für immer geblieben sind, von jenseits der Grenze weggeführt, ohne eine Wahl zu haben. Die Frage der körperlichen Zwänge und des Bewußtseins wird deshalb vielleicht überflüssig, denn ich glaube, daß die Menschen, deren Körper wirklich verbraucht ist, deren irdische Zeit abgelaufen ist, keine echte Wahl haben. Die Frage stellt sich eher für jüngere Menschen, von denen manche zurückkehren, andere nicht. Hier kann man sich sagen, daß

es vielleicht eine Wahl gibt und daß das Bewußtsein am Ursprung
dieser Wahl steht. Warum scheint das Bewußtsein entscheidend zu
sein? Sicherlich weil das Bewußtsein seine Form dem physischen
Körper einprägt und weil es am Ursprung des Lebens steht. Wir denken, daß das überlichtschnelle Bewußtsein am Ursprung der materiellen Form des Körpers und der Geburt des Lebens steht.

E.E.V.: *Könnten wir jetzt ausführlicher über das Problem der* Nicht-
Mitteilbarkeit *sprechen, das Menschen nach einer NTE zu schaffen
macht? Eine junge Frau beklagt sich, daß sie nur über Wörter des Dreidimensionalen verfügt, um uns ihre NTE zu beschreiben, wo doch die
Welt, die sie gesehen hat, mehr Dimensionen hat. Ist es unser Gehirn,
das unsere dreidimensionale Wirklichkeit vollständig erschafft?*

Prof.R.D.: Ich bin überzeugt, daß wir uns das, was wir in unserem
Raum sehen, nur in drei Dimensionen und in einer vergehenden
Zeit vorstellen können, mit anderen Worten in der unterlichtschnellen Raum-Zeit-Dimension. All unsere Vorstellungen, unsere gesamte Bilderwelt, sind auf diesen dreidimensionalen Raum
beschränkt, und es fällt uns sogar schwer, wie bei der Relativitätstheorie die Zeit als vierte Dimension aufzufassen. Geht man davon aus, daß Menschen, die eine NTE gemacht haben, sich an der
Grenze dieses überlichtschnellen Universums, wo die Raum-Zeit
anders ist, befunden haben, dann gibt es natürlich eine semantische
Grenze, denn die Betroffenen können ihre Wahrnehmungen und
Empfindungen unmöglich mit Worten ausdrücken. Unsere Sprache
vermag nur dreidimensionale Objekte und Bilder zu beschreiben.
Dies trifft auch für die Mystiker zu, die sagen, daß sich das, was sie
erlebt haben, nicht in Worte fassen läßt, weil das, was sie empfunden haben, jenseits aller Ausdrucksmöglichkeiten ist.

E.E.V.: *Könnte diese Nicht-Mitteilbarkeit vielleicht auch dadurch be-
dingt sein, daß die Intensität der Gefühle in der unterlichtschnellen
Welt durch den Filter abgeschwächt wird?*

Prof.R.D.: Also, das ist wirklich eine scharfsinnige Überlegung. Ja,
dieser Filter wirkt allseitig, und in dem Augenblick, da dieser Filter
nicht mehr vorhanden ist, tritt eine Art Befreiung ein, mit einer
derartigen Intensität der Empfindungen wie auch der Gefühle, daß
der Geist von einer Art Schwindel erfaßt wird.

E.E.V.: *Wir sagten bereits, daß die Empfindungen im überlichtschnellen Universum intensiviert werden. Nehmen wir als Beispiel die* Farben, *die von Experiencern als unvorstellbar schön beschrieben werden. Wie läßt sich dieses Phänomen physikalisch erklären?*

Prof.R.D.: Zuerst würde ich wieder den Filtereffekt nennen, und zudem glaube ich, daß die Gesetze, nach denen das Licht sich fortpflanzt und reflektiert, sowie alle anderen optischen Phänomene verändert sind, wenn man sich tatsächlich in einer Tachyonen-Raum-Zeit befindet. Die Optik im Tachyonenbereich wäre völlig anders, und es ist sehr wahrscheinlich, daß es andere Farben gäbe, die mit einer Intensität, mit einem Nuancenreichtum wahrgenommen würden, die wir uns einfach nicht vorstellen können. Dies beruht auf der physikalischen Struktur dieser von der unseren sehr verschiedenen Materie.

E.E.V.: *Heute vermuten einige Wissenschaftler, daß unsere Erde ein* **schwarzes Loch** *ist. Läßt sich eine Parallele ziehen zu der berühmten »Passage durch einen schwarzen Tunnel«, die sehr viele Personen nach einer NTE beschreiben?*

Prof.R.D.: Ja, das kann man so deuten. Ich selbst habe an Theorien mitgearbeitet, die besagen, daß ein Elektron, natürlich wenn man es als Teilchen und nicht als Welle betrachtet, als ein winziges Partikel von 10^{-53} cm angesehen werden kann. Es läßt sich mathematisch beweisen, daß das Innere dieses Elektrons überlichtschnell wäre, daß es ein schwarzes Mikroloch wäre. Möglicherweise wird das Elektron sogar aus noch kleineren Partikeln gebildet, die man Preonen nennt und bei denen es sich um schwarze Mikrolöcher handeln würde. Man könnte vielleicht den Tod, also die Rückkehr zum Urzustand, als Übergang durch ein schwarzes Mikroloch von der unterlichtschnellen zur überlichtschnellen Welt deuten, welche sich im Inneren des Teilchens oder der Gesamtheit der Teilchen befindet. Das ist eine bedenkenswerte Hypothese.

E.E.V.: *Wenden wir uns jetzt einem zugleich vorrangigen und faszinierenden Aspekt zu, einer der wesentlichen Lehren des Tibetanischen Totenbuchs:* Die Gedanken des Verstorbenen erschaffen seine Umgebung nach dem Tode.

B.D.: Ja, das ist richtig. Wir finden diesen Aspekt im Tibetanischen

Totenbuch und allgemein in den fernöstlichen Religionen. Tatsächlich hängt dies sehr eng mit der Vorstellung zusammen, daß unsere irdische Welt eine Illusion ist. Wenn unsere Welt eine Illusion ist, wenn die Realität andernorts ist, dann ist dieses Andernorts zwangsläufig spiritueller Natur und deshalb eng mit dem Bewußtsein verknüpft. Tatsächlich wird der Verstorbene im *Tibetanischen Totenbuch* vor Bildern gewarnt, die ihn erschrecken und von seinem Weg abbringen können, und wir` sind geneigt, diese Bilder mit Hologrammen zu vergleichen. Ein Teil der Berichte von Menschen, die eine NTE gemacht haben, läßt sich unseres Erachtens als Hologramm deuten, eben genau als Erzeugung von Hologrammen durch Gedanken. Viele Zeugen berichten, sie seien von verstorbenen Angehörigen in Empfang genommen worden, die oft wie zu ihren Lebzeiten oder gar wie in ihrer Jugend aussahen. Es gibt weitere Visionen von herrlichen Landschaften, Flüssen, Weiden, bunten Blumen usw. Wir glauben, daß all diese Bilder Hologramme sind, die durch Gedanken des Verstorbenen erzeugt werden. Wir bezeichnen sie als Hologramme vom Typ 2, um sie von den Hologrammen zu unterscheiden, die wir in der irdischen Welt sind und bei denen es sich um Grundhologramme oder Hologramme vom Typ 1 handelt. Diese Hologramme vom Typ 2 wären Bilder, die den Zeugen, den Verstorbenen an die neue Seinsweise im Reich des Todes, in der überlichtschnellen Welt gewöhnen sollen, um zu verhindern, daß der Übergang zu schroff wird zwischen einer Welt von Bildern, von Hologrammen, in der er gelebt hat, und einer Welt reiner Abstraktion, wie sie das Reich des Todes sein muß. Diese Typ-2-Hologramme wären eine ganz charakteristische Übergangsstufe bei NTE und bei dem Geschehen unmittelbar nach der NTE, bevor das Bewußtsein des Verstorbenen tiefer in die überlichtschnelle Welt eindringt.

E.E.V.: *Ich glaube, wir sollten noch einmal auf diese* Hologramme vom Typ 2 *zurückkommen. Ich bin mir bewußt, daß das überlichtschnelle Universum mit unserem Realitätssinn schwer wahrzunehmen ist. Aber ich möchte, daß Sie präzisieren, ob das Lichtwesen, die verstorbenen Angehörigen und all diese Erscheinungen wirklich existieren, ob sie sich wirklich in der überlichtschnellen Welt befinden, oder ob sie nur in den*

Gedanken, also in der Imagination der Zeugen existieren. Ist es ein Trugbild oder Wirklichkeit? Wenn wir Hologramme, also Spiegelungen sind und wenn die überlichtschnelle Welt die absolute Abstraktion ist, wo ist dann das reale Sein?

Prof.R.D.: Dies alles existiert wirklich und nichts ist imaginär. Nur unser Realitätsbegriff ist falsch, und das überlichtschnelle Universum der Information ist keine Abstraktion, sondern eine andere Realitätsebene, wo Zeit und Raum nicht dieselbe Bedeutung haben. Die Typ-2-Hologramme »existieren« auf die gleiche Weise, wie wir Hologramme vom Typ 1 sind. Von der Realitätsebene »überlichtschnelles Bewußtsein« aus kann man andere Realitätsebenen schaffen, die so real sind wie ein Spiegelbild, dessen Wirklichkeit niemand leugnen würde.

Unerklärte Phänomene aus der Sicht des Modells der Überlichtgeschwindigkeit

E.E.V.: *Ich fände es interessant, Parallelen herzustellen zwischen Ihrer Hypothese vom überlichtschnellen Bewußtsein und* parapsychologischen Erscheinungen? *Natürlich gibt es in diesem von den Medien vereinnahmten und vielseitig ausgebeuteten Bereich jede Menge Betrug, nichtsdestoweniger gibt es aber auch unerklärliche und erstaunliche Phänomene.*

Prof.R.D.: Ich schätze, daß es auf diesem Gebiet 99 Prozent Betrug geben dürfte, aber es bleibt ein ganz realer und erstaunlicher Rest, und die Mehrzahl dieser Phänomene steht im Widerspruch zu den derzeitigen Vorstellungen der Physiker. Vorahnungen existieren nicht nur bei entsprechend begabten Personen, sondern bei einem jeden. Jeder Mensch erlebt irgendwann im Laufe seines Lebens Vorahnungen oder träumt zukünftige Ereignisse. Ganz ohne Zweifel gibt es auch telepathische Phänomene. Was die anderen parapsychologischen Phänomene angeht, zum Beispiel die Wirkung des Geistes auf die Materie, wurden diese unter extrem strengen

Bedingungen sowohl in den USA als auch in Rußland analysiert. Ich glaube, daß all diese Phänomene der Parapsychologie gedeutet werden könnten, würde man die Hypothese eines aus Tachyonen bestehenden überlichtschnellen materiellen Bewußtseins anwenden. Die Erklärung läge stets im Problem von Filter und eindringender Information, einer zusätzlichen Energie, die je nach den Umständen eine normalerweise nicht aktualisierte Information zugänglich machen könnte, welche die Zukunft betrifft, oder einer Energie, die ein Objekt versetzen könnte. Dies würde eine klare Deutung der parapsychologischen Phänomene ermöglichen, die sich damit in den Rahmen einer allgemeinen Physik einordnen ließen.

E.E.V.: *Das Phänomen der* Vorahnung *ist in der Tat sehr merkwürdig und beunruhigend, solange man es nicht erklären kann.*

Prof.R.D.: Ja, unbedingt. Es ist äußerst beunruhigend und wurde überdies in die klassische Relativitätstheorie einbezogen. Nach der Relativität in der Einsteinschen Raum-Zeit-Dimension dehnt sich die Materie nicht nur im Raum aus, sondern ebenso in der Dichte der Zeit, das heißt, daß die künftigen Ereignisse bereits und die vergangenen Ereignisse noch da sind. Nach dem berühmten Satz von Sir ARTHUR EDINGTON treffen die Ereignisse nicht ein, sie sind da, und wir finden sie an unserem Weg. Aber welcher ist der Weg? Es ist die Linie des Universums, aber was bewegt sich entlang dieser Linie? Das vermochte die Relativitätstheorie nicht zu erklären. Gewiß, man konnte sagen, daß das Bewußtsein sich entlang der Linie des Universums ausdehnte und sich in einem bestimmten Augenblick künftiger Ereignisse bewußt würde. Dies bliebe aber eine etwas abstrakte Erklärung. Geht man jedoch von der Existenz eines überlichtschnellen Bewußtseins aus, so hätte dieses die Eigenschaften, die ihm ermöglichen, alle Ereignisse im Leben des Individuums zu kennen. Man kann also annehmen, daß der Hirnrindenfilter in einem bestimmten Augenblick etwas mehr Informationen als gewöhnlich passieren läßt, daß er gerade die Vision der künftigen Ereignisse durchläßt. Dies kann in den vorausahnenden Träumen geschehen oder in den blitzartigen Visionen mancher Medien, die unbestreitbar in die Zukunft geblickt haben. Ich glaube, hier besteht eine Analogie zu den NTE, denn wenn man annimmt, daß

die betroffene Person sich im überlichtschnellen Bewußt-
seinsbereich befindet, können im Lauf dieser Erfahrung Vorahnungen eintreten. Die Vorahnung ist jedoch nicht auf NTE begrenzt, sie findet sich auch auf unserer Ebene und bildet einen
momentanen und partiellen Zugang zum überlichtschnellen
Bewußtsein.

E.E.V.: *Viele Weltanschauungen sprechen von einem* »feinstofflichen«
Körper oder »Astralleib«, *der sich im Augenblick unseres Todes von unserem physischen Körper löst. Die Experiencer scheinen diese Vorstellung
zu bekräftigen. Diese Menschen, die noch nicht begriffen hatten, daß
sie* »tot« *waren, bestürzte die Erkenntnis, daß sie durch Objekte oder
durch andere Leute hindurchgehen konnten und daß trotz ihrer ver-
zweifelten Bemühungen niemand sie sehen oder hören konnte. Dennoch waren sie sich ihrer Identität, ihrer selbst und sogar ihres – wenn-
gleich anderen, leichteren – Körpers bewußt. Wie paßt dieser Begriff des*
»feinstofflichen Körpers« *in Ihre Hypothese?*

Prof.R.D.: Ich glaube, ich muß hier auf das elektromagnetische Feld
von Harold Burr, Anatomieprofessor an der Universität Yale, eingehen. Bis zu seinem Tod 1972 hat Burr dreißig Jahre lang mit einem Team von Physikern und Biophysikern Untersuchungen
durchgeführt, die klar beweisen, daß der Körper jedes Lebewesens
ringsum von einem elektrischen Feld umgeben ist. Man kann eine
richtige Kartographie des Feldes erstellen, indem man Elektroden
im Abstand von wenigen Zentimetern über den Körper führt. Burr
entdeckte, daß dieses elektrische Feld, als Antwort auf Gefühls-
bewegungen und eine Reihe innerer und äußerer Faktoren, ständig
schwankt. Er schloß daraus, daß der menschliche Körper von einem elektromagnetischen Feld umgeben ist. Ich betone, daß nach
der Quantenmechanik die zu einem elektromagnetischen Feld
gehörenden Teilchen Photonen sind. Man kann also geradezu von
einem Photonenkörper sprechen, der Teil dessen ist, was man als
den elektrischen Körper des Menschen bezeichnen kann. Ich gehe
davon aus, daß wir es bei der Zwischenstufe im Augenblick des Todes, beim Übergang in das Tachyonen-Universum, mit einem
elektromagnetischen Körper oder Photonenkörper zu tun haben.
Man könnte den feinstofflichen Körper mit diesem Photonenkör-

per identifizieren, der oberflächlich gesehen die Form des alten
Körpers hätte, aber durch Objekte hindurchgehen könnte, ohne einem Widerstand zu begegnen. Wenn ich Photonenkörper sage,
handelt es sich vielleicht auch um weitere Teilchen, die sich mit
Lichtgeschwindigkeit fortbewegen, oder vielleicht um Neutrinos,
die durch alles hindurchgehen. Ich glaube deshalb, daß sich diese
Vorstellung durchaus mit der Existenz eines feinstofflichen Körpers
verträgt, wie ihn die Esoteriker oder die Orientalen beschreiben.

E.E.V.: *Wir sollten noch über die Frage des* kollektiven Unbewußten
*sprechen. Nach Ihrer Hypothese trägt jeder Mensch einen Teil des uni-
versalen Wissens in sich. Unser – wenn auch partielles – Bewußtsein ist
Teil des totalen Bewußtseins. Könnte diese Vorstellung dazu beitragen,
daß wir das Phänomen des kollektiven Unbewußten, das nie sehr eindeutig definiert wurde, besser verstehen?*

Prof.R.D.: Ja, davon bin ich überzeugt. Letzten Endes kommen wir
immer auf das Problem der Untrennbarkeit zurück. Was ist das Ich?
Das ist schwer zu sagen. Unser normales Ich ist etwas sehr Emp-
findliches und Ungreifbares, und selbst die klassische Tiefenpsychologie hat es bislang nur sehr oberflächlich erforscht. Für die
Hypothese vom kollektiven Unbewußten spricht außerdem die Tatsache, daß die Experiencer sagen, sie seien während ihrer NTE
gleichzeitig sie selbst und die anderen gewesen. Das kollektive Unbewußte wäre eine Manifestation der überlichtschnellen Welt, jedes
einzelnen zugleich einzigartigen und vielfältigen überlichtschnellen
Bewußtseins und aller insgesamt. Ich glaube, dies geht ein wenig
über unsere normale Logik hinaus, wir befinden uns hier in einer
nicht-aristotelischen Logik, die man bereits im Bereich der Teilchen
antrifft, wo ein bestimmter Teilchentyp unsichtbar ist. Dennoch
existiert davon eine gegebene Anzahl, aber eine Bestandsaufnahme
ist nicht möglich, weil man sie nicht lokalisieren kann. Dies gibt eine Vorstellung dessen, was das kollektive Unbewußte von C.G.
JUNG sein könnte.

E.E.V.: *Könnten wir uns jetzt über die Kinder unterhalten, die, sobald
sie sprechen können, sehr vehement behaupten, sie seien die* Inkarnati-
on einer bestimmten Person. *Meist geben sie viele Einzelheiten an
und beschreiben sehr genau das Haus, in dem sie gewohnt, und die*

Leute, mit denen sie Umgang gehabt hätten. Bei der Nachprüfung stellt
sich tatsächlich heraus, daß die so peinlich genau beschriebene Person
wirklich und wahrhaftig existiert hat, aber vor relativ kurzer Zeit ver-
storben war. Mehrere Forscher, ganz besonders Prof. IAN STEVENSON,
haben sich mit diesem Problem befaßt. Über viele Jahre hat Stevenson
das Phänomen der Reinkarnation gründlich erforscht. Können Sie auf-
grund Ihrer Untersuchungen über das überlichtschnelle Bewußtsein
eine Hypothese zur Reinkarnation aufstellen??

Prof.R.D.: Ja, ich kann dazu eine Erklärung vorschlagen. Dem überlichtschnellen Bewußtsein sind totales Wissen und totale Information eigen. Im besonderen eignet ihm eine Information über das Leben unterlichtschneller menschlicher Wesen in Vergangenheit, Gegenwart oder Zukunft, also würde es genügen, daß bei bestimmten
Personen der Filter selektiv funktioniert und diese Informationen
über das Leben eines Menschen in der Vergangenheit oder sogar in
der Zukunft empfängt, damit diese Person glaubt, ein früheres Leben gelebt zu haben, aber in Wirklichkeit würde es sich keineswegs
um Reinkarnation handeln, sondern schlicht um die Bewußtmachung von Informationen aus dem überlichtschnellen Universum
über dieses fremde Leben. Das ist eine Hypothese.

E.E.V.: *Die gleiche Art der Interpretation gilt meines Erachtens für Men-*
schen in Hypnose, die sich an frühere Leben *erinnern und plötzlich*
anfangen, Koptisch oder Latein zu sprechen.

B.D.: Ja, genau. Wir glauben, daß das Bewußtsein einer Person, die
sich im Zustand der Hypnose befindet, augenblicklich in die Welt
des überlichtschnellen Bewußtseins gerät. Tatsächlich kann die Person infolge der Gleichzeitigkeit in diesem Augenblick sehr gut in
das Bewußtsein anderer Personen eindringen, die in früheren Zeiten gelebt haben, oder sich, da sie mehrere Existenzen gleichzeitig
erlebt, wirklich auf der Ebene des überlichtschnellen Bewußtseins
befinden und dadurch augenblicklich die Information besitzen. Ob
wir nun die eine oder die andere Interpretation vorziehen, in bezug
auf das Erlebte kommt es wahrscheinlich auf dasselbe hinaus. Entweder projiziert sich das Bewußtsein wirklich in Form verschiedener Hologramme, oder es hat Zugang zu dem Bewußtsein anderer
Personen.

E.E.V.: *Ich wüßte noch gern Ihre Meinung zu einem interessanten Phänomen. Ich möchte von den* hochbegabten Kindern, *von den Wunder-
kindern sprechen. Es gibt unbestreitbar Kinder, die über erstaunliche,
ja mysteriöse Begabungen auf künstlerischem wie intellektuellem Gebiet
verfügen. Diese Kinder sind mit Fähigkeiten und einem Wissen oder
Erkenntnissen begabt, die sie logischerweise in ihrem Alter noch nicht
haben dürften.*

B.D.: Ich glaube, das erklärt sich mit der bereits erwähnten Gedächt-
nistheorie von Platon. Es möchte scheinen, daß der Mensch niemals zum totalen Wissen gelangen kann, solange er Gefangener der
unterlichtschnellen Welt der Hologramme ist, weil der Hirnrindenfilter ihn hindert, über die Gesamtheit dieses Wissens zu verfügen. Bei manchen Personen ist der Filter jedoch großporiger, so daß
ihnen ein viel umfassenderer Zugang zum Wissen möglich ist. Vielleicht könnte man das Phänomen der Wunderkinder so erklären,
daß sie einen schnelleren und breiteren Zugang zum Wissen haben.

E.E.V.: *Haben die Kinder vielleicht deshalb einen leichteren Zugang zu
dieser Art Wissen, weil sie* dem überlichtschnellen Universum, aus
dem sie kommen, noch näher *sind?*

Prof.R.D.: Das ist eine glänzende Idee, Evelyn! An diesen Aspekt hatten wir nicht gedacht, aber das ist eine sehr gute Idee.

Interview mit Professor Paul Chauchard*

Das Gehirn

Evelyn Elsaesser Valarino: *Lieber Herr Professor Chauchard, erlauben Sie mir, daß ich – um gleich zum Kern unseres Themas zu kommen – eine Passage aus Ihrem Werk* Le cerveau et la conscience *(»Gehirn und Bewußtsein«) zitiere: »In der Hirnrinde entstehen das Bewußtsein und der Wille. Geistiges Leben ist nicht möglich ohne funktionstüchtige Hirnrinde: Sie ist das wesentliche menschliche Organ.« Wie läßt sich dann das Phänomen der NTE erklären, die überwiegend in einem Zustand des Hirntodes auftreten?*

Prof. Paul Chauchard: Sie sprechen gleich das Kernproblem an. Ich würde sagen, daß es schlicht unmöglich ist. Wohlgemerkt, ich leugne keineswegs, daß es diese höchst interessanten Phänomene gibt, aber derzeit scheint es mir äußerst schwierig, sie zu erklären. In der Tat entspricht alles, was die Betroffenen beschreiben, einer zerebralen Bilderwelt. Die Bilderwelt im Gehirn entsteht aus sinnlichen Wahrnehmungen, also ist das Ganze rein physisch. Wenn nun aber das Gehirn nicht mehr funktionsfähig ist, darf man sich fragen, wie dieses Phänomen möglich ist. Im Augenblick wüßte ich wirklich keine Erklärung. Ich würde vielleicht folgende Frage stellen: Weiß man denn gewiß, daß das Gehirn absolut funktionsunfähig ist? Meine Gedanken über das Bewußtsein führten mich zu einem bestimmten Punkt: Wenn wir von Bewußtsein sprechen, wenn die Philosophen von Bewußtsein sprechen, meinen sie das denkende

---

* Professor für Neurophysiologie, ehemals Direktor der Ecole Pratique des Hautes Etudes in Paris.

menschliche Bewußtsein. Manche gehen sogar so weit, das Bewußtsein höherer Tiere zu bestreiten, was lächerlich ist. Mich interessierte bei meinen Überlegungen die Tatsache, daß wir »unbewußte« Ebenen des Bewußtseins haben. Unser höheres Bewußtsein ist das verbalisierte der linken Gehirnhälfte, doch gibt es auch noch das nichtverbalisierte animalische Bewußtsein der rechten Gehirnhälfte und sogar eine Bewußtseinsebene an der Gehirnbasis, bei der es sich um echtes biologisches Bewußtsein handelt. Wenn wir von einem flachen Elektroenzephalogramm sprechen, müssen wir uns fragen, in welchem Umfang die für die funktionelle Integrität des Körpers verantwortlichen Zentren an der Hirnbasis wirklich aufgehört haben zu funktionieren. Aber das ist im Grunde nicht das eigentliche Problem. Das eigentliche Problem liegt darin, daß das Gehirn, wie sein Zustand auch sei, sich im Körper befindet. Also mehr noch als die NTE interessieren mich die Erfahrungen, außerhalb des Körpers zu sein. Diese Art von extrakorporalem Phänomen ist derzeit völlig unerklärlich, wie zum Beispiel die Fähigkeit mancher Mystiker, sich an zwei Orten gleichzeitig zu befinden (Bilokation).

E.E.V.: *Glauben Sie, daß die Nahtodeserfahrung das Ergebnis eines physiologischen Zusammenbruchs im Augenblick des Todes ist, der durch das Erlöschen lebenswichtiger Funktionen hervorgerufen wird, oder sind Sie der Ansicht, daß diese Erfahrungen in einem immateriellen Bereich angesiedelt sind?*

Prof.P.C.: Natürlich bewirkt meine berufliche Orientierung, daß ich an all die Veränderungen, an all die Erschütterungen denke, die ein Sauerstoffmangel des Gehirns hervorruft, sowie an die Störungen bei den chemischen Überträgerstoffen. Ein Wissenschaftler will in der Regel nicht über Immaterielles sprechen, aber für mich, da ich ein gläubiger Mensch bin, liegt das Problem darin, daß das Immaterielle, das Spirituelle existiert. Nur, ist das Spirituelle bloß eine materielle Eigenschaft, eine Eigenschaft des Gehirns, oder ist es etwas anderes? Durch meinen Glauben halte ich es für möglich, daß es eine immaterielle Dimension gibt, und deswegen denke ich, daß wir dies eines Tages wissenschaftlich beweisen können.

E.E.V.: *Glauben Sie, daß irgendein Mechanismus im Gehirn eine NTE auslösen könnte, etwa die Ausschüttung einer chemischen Substanz?*

Prof.P.C.: Ja, gewiß, und das ist das Problem bei allen zerebralen Halluzinationen. Die Halluzinogene können derartige Phänomene hervorrufen. Zwar ist unser Gehirn eine Imaginationsmaschine, dennoch hat das Wort »Halluzination« leider einen abwertenden, krankhaften Beiklang. Ich hingegen habe beispielsweise keinerlei Hemmungen zu behaupten, daß die heilige BERNADETTE SOUBIROUS in Lourdes eine Halluzination hatte, denn das besagt nur, daß sie in ihrem Gehirn ein Bild erzeugt hat, und daran ist nichts Pathologisches. Um sagen zu können, daß etwas pathologisch sei, muß man die betreffende Person psychologisch genau untersuchen. Sofern es sich nicht um einen Geisteskranken handelt, ist es nicht gerechtfertigt, von einer Halluzination als pathologisch zu sprechen.

E.E.V.: *Sind eigentlich neurophysiologische Untersuchungen durchgeführt worden, um das Phänomen der NTE zu ergründen?*

Prof.P.C.: Nach dem, was ich gelesen habe, scheint mir, daß bisher allenfalls flache EEG-Kurven während NTE aufgezeichnet wurden. Und das besagt nichts, denn um den Tod festzustellen, muß über längere Zeit und bei mehrfachen Aufzeichnungen ein flaches EEG registriert worden sein. In Wirklichkeit, und hier ist immer die Komplexität des Todes im Spiel, gibt es sehr spezielle Fälle, wie die Barbituratvergiftung oder starke Unterkühlung, in denen das Gehirn des Betroffenen absolut funktionsunfähig, der Patient aber gleichwohl nicht tot ist, weil er in der Folge seine lebenswichtigen Funktionen zurückgewinnen kann. Um neurophysiologische Experimente über NTE zu machen, müßte man erst einmal wissen, ob dieses Phänomen auch beim Tier auftritt. Darüber wissen wir jedoch nichts. Es müßte geprüft werden, ob sich Zeichen einer NTE bei höheren Primaten nachweisen lassen.

E.E.V.: *Auf einem Symposion in Brüssel sagte RAYMOND MOODY, daß es ethisch problematisch ist, derartige Untersuchungen beim Menschen durchzuführen. Wenn ein Mensch einen Herzstillstand erleidet, wird man natürlich an erster Stelle das Herz reanimieren, statt zu analysieren, was sich in diesem Augenblick auf der Ebene des Gehirns abspielt.*

Prof.P.C.: Selbstverständlich. Der Versuch am Menschen ist immer problematisch. Wir können Elektroden ins Gehirn schieben, um Tumoren zu zerstören, oder den Gehirnstoffwechsel untersuchen, ohne den Patienten durch diese therapeutischen oder diagnostischen Maßnahmen grob zu belästigen, aber es ist klar, daß wir einem Mystiker keine Elektroden ins Gehirn schieben werden, nur um zu sehen, was sich während einer Erleuchtung tut! Wir müssen außerhalb des Schädels bleiben, und das ist weniger ergiebig.

E.E.V.: *In seinem Buch* Closer to the Light *(»Zum Licht«) beruft sich* MELVIN MORSE *auf Untersuchungen des Neurochirurgen* WILDER PENFIELD *aus dem Jahr 1955, die das Phänomen der NTE erklären könnten. Er weist darauf hin, daß eine elektrische Reizung der Sylviischen Furche, die im rechten Schläfenlappen direkt über dem Ohr lokalisiert ist, eine Entkörperlichung, eine Begegnung mit verstorbenen Angehörigen und sogar eine Lebensrückblende auslösen kann, also insgesamt alle Elemente des klassischen Verlaufs einer NTE. Lassen Sie mich in diesem Zusammenhang eine Passage aus Ihrem Werk* Le cerveau et la conscience *zitieren: »In einem umschriebenen Bezirk zwischen Hinterhauptslappen und Schläfenlappen ruft die elektrische Reizung echte Erinnerungen wach. Der Patient ist überzeugt, daß man ihm eine Schallplatte zu Gehör bringt, es ist das Schlaflied, das ihm seine Mutter sang, als er ein Kind war: Der elektrische Strom hat im Gehirn ein bestimmtes Muster von Erregungen und Hemmungen erzeugt, das nicht beliebig ist, sondern einer bereits bestehenden zerebralen Struktur entspricht, nämlich der Erinnerung.« Haben wir damit eine materielle Erklärung für die »Lebensrückblende«, die sich bei einer NTE abspielt?*

Prof.P.C.: Diese Entdeckung von Penfield war mir nicht bekannt, aber Sie wissen, daß er tatsächlich der große Erforscher des funktionierenden menschlichen Gehirns, des Gehirns im Wachzustand war. Für mich ist das Körperschema die Basis des Bewußtseins. Es ist die Synthese all dessen, was über die Haut und insbesondere den Spannungszustand der Muskeln gemeldet wird und unser Bild vom Körper in der Kindheit prägt. Sie wissen, daß hier, pathologisch gesehen, ein Bruch eintreten kann. Nehmen wir zum Beispiel Phantomglieder bei Amputierten. Die Person, der eine Gliedmaße amputiert wurde, kann die Lage und Schmerzen in dem fehlenden Glied spüren, weil das Körperschema im Gehirn unversehrt geblieben ist. Mehr noch, das Phänomen der Heautoskopie, laienhaft als Doppelgängererlebnis bezeichnet, vor allem die negative

Heautoskopie, ist ein höchst interessantes Krankheitsbild, an dem übrigens unter anderen GUY DE MAUPASSANT litt. In seiner Novelle *Le Horla* beschreibt er dieses außergewöhnliche Phänomen an einem Menschen, der sich im Spiegel nicht mehr sieht. Das Verschwinden des Spiegelbildes ist ganz eng mit diesen Zuständen getrübten Bewußtseins verbunden. Hier gibt es eine Spaltung zwischen dem zerebralen Bild und der Wirklichkeit. Dies müssen wir im Gedächtnis behalten und sehen, wie wir das alles auf einen gemeinsamen Nenner bringen.

E.E.V.: *Die Ärzte registrieren oft, daß die Gehirnaktivität während einer NTE gleich Null ist. Der Patient ist dann klinisch tot. Allerdings ist dieser Zustand reversibel, denn der betreffende Patient kehrt ins Leben zurück und kann von seinem Erleben Zeugnis ablegen. Bedeutet dies, daß die Gehirnaktivität in diesen Fällen nicht wirklich erloschen war?*

Prof.P.C.: Sicher ist, daß ein Stillstand der Gehirnaktivität nicht Tod bedeutet. Wenn wir wissen wollen, ob in einem Samenkorn, das biologisch inaktiv ist, Leben steckt, müssen wir es in feuchte Erde legen und keimen lassen. Die Samen, die keimen, sind lebendig, die nicht keimenden sind tot. Derzeit gibt es kein Verfahren, um festzustellen, ob eine Nervenzelle oder eine andere Zelle lebendig oder tot ist. Im Gegensatz zu Vorstellungen, die besagen, daß Leben im wesentlichen eine Aktivität ist, kann Leben sich einzig definieren durch die Möglichkeit, ohne jede Aktivität wieder lebendig zu werden. Es ist gelungen, die Thermoregulation eines Primaten zu blockieren und das Tier bis unter null Grad zu unterkühlen; scheinbar war das Affengehirn völlig abgestorben, aber in Wirklichkeit war es einfach zum Stillstand gekommen. Wenn Sie den Affen wieder auf normale Temperatur erwärmen, kehrt alles zurück. Man könnte das gleiche beim Menschen machen, aber man wird sich natürlich hüten, da man befürchtet, daß er nicht wieder zu sich kommt! Es ist nicht gesagt, daß es nicht eines Tages gelingen könnte, Leben wieder zu aktivieren, das seit langem zu totalem Stillstand gebracht worden war.

E.E.V.: *Sowohl bei klinischem Tod als auch im Koma können NTE auftreten. Im Zustand des unmittelbar drohenden Todes ist jedoch keine*

Gehirnaktivität vorhanden (flaches Elektroenzephalogramm), während beim Koma das Gehirn funktioniert. Es ist merkwürdig festzustellen, daß so ersichtlich verschiedene physiologische Zustände die gleichen Wirkungen hervorbringen können.

Prof.P.C.: Wie immer sind dies Phänomene, die sich schwer erklären lassen. Eigentlich handelt es sich mehr um graduelle als um wesensmäßige Unterschiede.

E.E.V.: *Gibt es bei der NTE einen Faktor, aus dem man schließen könnte, daß sich das, was jemand bei einer NTE erlebt, über den wirklichen physischen Tod hinaus fortsetzen könnte?*

Prof.P.C.: Von diesen Erfahrungen wissen wir nur aufgrund der Tatsache, daß die Patienten wieder ins Leben zurückkehrten und ihr Bewußtsein wiedererlangten. Wäre dies nicht der Fall, dann bestünde gar keine Möglichkeit, mehr darüber zu wissen.

E.E.V.: *Sie glauben also, daß es kein Element gibt, das beweist, daß diese Erfahrungen sich in einer anderen Dimension ereignen?*

Prof.P.C.: Nein. Der einzelne, der diese außergewöhnliche Erfahrung gemacht hat, ist überzeugt, daß mit seinem Tod nicht alles zu Ende ist, aber das ist kein Beweis. Im übrigen haben all die schönen rationalen Gottesbeweise noch keinen einzigen Menschen bekehrt. Die Erfahrung Gottes ist eine ganz persönliche.

E.E.V.: *Lassen wir einen Experiencer sprechen (M. Morse: Closer to the Light): »Der Geist ist eine Sache und das Gehirn eine andere. Das Gehirn vermag nicht zu leisten, wozu der Geist imstande ist.« Man kann diesen Satz deuten und daraus die Hypothese ableiten, daß der Geist mächtiger ist als die Materie, daß er über höhere Energie verfügt als jene, welche die Materie speist. Man könnte sogar so weit gehen zu behaupten, daß diese Energie außerzeitlich und fähig sein könnte, die Zerstörung der Materie zu überleben. In dieser Hinsicht wüßte ich gerne Ihre Meinung über den klassischen Antagonismus zwischen Geist und Materie, Grundbegriffe, welche die Materialisten in Gegensatz zu den Personen stellen, die eine stärker spirituelle Auffassung vom Dasein haben. Das Leben ist eher funktionell als materiell, da die Zellen, aus denen unser Körper besteht, kontinuierlich erneuert werden. Das Leben besteht also in der phantastischen Zusammenarbeit dieser Milliarden von Zellen, in dieser unglaublich komplizierten Maschinerie und nicht*

in der Materie, die ständig verwandelt wird. Wäre es nicht gescheiter,
dem Geist die Funktion *der Materie gegenüberzustellen?*

Prof.P.C.: Was uns Probleme bereitet, ist diese dualistische Termi-
nologie von Materie und Geist. Im modernen wissenschaftlichen
Kontext wissen wir, daß alles Energie ist. Eigentlich könnte man sagen, daß Materie aus Elementarteilchen besteht. Was zählt, ist also
die Organisation der Materie, und der Geist manifestiert sich durch
die Information der Materie. Man zieht oft Vergleiche zwischen tie-
rischem und menschlichem Gehirn. Gewiß ist das tierische Gehirn
einfacher strukturiert, aber wenn ich sage, daß das Spirituelle im
Menschen eine elektrochemische Eigenschaft des Gehirns ist, werden die Philosophen aufschreien und behaupten, das sei unmöglich, aber ich als Physiologe würde sagen, daß es wirklich so ist. Das
wirft die Frage auf, wie das menschliche Gehirn spirituelle Eigenschaften haben kann, die dem tierischen Gehirn fehlen, wenn genau das Spirituelle nicht existiert, nicht wirklich einer anderen Dimension angehört. Wenn man im Namen eines wissenschaftlichen,
marxistischen oder sonstigen Atheismus behauptet, daß alles im
Gehirn enthalten ist und folglich mit dem Tod verschwindet, geht
man völlig über die Kompetenzen der Wissenschaft hinaus. Ich
glaube, daß wir heute Materie und Geist nicht mehr als Gegensätze
ansehen dürfen, sondern vielmehr in Begriffen einer Gesamtschau
denken müssen. Als gläubiger Mensch und als Neurologe mußte
ich mich beim Erforschen des Gehirns mit dem Problem der Beziehungen zwischen Materie und Geist auseinandersetzen, und als ich
PLATON und DESCARTES entdeckte, die sie strikt voneinander getrennt betrachteten – ohne Wechselwirkung –, hatte ich das Glück,
durch Vater SERTILLANGES die Philosophie des heiligen THOMAS VON
AQUIN kennenzulernen, die den Beweis führt, daß die Seele die
Form des Körpers ist. Die Seele des Menschen ist schlicht
komplizierter, da spirituell, als die Seele der Tiere. Dies ist übrigens
die Auffassung des Philosophen ARISTOTELES, die uns im Mittelalter
dank seiner großen Epigonen AVERROES (Islam) und MAIMONIDES
(Judentum) übermittelt wurde.

E.E.V.: *Die moderne wissenschaftliche Denkweise neigt dazu, sich vom*
Materiellen weg zum Transzendenten hin zu wenden. Sie scheinen den

umgekehrten Weg zu gehen. Ich zitiere wieder eine Passage aus Ihrem Buch Le cerveau et la conscience: *»Lange Zeit schienen menschliche Werte wie Bewußtsein und Freiheit einer rein spirituellen Ordnung anzugehören. Die Physiologie mußte nur deren Grenzen kennen, wenn auch manche angesichts der Determinismen, die uns solche Grenzen auferlegen, die Freiheit für eine Illusion hielten. Heute dagegen beginnen sich die zerebralen Voraussetzungen des freien Handelns genauer abzuzeichnen. Charakteristisch für das normale menschliche Gehirn ist, daß es dank seiner Komplexität das Organ ist, das unsere Freiheit ermöglicht. Es ist die Unzulänglichkeit, die das tierische Gehirn hindert, sich genügend über die Determinismen zu erheben, um Vernunft zu erlangen.«*

Prof.P.C.: Im Gegensatz zu den meisten Wissenschaftlern, die im Namen der Neurophysiologie jegliches Bewußtsein und jegliche Freiheit zu bestreiten beliebten, finde ich diese sehr wohl im Gehirn. Gewiß, dies scheint völlig paradox zu sein, wenn es nichts in einer anderen Dimension gibt. Ein Wissenschaftler wird Begriffe wie »immanent« und »transzendent« nicht benutzen, hingegen akzeptiert er den Begriff »Erscheinung«, den wir bereits in der *Dialektik der Natur* von FRIEDRICH ENGELS finden. Wir sehen Erscheinungen. Wir erklären sie wissenschaftlich, aber das heißt nicht, daß der Philosoph dazu nichts zu sagen hätte, im Gegenteil, hier muß er sich einmischen, nicht um zu widersprechen, sondern um auf einer anderen Ebene zu erklären.

E.E.V.: *Hat Ihr enormes Wissen über das menschliche Gehirn Sie zu einer eher immanenten oder transzendenten Auffassung vom menschlichen Geist geführt?*

Prof.P.C.: Ich weigere mich nachdrücklich, Seele und Körper voneinander zu trennen. Es gibt Anhänger des Immanenten, die zu Pantheisten werden, und dann gibt es noch die Anhänger des Transzendenten. Ich stimme völlig mit der Kirche überein, daß sie den Pantheismus verurteilte. Sie hatte recht. Ein Gott ohne transzendente Dimension wäre nicht der wahre Gott. Ich hätte mir aber auch gewünscht, daß man den Transzendentismus verurteilte. Wohlgemerkt, Gott ist transzendent, aber auch immanent, man darf beides nicht voneinander trennen. Wenn Sie sagen, Gott ist rein transzendent, dann weiß man nicht mehr, wo man ihn ansiedeln soll. Wie der Pater HANS URS VON BALTHASAR sagt, steckt die Wahrheit im Panentheismus, der Allgegenwart Gottes, Gott ist irgendwie in allem enthalten. Als Wissenschaftler sehe ich die Erscheinungen, und diese Erscheinungen implizieren Transzendenz. Wie TEILHARD VON CHARDIN sagte, geht man nicht einzig vorwärts oder aufwärts, sondern aufwärts und vorwärts, man steigt empor ... man kann aber auch zurückfallen!

E.E.V.: *Wie weit geht diese Freiheit, die das menschliche Gehirn ermöglicht – bis in den Zustand des Komas, des unmittelbar drohenden Todes? Endet sie in dem Augenblick, da die Gehirnfunktion aufhört, oder geht sie darüber hinaus?*

Prof.P.C.: Ich trenne nicht zwischen Materiellem und Spirituellem. Eine Zeitlang, das liegt schon lange zurück, bemühte ich mich, das Spirituelle in der Gehirnfunktion zu entdecken, und setzte mich mit allen möglichen Denkrichtungen auseinander. Für die alten mechanistischen Materialisten war ich ein Skandal. Sie sagten, daß ich die Wissenschaften entstellte, um sie zwangsweise zu bekehren. Danach kamen die neuen Materialisten, es gab Marxisten unter ihnen, die mich keineswegs für skandalös hielten und mir sogar dankbar waren, daß ich sie anregte, das Spirituelle in der Gehirnfunktion zu entdeken. Zur Zeit kann man sagen, daß jedermann sich als Spiritualist ausgeben könnte, mit anderen Worten, es besteht eine Gewißheit, daß der Mensch ein spirituelles Wesen ist. Das Problem, das uns trennt und das bewirkt, daß die Materialisten nicht wagen, sich Spiritualisten zu nennen, besteht darin, daß die volle Dimension des Spiritualismus die Frage impliziert, ob mit dem Tod alles zu Ende ist oder nicht. Dieses Problem ist jedoch kein wissenschaftliches, und deshalb müssen hier Überlegungen anderer Art angestellt werden.

Das Bewußtsein

E.E.V.: *Glauben Sie, daß sich das Bewußtsein in den Neuronen der Hirnrinde befindet, oder meinen Sie, daß es zeitlos und immateriell ist, aber vorübergehend, während des irdischen Lebens, im Gehirn lokalisiert ist? Anders gesagt, ist das Gehirn der Sitz des Bewußtseins oder nur dessen Dechiffriergerät?*

Prof.P.C.: Ich stimme Ihnen zu, daß das Bewußtsein spirituell ist, aber für die Wissenschaft stellt es sich materiell dar, ins Gehirn integriert. Wir begegnen immer wieder der Immanenz des Transzendenten.

E.E.V.: *Ist das Bewußtsein notwendig an ein materielles Substrat gebunden, oder können Sie sich beim Zerfall des menschlichen Körpers, also auch des Gehirns, ein Überleben des Bewußtseins ohne materielles Substrat vorstellen?*

Prof.P.C.: Ich habe kein wissenschaftliches Mittel, um zu beweisen, daß mit dem Tod alles verschwindet. Wenn die Seele die Form des Körpers ist, wie es die Philosophie des heiligen THOMAS VON AQUIN darstellt, dann sieht die Wissenschaft den Körper nur lebendig, durch die Seele informiert, aber mir steht keinerlei wissenschaftliches Mittel zu Gebote, herauszufinden, ob es einen wesensmäßigen Unterschied gibt zwischen einer Tierseele, die mit dem Tod verschwinden, und der menschlichen Seele, die überleben würde. Doch der ganze objektive Unterschied zwischen Mensch und Tier spricht eher für die Möglichkeit eines Überlebens. Nehmen wir zum Beispiel die Geriatrie, die Wissenschaft vom Altern. Normalerweise ist das Altern mit einem Rückgang verbunden, der jedoch mit einer zunehmenden Reife einhergeht. Somit kann man sich fragen, ob es logisch ist, daß ein Geschöpf fortfährt, sich zu vervollkommnen, um schließlich zu verschwinden. Es wäre doch viel logischer anzunehmen, daß die Entwicklung in die Richtung einer echten Zustandsänderung geht, aber das vermag die Wissenschaft nicht zu beweisen.

E.E.V.: *In Ihrem Werk sprechen Sie von biologischem Bewußtsein und definieren dieses wie folgt: »Grad des Bewußtseins niederer Lebewesen, ein*

Begriff, der dazu dient, gleichzeitig den Unterschied zu und die Ähn-
lichkeit mit dem menschlichen Bewußtsein anzuzeigen.« *Ich wüßte*
gerne, ob Sie auch eine Form von Bewußtsein auf der Ebene der
menschlichen Zelle annehmen und ob Sie einen Einfluß hinsichtlich des
Phänomens der NTE sehen.

Prof.P.C.: Ich bin dessen sicher und möchte in diesem Zusammen-
hang meinen Lehrer LOUIS LAPICQUE würdigen, der ein großer
Neurophysiologe war. Interessanterweise war Lapicque Materialist,
Freimaurer und Atheist. 1951 fand einer der ersten Kongresse über
Kybernetik statt. Die Physiker prophezeiten, es werde eines Tages
einen bewußten, denkenden Roboter geben. Dem widersprach Lapicque, indem er erklärte, dies sei völlig ausgeschlossen, weil das
Bewußtsein eine Eigenschaft des Lebens ist, und daß man, so kein
Leben vorhanden wäre, ein noch so kompliziertes Räderwerk erfin-
den könne, ohne doch das angestrebte Ziel zu erreichen. In seinen
letzten Publikationen, die er am 10. März und am 7. April 1952
der Akademie der Wissenschaften vorlegte, sprach er sich für den
Begriff eines Zellbewußtseins aus. Danach ist das menschliche Bewußtsein eine Integration des Bewußtseins jeder einzelnen Zelle
oder der Zellseelen. Er fügte hinzu, und damit ging er weit über
sein Fachgebiet hinaus, daß die Seele immateriell, aber nicht unsterblich sei. Er hatte kein wissenschaftliches Argument, um dies zu
beweisen. Als ich mich damals mit dieser Frage auseinandersetzte,
habe ich den Begriff »biologisches Bewußtsein« erfunden, um zu
zeigen, daß das Bewußtsein eine biologische Basis hat, gleichwohl
aber natürlich einer anderen Dimension angehört.

E.E.V.: *Der Traum ist unbewußt. Er gelangt nur in unser Bewußtsein,*
wenn wir uns beim Erwachen daran erinnern. Könnte der Mecha-
nismus der NTE analog sein?

Prof.P.C.: Ganz sicher besteht eine Analogie. Was geschieht wirklich
während des Traums in unserem Gehirn? Wir wissen nichts darüber, und es ist praktisch unmöglich zu definieren, was wirklich im
Traum geschehen ist und was wir anschließend davon erzählen. Im
allgemeinen ist der Traum gänzlich nonverbal. Eine der größten
Entdeckungen der Nervenphysiologie betrifft exakt den Traum. Auf
diesem Gebiet hat vor allem der französische Mediziner JOUVET viel

gearbeitet. Vor diesen Forschungen konnte ein Nervenphysiologe allenfalls etwas über seine eigenen Träume erzählen, und das war's dann. Die Psychoanalyse befaßte sich mit dem Traum, aber wir waren überzeugt, daß man entweder bewußt ist, nämlich im Wachzustand, oder schläft, und daß zufällig im Schlaf Träume auftraten. Heute unterscheidet man drei Zustände: den Wachzustand, den Schlafzustand (tiefer Schlaf, leichter Schlaf) und den paradoxen REM-Schlaf mit den schnellen Gehirnwellen und Augenbewegungen (REM = *rapid eye movements)* der Traumphase. Diese Entdeckung hat die Neurophysiologie dem Begriff der Bewußtseinszustände geöffnet, der eine echte Revolution bewirkte und viele Neurophysiologen veranlaßte, sich mit mystischen Zuständen und mit allen Phänomenen dieser anderen Bewußtseinszustände zu befassen. Hier stoßen wir auf die Komplexität des Bewußtseins. Nehmen wir zum Beispiel die Hypnose. Früher galt sie als Schlafzustand, als provozierter Schlaf. Heute wissen wir, daß dies völlig falsch ist. Man bemühte sich verzweifelt, bei Hypnotisierten die langsamen Schlafwellen nachzuweisen, aber das Gehirn ist während der Hypnose wach. Folglich würde man die Hypnose am treffendsten als hypnotische Vigilanz definieren, mit anderen Worten, ein hochkonzentrierter Wachzustand in der Beziehung zwischen Hypnotisiertem und Hypnotiseur. Alle mystischen Zustände beispielsweise schienen von irgendwoher zu kommen; dabei weiß man heute, daß die betreffende Person in diesen Bewußtseinszuständen wacher ist als wir Nervenbündel im Alltag.

E.E.V.: *Dr. Anthony Marcel von der Universität Cambridge hat das Funktionieren der intellektuellen Aktivität untersucht. Er erarbeitete einen Test, bei dem Wörter so blitzartig auf eine Wand projiziert wurden, daß die Studenten, die an dem Experiment teilnahmen, sie nicht erkennen konnten. Wider Erwarten konnten neunzig Prozent der Studenten die projizierten Wörter korrekt wiedergeben. Dr. Marcel zieht daraus den Schluß: »Wir registrieren den Sinn der Wörter ohne Beteiligung des Bewußtseins. Ich halte es mit den Philosophen, die die Ansicht vertreten, das Bewußtsein sei in einem gewissem Maß eine gesellschaftliche Übereinkunft.« Wie finden Sie das?*

Prof.P.C.: Das Problem besteht darin, das Biologische und das Soziale

einander gegenüberzustellen. Ich spreche von biologischem Bewußtsein, bestehe aber darauf, daß alles biosoziologisch ist. Der
Mensch ist als soziales Wesen angelegt, und daher werden wir erst
wirklich »menschlich« durch den Erwerb der Sprache, wenn wir das
Körperschema verbalisieren. Der Taube, der sich nicht hört, wird
stumm sein, obwohl er natürlich die Fähigkeit zu sprechen besitzt.
Für ein echtes Bewußtsein bedarf es der Verbindung zwischen dem
Selbstbild, dem Körperschema und jeglichem Phänomen, das sich
im Gehirn abspielt. Die sinnliche Wahrnehmung ist dem Gehirn
zunächst unbewußt, und es braucht eine bestimmte Zeit, bis sie
ihm bewußt wird, daher kommt die Komplexität all dieser
Phänomene.

E.E.V.: *Das Experiment von Dr. Marcel geschieht also wirklich ohne den
Einfluß des Bewußtseins?*

Prof.P.C.: Die Wörter werden registriert, bevor sie uns bewußt werden, das steht fest. Hier möchte ich auf Sigmund Freud hinweisen,
der nicht als Neurologe sprach, aber dennoch sagte, daß die gesamte Gehirnfunktion per Definition unbewußt ist und daß die
Bewußtwerdung nur ein zusätzliches Phänomen ist, sicher das
wesentlichste, aber alles geschieht zunächst ohne das Bewußtsein.

Die Zustände veränderten Bewußtseins

E.E.V.: *Im Abendland haben die Materialisten vier, und nur vier, Bewußtseinszustände definiert, nämlich Wachen, Schlaf, Koma und Tod.
Glücklicherweise orientiert sich die heutige Auffassung an einer erweiterten Betrachtungsweise, die zweifellos der Realität näher ist. Wie ist
Ihre Einstellung zu diesem Problem?*

Prof.P.C.: Hier vergißt man die wichtige Ebene des Traums. Der
Traum ist ein völlig anderer Zustand, der die Mannigfaltigkeit der
Bewußtseinsebenen zeigt. Andererseits gibt es ein mehr mensch-
liches Wachbewußtsein und einen affektiven und intuitiven
Wachzustand animalischen Typs. Beim menschlichen Bewußtsein

animalischen Typs handelt es sich ganz einfach um das nonverbale Bewußtsein der rechten Hirnhälfte, die auf Grund der höheren Entwicklung des menschlichen Gehirns gewiß viel vollkommener als ein tierisches Gehirn, aber dennoch vom animalischen Typ ist. Man kann also sagen, daß der Mensch ein perfektioniertes Tier ist. Was das Koma und vor allem den Tod betrifft, ging man von einem Fehlen von Bewußtsein aus. Hier liegt das ganze Problem.

E.E.V.: *Was geschieht eigentlich während veränderter Bewußtseinszustände, zum Beispiel während einer Meditation, auf der neurophysiologischen Ebene?*

Prof.P.C.: Wenn man Menschen untersucht, die Yoga oder Zen praktizieren, erkennt man sehr leicht, daß es sich dabei um einen alphawellenbetonten Zustand der Entspannung handelt, also um einen völlig normalen Hirnfunktionszustand, der nichts mit Psychopathologie zu tun hat. Leider ist die Technik der Elektroenzephalographie noch zu primitiv, um uns sehr präzise Erkenntnisse zu liefern, aber die Entdeckungen, von denen wir heute Kenntnis haben, widersprechen der Vorstellung der materialistischen Psychiater, daß es sich um Psychopathologie handle.

E.E.V.: *Befindet sich das Gehirn in diesen Fällen in einem völlig normalen, alltäglichen Zustand oder in einem Zustand erhöhter Wachsamkeit?*

Prof.P.C.: Wie die Nervenphysiologen des japanischen Zen sagten, die ich dank DESHIMARU kennenlernte, mit dem ich das Buch *Zen et cerveau* (»Zen und Gehirn«) veröffentlicht habe, ist das Gehirn während der Meditation normaler als bei so wenig normalen Menschen, wie wir es sind! Das Gehirn befindet sich in einem Zustand der Ruhe, der Bewußtseinshelligkeit, was auch einen Zustand affektiver Ruhe beinhaltet, während bei uns der Lügendetektor zeigt, wie aufgewühlt wir oft sind. In diesem Zusammenhang kann ich Ihnen eine kleine Anekdote erzählen. Ein Deutscher, EUGEN HERRIGEL, geht nach Japan, um Bogenschießen zu lernen. Als braver Abendländer plagt er sich und bemüht sich verzweifelt, die Sache richtig zu machen. Ergebnis: Er versagt. Der Meister spricht zu ihm: »An dem Tag, an dem du nicht mehr den Erfolg suchst, wird die Stille in dir sein, und es wird dir gelingen.« Dies scheint der Gegenpol des Willens zu sein, aber dies ist das Geheimnis des wahren Willens: die optimale Wachsamkeit.

E.E.V.: *Sehr viele Zeugen versichern, daß sie während ihrer NTE über eine vervielfachte Wahrnehmungsfähigkeit und eine absolute Bewußtseinshelligkeit verfügten. Sie hatten den Eindruck, Zugang zu haben zu einem universalen Wissen, den Zusammenhang zwischen allen Dingen und den Sinn des Lebens wirklich zu verstehen. Alles geschieht, als würde die Tatsache, daß wir Gefangene der Materie sind, uns blind machen, uns am Sehen und Erkennen hindern, und als könnten wir unser wahres Potential nur durch die Trennung von unserem physischen Körper verwirklichen.*

Prof.P.C.: Wenn ich dazu neige, dieser Vorstellung zuzustimmen, obwohl ich es nicht beweisen kann, dann deshalb, weil ich sie auf einer anderen Ebene sehe. Tatsächlich ist es sehr schwer für uns, das wahre Wirkliche zu sehen, weil wir unser Gehirn oft sehr schlecht nutzen: Wir sind Intellektuelle, die sich in Ideen verloren haben, und wir sehen nicht die Realität. JEAN PAUL SARTRE bekennt in seinem Selbstzeugnis *Die Wörter*, daß er sich während seiner ganzen Kindheit, weil er Grauen vor der Natur empfand, in einer Bibliothek einschloß, um zu lesen und zu denken. Er war also völlig außerhalb des Realen. Wir haben ein verbales Denken, ein begriffliches Denken, aber das aktuelle Wissen in der rechten Hirnhälfte zeigt uns, daß es das intuitive Denken ist, das uns zur Vereinigung mit der Wirklichkeit führt. Mit anderen Worten, wir sind Teil des Realen, wir sind der Höhepunkt der evolutionären Komplizierung des Realen, und deshalb können wir es verstehen. Ich sage immer spaßhaft: Wenn du die Regel allen Gleichgewichts, allen Verständnisses, aller Moral finden willst, vergiß nicht dein Corpus callosum! Sie wissen, das Corpus callosum ist der Balken, ein Faserbündel aus weißer Substanz, das die beiden Gehirnhälften miteinander verbindet. Diese Entdeckungen, die von ROGER W. SPERRY bei der Durchtrennung des Balkens gemacht wurden, haben die rechte Hirnhälfte rehabilitiert. Beide Gehirnhälften müssen sich ineinander verzweigen. Es geht nicht darum, die Überlegenheit des intellektuellen Gehirns zu leugnen, aber die Aufgabe des menschlichsten Hirnteils, des Präfrontalhirns, besteht genau darin, die beiden Hälften zu vereinen. Wenn man also sieht, was ein richtiges Funktionieren eines gesunden Gehirns ist, im Gegensatz zu allem, was moderne Bildung vermittelt, dann sieht man die Realität der guten Hirnfunktion. Ich benutze dauernd das Wort »zerebral«, was natürlich für einen Nervenphysiologen normal ist, aber ich sage oft, daß der Mensch, den man im üblichen Sinn als »zerebral« qualifiziert, ein Intellektueller ist, der sich in seinen Vorstellungen verloren hat, also jemand, der sein Gehirn nicht zu gebrauchen weiß. Hier spielt die Frau eine Rolle beim Dialog über das Weibliche und Männliche. In einem bestimmten Augenblick ist die Frau dem sehr großzügig gewordenen Mann, der eingestand, daß sie ihm nicht unterlegen, sondern ihm ebenbürtig war, fast in die Falle gegangen. Zu seinem Glück hat die Frau heute begriffen, daß sie eine Frau ist, daß sie der Realität viel näher ist als der Mann und daß sie ihn lehren muß, sich nicht mehr rein geistig zu verstehen, sondern das Affektive wiederzuentdecken.

Das Gedächtnis

E.E.V.: *Bei der Erforschung der NTE stellt das Gedächtnis ein wesentliches Element dar. Bevor wir uns mit Fragen befassen, die sich direkt darauf beziehen, wüßte ich gern, ob die Funktion des Gedächtnisses im Bewußten oder im Unbewußten angesiedelt ist.*
Prof.P.C.: Wie bei allen Funktionsmechanismen des Gehirns ist jegliche Registrierung des Bewußtseins im wesentlichen ein unbewußtes Phänomen, die Bewußtmachung des Gedächtnisses erfolgt erst danach. Der Beweis dafür, wie ihn die Psychoanalyse erbracht hat, besteht darin, daß uns alles eingeprägt wird, noch bevor unser Bewußtsein sich in den ersten Lebensjahren entwickelt hat. Wenn ein Hypnotiseur jedoch erklärt, der Schrei, den ein Klient unter Hypnose ausgestoßen hat, rühre daher, daß er wiedererlebt, wie der väterliche Samen in das mütterliche Ei eindringt, dann bin ich eher skeptisch; aber dennoch gibt es ein pränatales Gedächtnis, auch wenn

das Wiedererinnern begrenzt ist. Ganz sicher verfügt das Gedächtnis über enorme Fähigkeiten. Indessen können bestimmte affektive Traumata, wie die Psychoanalyse nachgewiesen hat, nie spontan ins Bewußtsein gerufen werden. Aufgabe der Psychoanalyse ist daher, sie wieder bewußtzumachen, hauptsächlich über den Traum.

E.E.V.: *Welchen Sinn hat nach Ihrer Auffassung die Einrichtung und Unterhaltung dieser Datenbank, die sich in unserem Unbewußten befindet, nur teilweise zu unseren Lebzeiten zugänglich ist und die bei einer NTE etwas freisetzt, was wahrscheinlich nur einen geringen Teil der gespeicherten Informationen darstellt?*

Prof.P.C.: Gewiß, es handelt sich um die Erinnerungen des ganzen Daseins. Man hat stets behauptet, daß manche Menschen im Augenblick des Todes alle Ereignisse ihres Lebens wiedererleben. Tatsächlich geht unser Gedächtnis – das, was uns eingeprägt ist – um vieles über das hinaus, woran wir uns erinnern. Folglich ist es durchaus möglich, daß sich unter bestimmten Umständen, wie etwa im Augenblick des Todes, alles in uns Gespeicherte manifestiert. In Wahrheit steckt die Physiologie des Gedächtnisses noch gänzlich in den Kinderschuhen. Insbesondere beim Altern und in bestimmten Fällen von Alkoholismus bleiben frische Erinnerungen nicht haften, und nur das Langzeitgedächtnis funktioniert. Doch welche materielle Grundlage haben Erinnerungen? Es wurden Untersuchungen durchgeführt, bei denen man den Einfluß verschiedener chemischer Substanzen klären wollte, aber nichts wurde bewiesen. Es ist sicher, daß dieses Phänomen an einen Mechanismus im Gehirn gebunden sein muß, aber nichtsdestoweniger gibt es zum Beispiel den Fall des Affen, der stark unterkühlt wird und dessen Gehirnfunktion folglich vollkommen stillsteht, aber sobald Sie ihn reanimiert haben, wird er sich sehr wohl erinnern, daß er nichts bekommt, wenn er auf den roten Knopf drückt, aber eine Banane, wenn er den grünen Knopf drückt. Die Erinnerung ist also vorhanden. Aber wie ist das möglich, wie ist es fixiert? Es gibt einen Haufen Hypothesen, aber im Grunde weiß man überhaupt nichts.

E.E.V.: *Und was ist, Ihres Erachtens, der Sinn dieser Datenbank, aus der wir schließlich zu unseren Lebzeiten so wenig schöpfen und von der wir vielleicht bei der NTE nur einen kleinen Teil gebrauchen?*

Prof.P.C.: Sehen Sie, das Gedächtnis ist eine Restrukturierung des Gehirns. Es handelt sich also um ein zerebrales Phänomen, das sich verwirklicht hat und das wiederholbar ist. Sie fragen sich, ob das Gedächtnis materiell oder spirituell ist, ich glaube, es ist beides zugleich. Wir haben es mit einer zerebralen Organisation zu tun, aber wenn die Seele die Form des Körpers ist, besagt der hinter dieser zerebralen Organisation verborgene spirituelle Aspekt, daß das Spirituelle sich fortsetzen können muß, wenn das Materielle verschwindet.

E.E.V.: *Bei der Lebensrückblende der Experiencer wird eine riesige Menge an Informationen freigesetzt. Die Betroffenen erinnern sich an weit zurückliegende Ereignisse, an längst vergessene Details. Unser bewußtes Gedächtnis erscheint also äußerst arm, verglichen mit dem unbewußten Gedächtnis, das unermüdlich alle Daten unseres Alltagslebens speichert und bei einer NTE aktiv wird. Läßt sich das bewußte Gedächtnis im Verhältnis zum unbewußten Gedächtnis quantifizieren?*

Prof.P.C.: Es lassen sich drei mögliche Fälle aufzählen: zum einen, daß man sich leicht erinnert, ferner die blockierte Erinnerung, wie die Psychoanalyse zeigt, und schließlich die Grenzfälle dazwischen. Dieser Fall wird zum Beispiel in den Experimenten von PENFIELD evoziert, bei denen das wache Gehirn mit Reizen traktiert wurde und Gedächtnisinhalte zurückkehrten. Der Proband erinnerte sich nicht und war völlig erstaunt, daß ihm während des Experiments bestimmte Ereignisse wieder bewußt wurden. Mit Sicherheit wäre diese Erinnerung im Zusammenhang mit einem bestimmten Ort oder einer bestimmten Situation eines Tages wieder im Gedächtnis aufgetaucht. Es gibt also das, was befestigt ist, und das, was nicht befestigt ist, aber das sind sehr komplexe Mechanismen.

E.E.V.: *Aber das unbewußte Gedächtnis enthält viel mehr als das, woran man sich erinnert.*

Prof.P.C.: Ja, ganz richtig. Im Grunde erreicht unser Bewußtsein erst in dem Augenblick eine volle menschliche Dimension, in dem das Kind zu sprechen beginnt. Dennoch, alles, was es vorher, vom Beginn der Empfängnis an, erlebt hat, ist ihm eingeschrieben. FRANÇOISE DOLTO hat dies in einem sehr wissenschaftlichen Kontext praktisch untersucht und ganz außergewöhnliche Ergebnisse erzielt, indem sie sich mit Neugeborenen in der Sprache der Erwachsenen unterhielt. Früher betrachtete man das Bewußtsein von Föten als etwas rein Materielles, Biologisches, denn man bedachte die Hierarchie des Bewußtseins sowenig wie die Tatsache, daß die affektiven Zentren im Hirnstamm sich lange Zeit vor der Geburt entwickeln, während dies bei der Hirnrinde nicht zutrifft.

E.E.V.: *Es ist bekannt, daß sich nur dreißig Prozent der Personen, die unmittelbar vom Tod bedroht waren, an eine NTE erinnern. Es ist denkbar, daß die übrigen siebzig Prozent keine NTE erlebten, aber ebenso wäre es möglich, daß jeder unmittelbar vom Tod Bedrohte eine NTE macht, aber nur dreißig Prozent sich daran* erinnern. *Welche Auffassung vertreten Sie bei dieser Frage?*

Prof.P.C.: Natürlich kann man es nicht wissen, aber ich halte Ihre Hypothese durchaus für möglich. Alles hängt vom Charakter des betroffenen Individuums ab. Jeder Mensch ist anders. Es wäre interessant herauszufinden, in welchem Prozentsatz diese Erfahrungen angenehm sind, denn anscheinend sind manche NTE negativ getönt. Vielleicht gibt es zwischen diesen beiden Arten der NTE neutralere Erfahrungen, die den Experiencer weniger beeindrucken und deshalb leichter vergessen werden.

E.E.V.: *Die Fähigkeit, sich zu erinnern, wird deutlich verbessert, wenn man sich im selben Bewußtseinszustand befindet wie zu dem Zeitpunkt, da das fragliche Ereignis geschehen ist oder, allgemeiner, da das Individuum eine bestimmte Information gespeichert hat. Kann die Tatsache, daß ein Mensch den mit der unmittelbaren Todesbedrohung verbundenen besonderen Bewußtseinszustand verlassen hat, erklären, daß siebzig Prozent der Personen, die dem Tod entronnen sind, keinerlei Erinnerung an eine NTE haben?*

Prof.P.C.: Das läßt sich vielleicht mit dem erklären, was wir über das normale Gedächtnis gesagt haben. Nach den Erkenntnissen der Psychoanalyse besteht die Möglichkeit, daß unangenehme affektive Traumata verdrängt werden, und das gleiche Phänomen könnte auch unter diesen Bedingungen zutreffen.

E.E.V.: *Das Wieder-Erinnern einer Information scheint sehr stark mit den damit verbundenen Gefühlen verknüpft zu sein. Könnte man sagen, daß das Erinnerungsvermögen nicht nur an einen bestimmten Be-*

*wußtseinszustand, sondern auch an einen bestimmten emotionalen Zu-
stand gebunden ist?*
Prof.P.C.: Auf jeden Fall. Intellektualismus und Rationalismus haben
die emotionalen Zustände zu gering geachtet und abgewertet, obwohl gerade sie das wesentliche Phänomen sind. Bekanntlich läßt
sich ein bedingter Reflex beim Tier nur auslösen, wenn man ihm
sozusagen als Gegenleistung etwas anbietet, das es interessiert; an-
dernfalls reagiert es nicht, und das Experiment mißlingt. Das Affektive bringt die rechte Gehirnhälfte wieder zur Geltung, und das haben wir noch nicht recht begriffen. Was wird die Oberhand gewinnen, das Herz oder der Verstand? Die Antwort ist die Synthese bei-
der, und das Höchste im menschlichen Wesen ist sicher das Herz.
Ich greife einen Begriff von BRUNO BETTELHEIM auf und spreche von
»bewußtem Herzen«, gemeint ist die Synthese von Herz und Verstand, die so schwer zu verwirklichen ist.
E.E.V.: *Wäre es denkbar, daß eine geeignete psychologische Konditionie-
rung den siebzig Prozent, die dem Tod entkommen sind, helfen könnte,
sich an eine NTE zu erinnern, die sie vielleicht erlebt, aber vergessen
haben, und halten Sie das für wünschenswert?*
Prof.P.C.: Ob das wünschenswert wäre, weiß ich nicht. Für die Menschen, die diese Erfahrung als positiv erlebten, ist es natürlich sehr
gut. Tatsächlich beruht alles, was mit dem Gehirn zusammenhängt,
auf Training, und folglich ist alles Gedächtnistraining. Somit ist es
durchaus möglich, daß ein gut trainiertes Gehirn sich leichter erinnert. Sie weisen hier auf eine sehr interessante Forschungsrichtung
hin.
E.E.V.: *Die pränatalen Erinnerungen tauchen nur unter besonderen
Umständen auf, die durch bestimmte Verfahren hervorgerufen werden.
Zu diesem Punkt zitiere ich eine Passage aus dem Buch* Les étonnants
pouvoirs de la mémoire *(»Die erstaunliche Macht des Gedächtnisses«)
von* SHEILA OSTRANDER *und* LYNN SCHROEDER: *»Der französische Arzt
Dr. ALFRED TOMATIS hat sein Leben der Erforschung des menschlichen
Gedächtnisses gewidmet, um dieses für die Gesundheit, das Wohlbefin-
den und die Kreativität wieder nutzbar zu machen … Eines Tages war
Tomatis mit einem besonders abwegigen Fall befaßt, der ihn motivierte
nachzuweisen, daß pränatales Gehör und Gedächtnis das weitere Leben*

prägen. In seinem Therapiezentrum in Paris wurde ihm Odile, ein vier-
jähriges autistisches Mädchen anvertraut. Sie war stumm und schien
gehörlos zu sein. Im Laufe der Therapie, bei der das Gehör mit hochfre-
quenten Tönen beschallt wurde, tauchte das Kind aus seiner langen
Stille empor. Nach einem Monat konnte es hören und sprechen. Die
Familie war gleichzeitig entzückt und betroffen. Nach vier Jahren der
Sprachlosigkeit konnte Odile sprechen, aber sie sprach nicht Franzö-
sisch, sondern Englisch! Wo hatte sie das gehört oder gelernt? ... Mit
detektivischen Spürsinn untersuchte Dr. Tomatis die mütterliche
Biographie und entdeckte den Schlüssel zu dem Rätsel. Odiles Mutter
hatte während ihrer Schwangerschaft in einer Import-Export-Firma ge-
arbeitet, in der nur Englisch gesprochen wurde. Odile hatte im Mutter-
leib bis zu ihrer Geburt Englisch sprechen gehört.« Ich habe den Eindruck, daß man zwischen diesem Bericht und den NTE Parallelen
ziehen kann, da in beiden Fällen und am Beginn wie am Ende des
Lebens die Erinnerungen von weit her kommen!

Prof.P.C.: Was TOMATIS sagt, wäre früher nicht akzeptiert worden.
Heute werden diese Überlegungen zumeist ernst genommen.
Tatsächlich gibt es viele Untersuchungen über das pränatale Hören
und über Kinder, die während ihres intrauterinen Daseins eine Melodie hörten und, wenn man sie ihnen nach der Geburt wieder vor-
spielt, durch ihre Freude zu erkennen geben, daß ihnen die Melodie
vertraut ist.

E.E.V.: *Sehen Sie eine Parallele zur Erinnerung an eine NTE, die ja*
ebenfalls von weit her kommt, wenn auch vom anderen Ende des Le-
bens?

Prof.P.C.: Das ist schwer zu sagen, aber es würde sich gewiß lohnen,
das zu untersuchen.

E.E.V.: *Aber die Mechanismen sind nicht dieselben, denn der Fötus exi-*
stiert ja, während man bei einem unmittelbar vom Tod bedrohten
Menschen nicht mehr genau weiß, wo er anzusiedeln ist.

Prof.P.C.: Das enorme Problem besteht in der Beziehung zwischen
dem, was sich im Gehirn abspielt, und dem, was nicht mehr zum
Gehirn gehört. Wenn man sagt, eine Person habe dies oder jenes
während einer NTE gesehen, dann hat sie das nicht mit ihren Augen gesehen, wogegen der Fötus natürlich mit seinen Ohren hört,

die sich sehr früh entwickeln. Das ganze Problem der NTE besteht darin, daß sie eine Psychologie ohne funktionierendes Gehirn impliziert und daß sie sich ihm gleichwohl einprägt. Dies wäre wie eine vorübergehende Trennung von Leib und Seele, die der psychosomatischen Einheit entgegengesetzt ist.

E.E.V.: *Was sich in bezug auf den Fötus abspielt, ist demnach materieller als das, was beim Experiencer geschieht?*

Prof.P.C.: Ja, gewiß.

E.E.V.: *Das automatische oder reflektorische Gedächtnis bleibt erhalten, wenn das intellektuelle oder semantische Gedächtnis außer Kraft ist, zum Beispiel im Fall der Amnesie. Dennoch scheinen die Erinnerungen der Experiencer nicht dieser Art von Gedächtnis zu entstammen, da sie ganz erheblich präziser sind als die unseres alltäglichen Bewußtseins. Welche Art des Gedächtnisses ist bei der NTE wirksam?*

Prof.P.C.: Es überwiegt stets der Aspekt der Affektivität, mehr als das Intellektuelle. Sicher sind deshalb bei diesen Erfahrungen das affektive und das sensorische Gedächtnis wirksam, mehr als das intellektuelle Gedächtnis.

E.E.V.: *Zahlreiche Experiencer erzählen, sie hätten während ihrer NTE Zugang zu einem absoluten Wissen gehabt, das einem universalen Gedächtnis vergleichbar ist. In diesem Zusammenhang wüßte ich gerne, was Sie über die multiplen Persönlichkeiten denken. Es gibt den krankhaften Fall von Menschen, die bis zu zehn oder zwölf verschiedene Persönlichkeiten in sich tragen, von denen eine oft die Rolle des »Lehrers« spielt, der über hohe Intelligenz und ein fast allwissendes Gedächtnis verfügt. Sehen Sie einen Zusammenhang zwischen diesen beiden Phänomenen?*

Prof.P.C.: Die multiplen Persönlichkeiten gehören in den Bereich der Psychiatrie. Es gibt aber auch mystische Erfahrungen wie das Verlassen des Körpers, Menschen, die ihren physischen Leib verlassen und anderen Menschen erscheinen und ihnen Ratschläge erteilen. Man spricht in diesen Fällen oft von Betrug, und tatsächlich handelt es sich hier nur um Berichte, doch im Grunde weiß man nicht recht, was da wirklich passiert.

E.E.V.: *Mich interessiert bei diesem speziellen Punkt das absolute Wissen, das den Experiencern angeblich zugänglich ist. Im Fall der multiplen*

Persönlichkeiten begegnet einem der gleiche Begriff des universalen Wissens.

Prof.P.C.: Wir neigen zu sehr dazu, uns von der Welt abzutrennen; aber wir entstammen doch der Erde, und deshalb sind wir in einem kosmischen Bewußtsein verwurzelt, das wir normalerweise nicht bemerken.

E.E.V.: *Meinen Sie das kollektive Unbewußte von C. G. JUNG?*

Prof.P.C.: Ja, ich denke gerade an Jung. Man trennt das individuelle viel zu stark vom universalen Bewußtsein, nicht nur vom sozialen, sondern auch vom kosmischen Bewußtsein. Im Grunde schafft sich die Welt ein reflektiertes Bewußtsein in uns. Wenn wir nun fähig sind, die Welt zu begreifen, dann eben deshalb, weil unser Gehirn aus der gleichen Materie, aus der gleichen Energie besteht wie die Welt. Ohne das wäre das Gehirn unfähig, es zu begreifen.

E.E.V.: *Und bestimmte Zustände, wie etwa der unmittelbar drohende Tod, lassen uns leichter als andere einen Zugang dazu bekommen.*

Prof.P.C.: So ist es. In diesen Zuständen verschwindet das höhere, intellektuelle, verbale Bewußtsein, und man nähert sich stärker einem affektiven Bewußtsein, also dem Bewußtsein der rechten Gehirnhälfte, dem animalischen Bewußtsein.

E.E.V.: *Also mehr dem Instinkt als dem Intellekt.*

Prof.P.C.: Ganz richtig.

Der Tod

E.E.V.: *Ich zitiere eine Passage aus Ihrem Buch* La mort *(»Der Tod«):* »... *unter diesen Bedingungen ist der Tod eine Prognose, die alle Chancen hat, Wirklichkeit zu werden. Wenn es also gelingt, diese angebliche Leiche durch einige bekannte oder noch zu erfindende Verfahren zu reanimieren, dann darf man nicht, wie es häufig geschieht, von Auferstehung sprechen. Die Wissenschaft macht die Toten nie und nimmer lebendig, aber es kann ihr und wird ihr mehr und mehr gelingen, den Tod zu verzögern, den normalerweise unaufhaltsamen Tod der noch le-*

benden Zellen zu verhindern – aber das ist schlicht Reaktivierung oder Reanimation.« Vermutlich schließen Sie daraus, daß Menschen, die eine NTE machten, nicht wirklich tot waren, wenn sie auch für klinisch tot erklärt wurden, denn sie kehrten ja ins Leben zurück.

Prof.P.C.: Ja, richtig, diese Personen waren nicht tot, es gab keine Auferstehung. Ich kann mir nur bei der Geschichte des Lazarus im Neuen Testament vorstellen, daß es sich um eine echte Totenerweckung handelt, ob man nun daran glaubt oder nicht. Das ist etwas ganz anderes als eine Reanimation.

E.E.V.: *»Klinischer Tod« heißt also nicht, daß die betroffene Person gestorben war?*

Prof.P.C.: Wenn Sie so wollen, handelt es sich um einen Übergang vom Leben zum Tod, der nicht vollendet wurde. Man kann sich aber folgende Frage stellen: In welchem Ausmaß kann man, während man sich diesem postmortalen Zustand nähert, dennoch etwas wahrnehmen und später erinnern?

E.E.V.: *Was halten Sie von der folgenden Aussage eines Experiencers, den KENNETH RING interviewt hat: »Als nächstes erinnere ich mich, daß ich in … war, ich stand aufrecht in dichtem Nebel und wußte sofort, daß ich tot war, und ich war so glücklich, tot zu sein und trotzdem noch am Leben zu sein. Ich kann Ihnen nicht sagen, wie mir zumute war. Ich dachte: ›O Gott, ich bin tot, aber ich bin hier, ich bin ich‹, und ich floß über von einem ungeheuren Gefühl der Dankbarkeit.«*

Prof.P.C.: Wir leben immer ein bißchen in der Angst davor, was nach dem Tod sein wird, denn im Grunde wissen wir nichts darüber. Auch ein gläubiger Mensch hat keine Gewißheit, er hat Argumente, aber keine Gewißheit. Dagegen hat jemand, der eine NTE erlebte, den Eindruck, wirklich zu wissen, daß mit dem Tod nicht alles zu Ende ist. Es ist ganz bemerkenswert, daß Sie einem solchen Menschen danach zu beweisen versuchen können, daß es nicht stimmt, aber diese Überzeugung ist so ausgeprägt, daß er seine Meinung nicht ändern wird. Das ist sehr interessant.

E.E.V.: *Für sie ist es keine Glaubensfrage mehr, sondern Tatsache.*

Prof.P.C.: Ja, das stimmt.

E.E.V.: *Es ist mehr als ein Glaube, es erfordert weniger Mühe, hat aber mehr Kraft.*

Prof.P.C.: Ja, es ist merkwürdig, diesen Ausdruck zu gebrauchen, aber es ist etwas Gelebtes. Die Berichte, die ich gelesen habe, sind ambivalent: Wenn der Experiencer während einer NTE mit Hilfe der Wesen, denen er begegnet, ins Leben zurückzukehren beschließen kann oder nicht, entscheidet er sich oft für die Rückkehr, weil er noch etwas auf der Erde vollbringen muß. Hier besteht ein Widerspruch zu der Tatsache, daß der Arzt sagen wird: Nicht der Patient hat beschlossen zurückzukommen, sondern mir ist es gelungen, ihn wieder zum Leben zurückzuholen!

E.E.V.: *Stimmt, sie sind oft sehr, sehr böse auf den Arzt, der sie reanimiert hat.*

Prof.P.C.: Ja, ich weiß!

E.E.V.: *In Ihren Publikationen haben Sie drei Stufen des Todes definiert: den scheinbaren Tod, den klinischen Tod und den unwiderruflichen Tod. Kann man die NTE in einer dieser Kategorien ansiedeln, oder finden Sie die Frage nicht statthaft, da diese Erfahrungen einer anderen, immateriellen Dimension zuzuordnen sind?*

Prof.P.C.: Diese Erfahrung findet in der Extremsituation des klinischen Todes statt. Wissen Sie, Sie nennen da schöne Klassifikationen, aber das ist wie immer theoretisch. Wenn man eine Reanimation durchführen muß, erhebt sich die Frage, wann man aufhören soll. Darüber weiß man nichts. Man redet zu Recht von Therapiewut, doch wenn die Reanimation gelingt, ist von Therapiewut keine Rede mehr. Ich kenne den Fall eines russischen Physikers, den man nach langer Zeit mit großer Mühe wiederbeleben konnte. Er war wirklich klinisch tot, zeigte keinerlei Lebenszeichen mehr, und dies monatelang. Da der Patient kein einfacher Arbeiter war, sollte er um jeden Preis reanimiert werden, und das gelang schließlich auch. Offen gesagt, man weiß keineswegs, in welchem Augenblick man aufhören muß. Deswegen kommt man immer wieder auf die Vorstellung zurück, daß man nicht unterscheiden kann zwischen Funktionsstillstand und Tod. Genau das gleiche Phänomen beobachtet man bei der Kinderlähmung. Anfangs ist der Patient vollständig gelähmt, die Rückenmarkszellen sind tot, und man nimmt an, daß er nie wieder laufen können wird. Tote Zellen sind nun wirklich tot, aber unter der Infektion blieben einige leben-

de Zellen erhalten, sie waren nur blockiert und können durch phy-
siotherapeutische Maßnahmen reaktiviert werden.

E.E.V.: *Der Kenntnis all dieser Phänomene, seien sie physisch oder psychisch, ist gemeinsam, daß man anfangs nichts darüber wußte. Die Erkenntnis kommt stufenweise. Ich möchte eine Unterteilung vorschlagen:
Zu Beginn ist die Erkenntnis einer Intuition nahe, einer Religion, die
im Glauben verwurzelt ist und von ihrem Anhänger einen Akt des
Glaubens fordert. Daran schließt sich die Phase der Philosophie an, es
gibt bereits einige konkrete, aber nicht sehr solide Grundlagen für die
Beurteilung. Schließlich kommt das Stadium der Wissenschaft, das
fragliche Phänomen wird experimentell bewiesen, es ist zum Fakt geworden. Ob man will oder nicht, ob man glaubt oder nicht, der Beweis
ist da. Welcher der drei Kategorien würden Sie die NTE zuordnen?*

Prof.P.C.: Zunächst einmal glaube ich, daß man sie nicht isoliert betrachten kann. Die wissenschaftliche Forschung ist zwar rational,
aber dennoch spielt die Imagination dabei eine ungeheure Rolle.
Der Wissenschaftler hat eine Idee, stellt eine Hypothese auf und beweist sie dann ... entweder geht es oder nicht. Derzeit ist sehr viel
die Rede von der chemischen Vermittlung von Nervensignalen ans
Gehirn. Wissen Sie, daß am Beginn dieser ganzen Überlegungen
der Österreicher Otto Loewy steht und daß die Entdeckung, die
ihm den Nobelpreis brachte, aus einem Traum resultierte? Wohl
hätte keine beliebige Person dies träumen können, sondern er trug
den Traum in sich, aber Tatsache ist, daß er sein Experiment geträumt, jedoch am nächsten Morgen vergessen hatte! Er war verzweifelt! In der folgenden Nacht hatte er denselben Traum, er
machte einen Luftsprung, nahm einen Zettel und notierte alle Einzelheiten des Experiments, und das führte zu einer sehr wichtigen
Entdeckung. Erst handelte es sich um reine Intuition, aus der die
ganze nötige experimentelle Forschung hervorging. Hinsichtlich der
NTE handelt es sich im wesentlichen um ein Problem des Bezeu-
gens. Selbstverständlich muß dieses Phänomen wissenschaftlich untersucht werden, und dies beginnt man gerade im Rahmen des
Möglichen zu tun. Außerdem haben wir es mit einem philosophischen Problem zu tun. Also müssen die drei Kategorien gleichzeitig
analysiert werden.

Interview mit Monsignore Jean Vernette*

Evelyn Elsaesser Valarino: *Monsignore, glauben Sie, daß die Zeugnisse der Experiencer uns über »das Leben nach dem Tod« Aufschlüsse geben können, oder sind Sie der Ansicht, daß die Tatsache der Rückkehr unter uns die letztendliche Bedeutung dieser Offenbarungen entwertet, da die Experiencer »nicht richtig tot waren«?*
Monsignore Jean Vernette: Tatsache ist, daß alle Berichte über Erfahrungen an der Schwelle des Todes leidenschaftliche Diskussionen ausgelöst haben. Es ist das Zeichen eines anhaltenden Interesses an metaphysischen Fragen über das Jenseits. Natürlich muß man sich fragen, was von diesem Phänomen zu halten ist. Handelt es sich bei den NTE um rein physiologische Reaktionen, um klärungsbedürftige parapsychologische Phänomene oder um Erfahrungen, die ein Dasein nach dem Tode beweisen?

Meines Erachtens kann man Berichte über diese Augenblicke um das Koma nicht als Reportage über das Jenseits werten. Es ist der äußerste Punkt, an den ein Mensch gelangen kann. Aber da er von dort zurückkehrt, ist kein »echter Tod« eingetreten.

Es gibt Beschreibungen spezifischer Bewußtseinszustände, nicht aber von der Erfahrung des Überlebens. Wenn RAYMOND A. MOODY den Zustand des scheinbaren Todes mit Begriffen wie »vorübergehender Tod« und vor allem »klinischer Tod« belegt, hat das durchaus etwas Zwiespältiges. Der Stillstand des Herzens und der Atmung und der jähe Abfall des arteriellen Blutdrucks, auf die Moody sich bezieht, sind keine ausreichenden Hinweiszeichen. Wird der Patient in diesem Stadium intensivmedizinisch behandelt, ist es nicht ausgeschlossen, daß er »wieder zurückkommt«.

Dem »Leben nach dem Tode« sollten die Bezeichnungen »Nahtoderfahrung« oder »Erfahrung an der Schwelle des Todes« vor-

---

* Delegierter für Sektenfragen und Probleme neuer religiöser Phänomene des französischen Episkopates; Berater des Vatikans; Schriftsteller.

gezogen werden, da man mit ihnen keine wirkliche Reise ins Jenseits assoziiert, sondern vielmehr nur die Gefühle, die man bei einem dramatischen Ereignis im Leben empfindet, das mit der ganzen emotionalen Kraft des Symbolischen, des Imaginären, des Affektiven erzählt wird.

So gesehen ist es nicht verwunderlich, wenn man feststellt, daß es sich bei zwei von drei Erscheinungen, die Experiencer berichten, um (bereits verstorbene) nahestehende Menschen handelt. Oder daß die Heiligen und Seligen, die ihnen erscheinen, von Licht umgeben sind, denn Licht ist ein Archetyp religiöser Ikonographie. Im Christentum spricht man von »Heiligenschein«. Man wundert sich auch nicht über die Fülle gefühlsbetonter Ausdrücke, mit denen die Empfindungen beschrieben werden, die den Eintritt in die andere Welt begleiten: Frieden, Freude, Harmonie. Vor allem im letzten Stadium der Reise, über das in tausend Versionen berichtet wird, in denen die Rede ist von himmlischen Wesen, von Verschmelzung mit dem Licht, von bedingungsloser und totaler Liebe. Diese Wörter vermitteln, daß es sich um eine nicht in Worte zu fassende intensive emotionale Erfahrung handelt. Unvermeidlich stellt sich aber die Frage: Kann man sagen, daß es sich deshalb um eine »spirituelle« Erfahrung im eigentlichen Sinn handelt?

E.E.V.: *Ich fände es interessant, wenn Sie am Anfang unseres Gesprächs die offizielle Haltung der katholischen Kirche zu NTE definieren würden.*

Msgr.J.V.: Es gibt keine »offizielle Haltung der katholischen Kirche«, aber eine ganze Reihe von Bezugspunkten, die zur Klärung der Frage beitragen. Diese Klärung erfolgt in erster Linie aus der Theologie und aus der Forschung. Kommen wir zum Beispiel auf das zurück, was ich gerade gesagt habe: Das Spirituelle ist nicht mit dem Emotionalen zu verwechseln. Ich muß sogleich feststellen, daß die Früchte vieler NTE aus dieser tiefen Schicht emporzusteigen scheinen. PATRICE VAN EERSEL schreibt, daß sie »eine vollständige Veränderung der Wertesysteme der betroffenen Menschen hervorrufen. Einen guten Eindruck machen, berühmt werden wollen, Angst haben, von anderen ausgelacht zu werden – all das verschwindet wie eine Kinderkrankheit. Ebenso erlischt das übertriebene Interesse an

materiellen Gütern. Umgekehrt werden bestimmte Werte nun viel
höher eingeschätzt. Die Lust am Leben. Die Zuwendung zum
Mitmenschen. Eine komplexe Mischung von Geduld, Toleranz,
Fürsorglichkeit, Verständnis, Mitgefühl ...« Das bedeutet, daß ein
gewisses spirituelles Leben erweckt worden ist. Und der Reisende
entdeckt, daß der Tod, vor dem er panische Angst hatte, in sich »eine Klarheit voll überwältigender Schönheit, voll des Lebens« birgt.
Damit der Tod jedoch zu einer Quelle von Inspiration und Lebens-
sinn wird, muß man die Erfahrungen *unterscheiden*. Und hier muß
man sich auf die Lehre der großen spirituellen Lehrer berufen. Sie
sagen alle, daß man den Baum an seinen Früchten erkennen wird.
Wenn die NTE Frieden und Freude bringt, dann ist die Möglichkeit groß, daß sie echt spirituell ist, da Frucht des guten Geistes. Ist
sie jedoch Quelle von Angst, Traurigkeit, Depression, führt sie in
die religiöse Verirrung, wo ewiges Leben und Bewußtseins-
veränderung, Auferstehung und Reinkarnation, spirituelle Theologie und Parapsychologie miteinander verwechselt werden, dann besteht die Gefahr, daß sie aus bösem Geist geboren ist, dem nahen
Verwandten des Teufels, dieses Störenfrieds.

Weder hat das Paranormale etwas mit dem Übernatürlichen zu
tun, noch der Spiritismus mit der Gemeinschaft der Heiligen. Und
für den Christen beinhaltet die Sehnsucht nach Unsterblichkeit, die
sich in den NTE ausdrückt, noch nicht den Glauben an den auferstandenen JESUS.

Die Entdeckung, daß im Menschen ein Geist schlummert, der
unter bestimmten Umständen ein vom Körper abgetrenntes Leben
führen kann, bestätigt nur, was die meisten Menschen von der
menschlichen Natur glauben. Doch lehrt uns dies nicht unmittelbar, wie sich Leben im Jenseits gestaltet: denn diese Erkenntnis setzt
Glauben voraus, und dieser Glaube stützt sich auf eine Offenbarung. Das also kann die katholische Kirche über NTE sagen.

E.E.V.: *Monsignore, was antworten Sie den Skeptikern, die behaupten,
daß NTE Halluzinationen sind, die durch das Entsetzen über den unmittelbar drohenden Tod, durch verabreichte Medikamente oder auch
durch einen Sauerstoffmangel im Blut ausgelöst werden?*

Msgr.J.V.: Die Schwierigkeit, sich dazu zu äußern, ist darin begrün-

det, daß diese Zustände und diese »Reisen« auch nach langem Fasten oder nach Einnahme bestimmter Drogen auftreten können. Sind die Visionen angesichts des Todes also schlicht Halluzinationen, die durch chemische Veränderungen im Gehirn verursacht werden? Durch den Sauerstoffmangel im Gehirn? Durch einen Überschuß an Kohlendioxid? Die Frage muß gestellt werden. Auf den ersten Blick scheint es sich jedoch nicht um Halluzinationen zu handeln, denn diese sind Projektionsformen innerer Visionen, Beunruhigungen, Bedürfnisse. Nun haben die NTE nicht den Charakter von Trugbildern, die Hoffnungen und Ängste des Sterbenden ausdrücken. Sie stellen sich dar als geordnete Berichte, die eine spezifische Konsistenz und eine gewisse objektive Dichte haben. Sie rufen zum Beispiel Vorstellungen wach, die der Umgebung des Betroffenen oft fremd sind: das sind keine Projektionen. Selten tönt die Religion, die ein gläubiger Experiencer vielleicht praktiziert, seine NTE: sie ist nicht der Ausdruck seiner Sehnsucht. Allenfalls ist mitunter festzustellen, daß bei manchen Christen das Lichtwesen die Züge oder die Gestalt annimmt, unter der traditionell JESUS CHRISTUS dargestellt wird.

Indessen wurde oft beobachtet, daß die Elektroenzephalogramme Sterbender denen bei tiefer Meditation sehr ähnlich sind: Sie weisen abwechselnd schnelle Beta-Wellen und langsamere Alpha-Wellen auf. Dies scheint anzuzeigen, daß das Nahen des Todes einen veränderten, euphorisierenden Bewußtseinszustand ins Spiel bringt, der genauso wie die Meditation oder Hypnose Gefühle von Frieden und Glück begünstigt. Ähnlich wirkt die Einnahme von Drogen. Die Bilderwelt des Drogenkonsumenten während seiner »Reise« gleicht tatsächlich manchmal der von NTE. Doch ich wiederhole hier: Eine intensive affektive Erfahrung ist nicht von vornherein spirituell, selbst wenn sie es in der Folge werden kann.

E.E.V.: *Die Tatsache, daß es Menschen gibt, die »aus dem Reich der Toten wiederkehren«, und daß diese sich an den Zustand des unmittelbar drohenden Todes erinnern können, ist in der Geschichte ganz neu, sieht man einmal von ein paar Ausnahmen ab. Kann man dies als die bedeutendste Offenbarung in der Menschheitsgeschichte ansehen?*

Msgr.J.V.: Nicht in den Augen der Christen. Die bedeutendste Offenbarung in der Menschheitsgeschichte ist die Auferstehung Christi und das Zeugnis der Apostel. Diese Offenbarung sagt uns: Einer ist vom anderen Ufer, von jenseits des Spiegels wiedergekehrt. Und der auferstandene Jesus ist der Prototyp, das Modell unserer eigenen Auferstehung, manchmal am Ende eines »langen Weges des Leidens und der Passion«.

Die Zeugenberichte sind in diesem Punkt eindeutig. Ungefähr 35 Jahre nach Christi Tod schrieb der Apostel PAULUS an eine der Gemeinden, die er im Mittelmeerraum gegründet hatte: »Denn als erstes habe ich euch weitergegeben, was ich auch empfangen habe: daß Christus gestorben ist für unsere Sünden …, daß er begraben worden ist und daß er auferstanden ist am dritten Tage … und daß er gesehen worden ist von Kephas, danach von den Zwölfen. Danach ist er gesehen worden von mehr als fünfhundert Brüdern auf einmal, von denen die meisten noch heute leben, einige aber sind entschlafen. Danach ist er gesehen worden von Jakobus, danach von allen Aposteln. Zuletzt von allen ist er auch von mir als einer unzeitigen Geburt gesehen worden.« (1. *Brief an die Korinther* 15, 3–8) Nun schrieb Paulus diesen Text in einer besonderen Absicht: um den Glauben der Korinther gegen ihre Zweifel am Jenseits und an ihrer eigenen Auferstehung zu stärken. Das interessiert uns. Denn er tut es, indem er sich auf eine von allen geteilte Überzeugung stützt: die Auferstehung Christi, die eine Vorwegnahme und das Unterpfand der unseren ist. Sie ist somit ein historisches Ereignis in dem Sinn, als sie zu einem geschichtlichen Datum stattgefunden hat. Das heißt nicht, daß Geschichte als Wissenschaft die Auferstehung Christi beweisen könnte, aber sie kann das Zeugnis glaubwürdiger Zeugen registrieren. Der Glauben der Apostel wiederum ist für die Historiker unzweifelhaft: er ist gänzlich historisch. Davon zeugen zahlreiche Berichte: die *Evangelien* von *Matthäus* (28, 1–8), *Markus* (16, 1–8), *Lukas* (24, 13–35) und *Johannes* (20, 19–29; 21,12). Aber es besteht ein großer Unterschied zwischen den Berichten der Experiencer, die »aus dem Reich der Toten zurückkehren«, und der Offenbarung der Auferstehung Christi in der Heiligen Schrift.

E.E.V.: *Mir scheint, wenn wir den Berichten der Experiencer nicht nur*

*mit der Vernunft, sondern auch mit dem Herzen zu lauschen wüßten,
könnte die Welt dadurch verwandelt werden und schließlich echte Soli-
darität und Brüderlichkeit entstehen. Ich halte das Phänomen der
NTE für so wichtig, daß ich mich frage, ob es nicht die Verwandlung
der Menschheit zu einer höheren Bewußtseinsstufe herbeiführen könnte.*

Msgr.J.V.: Gerade deswegen stützt sich die New-Age-Bewegung auf
diese Berichte als Beweis für den Eintritt in ein neues Zeitalter der
Menschheit. Und gewiß treten neue Dimensionen des Bewußtseins
zutage. Aber auch Regressionen. Es stimmt jedoch, daß sich darin
eine tiefe Sehnsucht nach Frieden und universaler Brüderlichkeit
ausdrückt, die im Herzen eines jeden Menschen verborgen, aber
durch die Sünde überschattet ist.

E.E.V.: *Die NTE verwandelt den Menschen, der sie erlebt hat, radikal
und auf Dauer. Die Worte der Bibel, die uns lehren, daß alle Menschen
Brüder sind, die dasselbe Schicksal eint, werden für den Experiencer zu
absoluter Wahrheit und Wirklichkeit. Fast könnte man sagen, die Welt
sähe anders aus, wenn alle Menschen »das Glück gehabt hätten, eine
NTE zu erleben«. Woran liegt es, daß diese grundlegende Lehre der Bibel niemals wirklich begriffen wurde? Ist es denkbar, daß die Zeugnisse
der Experiencer die Menschen stärker beeinflussen als die Worte der
Heiligen Schrift?*

Msgr.J.V.: In einem seiner Gleichnisse spricht Jesus diese Frage an.
Da sieht man den bösen Reichen, der Höllenqualen erleidet, ABRA-
HAM bitten: »… daß du einen Boten sendest in meines Vaters Haus,
denn ich habe noch fünf Brüder, die soll er warnen, damit sie nicht
auch kommen an diesen Ort der Qual.« Abraham antwortete ihm:
»Sie haben Mose und die Propheten, die sollen sie hören … Hören
sie Mose und die Propheten nicht, so werden sie sich auch nicht
überzeugen lassen, wenn jemand von den Toten auferstünde.«

E.E.V.: *Ich fände es interessant, Parallelen zwischen den Zeugnissen der
Experiencer und den Bibelstellen zu ziehen, die ebendiese Phänomene
beschreiben.*

Msgr.J.V.: Um Ihre Frage zu beantworten, möchte ich als Beispiel die
Begriffe »Ätherleib« und »feinstofflicher Körper« aus der NTE und
den »Heiligenschein« aus der Bibel nehmen, um die Parallelen und
Unterschiede herauszuarbeiten. Der Begriff des Ätherleibes stützt

sich auf diese Vorstellung, daß jenseits der Molekül- und Zellgrup-
pierungen, die den physischen Leib bilden, der sich periodisch erneuert und schließlich zersetzt, eine Ladung akkumulierter Energie
zirkuliert, welche die Theosophen als »doppelten Äther« bezeichnen, weil die Hellseher ihn als leuchtenden Körper wahrnehmen:
die Aura, die den Körper umgibt. Einige übertragen das, indem sie
eine Parallele ziehen zu dem »lichtumfluteten Körper«, dem spirituellen Körper, welcher der unsere im Jenseits sein wird.

Danach erhält der Mensch bei seiner Geburt ein Energiekapital
von einer gewissen Höhe, das eine fortschreitende Entwicklung bis
zum Erwachsenenalter ermöglicht, bevor es bis zur Erschöpfung im
Alter verbraucht ist.

Durch Einnahme von Drogen können die normalen Beziehungen
zwischen Astralleib und Persönlichkeit verändert werden. Damit erklären sich die »Trips« oder Reisen der User in eine andere Welt,
aber auch die leiblichen Verdoppelungen, die bei NTE erlebt werden. Medial besonders begabte Menschen können angeblich diese
Entkörperlichung sogar im Normalzustand herbeiführen und dann
zu anderen Ebenen, in höhere Welten reisen. Der Tod entspräche
der Durchtrennung der Bande zwischen Astralleib und physischem
Leib. Genau in diesem Augenblick begänne der Übertritt ins Jenseits. Aber damit sind wir beim Spiritismus gelandet ...

Diese Lehre nun ist nicht neutral. Beispielsweise ist das Thema des
Astralen ein Schema, das die Erscheinungen der Welt hienieden und
im Jenseits erschöpfend erklären will. Aber man muß auch festhalten, daß in dieser Sicht der Dinge alles enthalten ist. Angemessene
Begriffe und solche, die sich auf unsichere Lehrgebäude gründen,
wie den bereits genannten Spiritismus oder den Okkultismus. Die
mystische Tradition trägt zu diesem Punkt andere Erkenntnisse bei.
Die Spirituellen sprechen in der Nachfolge des heiligen PAULUS vom
»spirituellen Körper«. Gewiß. Doch es handelt sich um eine andere,
metaphysische Ordnung der Wirklichkeit. Die islamischen Mystiker beziehen sich auf eine Welt, in der die Bilder real und bleibend
sind: die »imaginale Welt« des HENRY CORBIN, in der sich leibliche
Realitäten vergeistigen und die spirituellen in einer von der unseren
verschiedenen Raum-Zeit-Dimension leibliche Gestalt annehmen.

Die Schwierigkeit, die zugrundeliegende Lehre zu entdecken, beruht auf dem ungenauen Vokabular, das vor allem in Berichten über NTE benutzt wird: »Ätherleib«, »feinstofflich«, »lichtumflutet«, »spirituell«. Oft schwankt man zwischen der okkultistischen Theorie des Astralen und einer spirituelleren Sicht der Dinge. Der Christ muß zu *unterscheiden* wissen.

Ebenso, wenn es um die Frage geht, ob man diesen Körper vom Diesseits aus wahrnehmen kann. Man orientiert sich in diesem Fall in zwei verschiedene Richtungen, eine materiellere und eine spirituellere. Ich will versuchen, das deutlicher zu machen.

Manche behaupten, der »Ätherleib« zeige sich in Form einer Strahlung, der sogenannten Aura, die medial veranlagte Menschen wahrnehmen können oder die durch die sogenannte Kirlian-Photographie sichtbar gemacht werden kann. Das wäre eine physikalische Manifestation. Diese Deutung wird jedoch von Wissenschaftlern abgelehnt oder bestritten.

Andere jedoch fügen gleich hinzu: Die Farbe der Aura hängt vom Grad der Spiritualität ab. Am Ende nehme sie die Form eines weißen Heiligenscheins an mit goldenen Reflexen wie die Sonne. So stellen ihn die Ikonenmaler auf ihren Bildern dar. Er umgibt das Haupt der Heiligen, deren weit geöffnete Augen das unbeschreibliche Jenseits zu schauen scheinen. Und damit sind wir bei dem spirituelleren Begriff des »Glorienscheins« angelangt.

Den Aposteln zum Beispiel, Zeugen der Verklärung Christi auf dem Berg Tabor (*Markus-Evangelium* 9, 3), soll die Gnade zuteilgeworden sein, zu ihren Lebzeiten das ewige Licht zu erblicken, das seit je von Christus ausstrahlte: »Und sein Angesicht leuchtete wie die Sonne.« *(Matthäus* 17, 2) Dieser strahlende, lichtumflutete Körper wäre der, den wir im Jenseits haben werden, im Lichte Gottes. Bei der Eucharistiefeier der Katholiken lautet eine Fürbitte für die Verstorbenen: »Nimm sie auf in dein Licht, an deiner Seite!« Aus dieser Sicht wäre der Glorienschein bereits im Diesseits angelegt. Und deswegen hätten die Jünger, als sie auf eine andere Ebene übertraten, Christi Glorienschein wahrnehmen können. Und deswegen auch hätten Mystiker wie der heilige FRANZ VON ASSISI, THERESE VON AVILA, JOSEPH CUPERTINO oder die heilige BERNADETTE VON

Lourdes den Glorienschein ihrer Erscheinungen wahrnehmen können. »In deinem Licht sehen wir das Licht«, heißt es in der Bibel.
Und nach einigen Kirchenvätern führt das Licht von Stufe zu Stufe
zu einer wachsenden Vollkommenheit im Jenseits. Die erstaunli-
chen Manifestationen dieses Körpers, den wir »feinstofflich« nennen wollen, sind also undifferenziertes Material, das sich in den
meisten Kulturen und Religionen findet. Sie erhalten ihren Wert
vor allem aus dem Ursprung, der ihnen zugeschrieben wird: die
Macht okkulter Kräfte in der Schwarzen Magie oder die Macht des
Heiligen Geistes in ihren Manifestationen bei den Mystikern. Dann
nach dem Gebrauch, den man davon macht: die stolze Beherr-
schung anderer durch die Übung der »Kräfte« beim Okkultisten,
beim Fakir; oder die Belehrung und Förderung der Schüler beim
spirituellen Meister. Schließlich das Lehrgebäude, auf das sie sich
gründen, und nicht alle sind gleich wertvoll.

Man wird auch die Verläßlichkeit der Zeugnisse nach der
allgemeinen Tonart der Botschaften, nach ihrer psychologischen
und spirituellen Glaubwürdigkeit beurteilen. Das Wunderbare ist
nicht immer das Echte. Das Emotionale ist nicht immer das
Spirituelle. Das Geheimnisvolle ist nicht immer das Mystische. Ich
sage es nochmals, es ist eine Frage der Unterscheidung.

E.E.V.: *Ich habe mit großem Interesse Ihr Buch* Jésus dans la nouvelle
religiosité *(»Jesus in der neuen Frömmigkeit«) gelesen. Daraus geht
hervor, daß viele spirituelle Randgruppen und Sekten, die sich heute eines gewissen Erfolgs freuen können, das traditionelle Jesusbild aufgege-
ben haben, um es durch einen kosmischen, universalen, depersonalisier-
ten Christus zu ersetzen. Nach meinem Eindruck zeichnet sich in den
Zeugnissen der Experiencer eine allgemeine Tendenz ab, das »Lichtwesen«, manchmal nennen sie es »Jesus«, als universales, kosmisches Wesen
zu betrachten. Hingegen ist das Lichtwesen, das die Experiencer schau-
en, keineswegs depersonalisiert, sondern es scheint der liebevollste
Freund zu sein, den sie jemals hatten.*

Msgr.J.V.: Es handelt sich darum, Jesus und Christus in der Esoterik
und im Christentum wieder den angemessenen Platz zu geben. In
der Esoterik ist Jesus von Nazareth einfach nur die Verkörperung
des universalen kosmischen Christus, der gleichermaßen in hervor-

ragende Persönlichkeiten wie Buddha, Krishna, Zarathustra, Mohammed und andere herabgestiegen ist. In der christlichen Tradition hingegen ist Jesus von Nazareth Gottes einziger Sohn, das Wort, das heißt die sichtbare Umsetzung des Wortes Gottes. Er ist Gottes einziger Sohn und selbst Gott. Darum ist er gleichzeitig Jesus und Christus in einer Person. Dies ist ein zentraler Punkt des christlichen Glaubens.

E.E.V.: *In zahlreichen Zeugnissen der Experiencer findet sich ein Schlüsselelement, ich meine das Licht und seine tiefe Symbolik. Diese Zeugnisse stimmen überein und lassen sich so zusammenfassen: »Ich könnte es ›Licht‹ oder ›Liebe‹ nennen, und das würde das gleiche ausdrücken.« Auch die Bibel räumt dem Licht eine privilegierte Stellung ein ...*

Msgr.J.V.: Wir haben hier wieder die Begriffe »Glorie« und »Licht« als Merkmale Gottes, ebenso wie den Begriff »Glorienschein«.

E.E.V.: *Eine »tiefe« NTE, das heißt eine NTE mit allen oder fast allen Stufen, scheint einen direkten Zugang zur Quelle des Glaubens zu vermitteln. Die Experiencer »glauben« nicht mehr, sie wissen. Zwei Beispiele dazu: »Meine NTE hat mich nicht dazu veranlaßt, in die Kirche zu gehen, aber ich fühle mich Gott jetzt viel näher. Jetzt weiß ich, daß es ihn gibt.« »Ich weiß jetzt, daß es einen Gott gibt. Die Frage danach stelle ich nicht mehr.«*

Msgr.J.V.: Wenn Sie sagen, »sie wissen«, dann betonen Sie den besonderen Aspekt von Zeugnissen über NTE. Sie bringen dem Beobachter zwar keinen objektiven Beweis für ein Leben nach dem Tod, doch man muß anerkennen, daß diese Erfahrungen für den Experiencer wie persönliche Beweise mit Beweiskraft gelten, als unwiderlegbares Zeugnis in seinen Augen: »Nachdem ich das gesehen habe, kann ich nicht mehr leugnen, daß es etwas jenseits des Todes gibt.« Die Einhelligkeit der Zeugnisse legt einem nahe, sie für authentisch zu halten, auch wenn es sich um eine subjektive Authentizität handelt. Ich möchte vor allem festhalten, daß diese Einhelligkeit bei unseren Zeitgenossen ein enormes Trachten nach Hoffnung und eine ununterdrückbare Sehnsucht nach dem ewigen Leben ausdrückt.

In den Augen des Religionshistorikers erinnert die Tatsache, daß alle versichern, ihre Angst vor dem Sterben sei einer großen Gelassen-

heit gewichen, daran, daß eine der traditionellen Funktionen des My-
thos – Grundelement des Lebens der Gesellschaften – darin besteht,
Ängste zu beschwichtigen und das Gelingen der wichtigen »Übergän-
ge« im menschlichen Dasein zu gewährleisten. Die Berichte über
NTE wären dann ein Ausdruck des kollektiven Zeitgefühls. Kurz,
dieses Bedürfnis zu glauben und zu hoffen, selbst wenn es in manchen Fällen eine Projektion des persönlichen und kollektiven Unbewußten ist, weist auf das Vorhandensein einer ununterdrückbaren
religiösen Dimension im Menschen hin. Es wäre meines Erachtens
oberflächlich und unwissenschaftlich, dies zu ignorieren.

E.E.V.: *Ich glaube, in den kommenden Jahren werden immer mehr Menschen NTE erleben, hauptsächlich dank der Fortschritte in der Medizin, vor allem der Reanimation. Schon heute und künftig sicher noch
mehr sind die Medien damit befaßt, Zeugnisse von Experiencern zu
verbreiten. Zum Beweis braucht man nur hinüber in die USA zu
blicken. Ich frage mich, ob die Kirchen, welche auch immer, nicht bald
ihre Rolle als Vermittler zwischen den Menschen und Gott verlieren
werden, da es »unmittelbarere« Auskunft von seiten der Experiencer geben wird, und ob sich die Rolle der Kirchen nicht grundlegend wandeln wird. Ich zitiere eine Frau, die eine NTE erlebt hat: »... Jetzt
brauche ich die Rituale der Kirche nicht mehr.« Irgendwie erweckt sie
den Eindruck, als hätte sie eine direkte Beziehung zu Gott.*

Msgr.J.V.: Damit stellt sich die Frage radikaler, ob wir das Christentum brauchen, um an das Jenseits und an die Kommunikation mit
dem Jenseits und seinen Bewohnern zu glauben. Befragen wir also
die Bibel und den Glauben der Christen.

Die Bibel ist besonders streng im Hinblick auf die, welche »die
Toten befragen« und die mediale oder okkulte Fähigkeiten oder
Trance praktizieren: »Wenn sich jemand zu den Geisterbe-
schwörern ... wendet, ... will ich ihn aus seinem Volk ausrotten ...
man soll sie steinigen, ihre Blutschuld komme über sie.« (3. *Mose*
20, 6–27). Sie praktizieren damit die »Greuel« der Götzendiener,
unter denen das auserwählte Volk lebt. Der Prophet JESAJA erneuert
das Verbot: »Wenn sie aber zu euch sagen: Ihr müßt die Totengei-
ster und Beschwörer befragen ..., so sprecht: Soll nicht ein Volk
seinen Gott befragen? Oder soll man für Lebendige die Toten be-

fragen?« (*Jesaja* 8, 19) Dennoch suchte König SAUL, nachdem er die Geisterbeschwörer aus dem Land gejagt hatte, heimlich die berühmte Totenbeschwörerin in En-Dor auf. Sogleich wurde er für seinen Ungehorsam furchtbar bestraft: »Warum hast du meine Ruhe gestört, daß du mich heraufsteigen lässest?« fragt ihn zürnend die Erscheinung Samuels. »Weil du der Stimme des Herrn nicht gehorcht ... dazu wird der Herr mit dir auch Israel in die Hände der [feindlichen] Philister geben.« (*Samuel* 28) Auch in den Augen des Apostels Paulus ist es klar, daß jene, die »Zauberei« treiben, »das Reich Gottes nicht erben« (*Galater* 5, 20–21). Und in der Apokalypse heißt es: »... die Zauberer ..., deren Teil wird in dem Pfuhl sein, der mit Feuer und Schwefel brennt; das ist der zweite Tod.« (*Offenbarung* 21, 8)

Somit gäbe es keine Möglichkeit, mit dem Jenseits, mit den Toten zu kommunizieren? Doch. Diese Möglichkeit besteht, denn die Dahingegangenen sind für uns stets präsent, da sie immer im Lichte Gottes weilen. Somit wird die Kommunikation grundsätzlich eine spirituelle sein, lehrt insbesondere die katholische Tradition. Diese wird aber nicht durch spiritistische Techniken oder durch die Zustände der Experiencer in der NTE erreicht. Was heißt das? Daß eine echte Kommunikation mit dem Jenseits in zwei Richtungen denkbar ist. Unsere Toten sind uns tatsächlich gegenwärtig, aber nicht wie ein Möbelstück in einem Zimmer, dessen Präsenz in einem bestimmten Raum festgeschrieben ist. Eine bessere Vorstellung von dieser Präsenz bekommt man, wenn man sich die eines Sprechers denkt, der sich Tausenden von Menschen über die Hertz-Wellen des Rundfunks oder des Fernsehens vergegenwärtigt. Vor allem wenn wir diese Kommunikation durch Gedanken und Zärtlichkeit herstellen, die wir in der Liebe erfahren, durch die wir immer im Herzen des Menschen, der uns auf dem Bahnsteig verlassen hat, gegenwärtig bleiben. Die spirituellen Wirklichkeiten sind tatsächlich nicht im Raum lokalisiert. Unser Geist ist nicht in so viele Parzellen getrennt, wie unser Körper Zellen hat. Deshalb können sie sich an jeder Stelle des weiten Raumes vergegenwärtigen. Wie wir uns einem weit entfernten Freund vergegenwärtigen, durch Wissen und Zuneigung, durch Geist und Herz.

Auf diese Weise sind uns auch unsere Toten, die bei Gott weilen, gegenwärtig. Sie sehen zum Beispiel die glücklichen oder schlimmen Ereignisse, die uns treffen. Nach dem mittelalterlichen Theologen THOMAS VON AQUIN: »Die Seelen der Heiligen, die Gott schauen, kennen alle aktuellen Ereignisse, die auf Erden geschehen.« Um mit ihnen in Verbindung zu treten, brauchen wir deshalb kein Medium, kein Tischchenrücken, keine NTE: es genügt, uns ihrer unaufhörlichen Anwesenheit bewußt zu werden. Diese Kommunikation, die sich durch eine besondere Empfindsamkeit auszeichnet, nennen wir Christen »die Gemeinschaft der Heiligen«.

E.E.V.: *Ich glaube, man kann sagen, daß der Glaube an ein Überleben der Seele bisher ein Glaubensakt war. Dank unserer Erkenntnisse über NTE scheint dieser Glaube nun zum Beweis zu werden. Das ändert die Lage grundlegend ...*

Msgr.J.V.: Das entspringt keinem mathematischen Beweis, der sich auf die Vernunft stützt, sondern der Kraft des Zeugnisses, das aus dem Wissen des Herzens kommt. Ich will das erklären. Das Zeugnis hat nicht den Rang des beliebig reproduzierbaren experimentellen Beweises. Aber auch die künstlerische Inspiration ist nicht wiederholbar nach den Protokollen der Naturwissenschaft. Dennoch existiert sie. Die Liebesbeziehung ist nicht einfach im Labor zu reproduzieren. Dennoch existiert sie. Das Zeugnis vom Jenseits hat deswegen zunächst für den einen Wert, der daran glaubt. »Ich habe die Erfahrung gemacht, daß sich mir eine Lücke in dem undurchsichtigen Gewebe, das mich bisher umgab, geöffnet hat«, so lautet das Zeugnis der Experiencer. Der Bericht über diese Erfahrung, der sehr persönlich ist wie der über die Geburt einer Liebe, hängt also ab von der subjektiven Art des Verstehens. Die Beschreibung eines chemischen Experiments oder der Beweis einer Hypothese hängen von etwas *anderem* ab. Tatsächlich lassen sich Dinge entweder mit dem Verstand oder mit dem Herzen begreifen. Beide Wege sind gleich wertvoll, sofern jeder in seinem Bereich bleibt.

E.E.V.: *Zu allen Zeiten und in allen Kulturen hat sich der Mensch diese fundamentale Frage gestellt: Was geschieht nach dem Tod? Die Zeugnisse der Experiencer halten diese Fragestellung wach und scheinen eine Teilantwort zu geben.*

Msgr.J.V.: Die Perspektive des Todes bedrängt viele Menschen, manche aus Angst vor dem Jüngsten Gericht, denn der Gedanke quält sie, vor einem zornigen, rachsüchtigen Gott zu stehen, der während unseres ganzen Lebens insgeheim all unser Tun und Lassen aufgezeichnet hat, um uns im gegebenen Augenblick die Rechnung zu präsentieren und endgültig über uns zu richten! Gott aber ist kein Sadist und kein Rächer. Kommen diese Vorstellungen nicht vielmehr aus uns selbst, die wir auf ihn unsere eigenen Rachegelüste und unsere Grausamkeit projizieren? Die erste direkte Begegnung zweier Freunde, die so lange aufeinander gewartet haben, kann nicht diesen grausamen Charakter einer kleinlichen Abrechnung oder einer Steuerprüfung haben ...

In den Berichten der Experiencer kommentiert und erklärt das »Lichtwesen« alle ihre guten und bösen Taten und macht ihnen den Einfluß dieser Taten auf die Mitmenschen deutlich. In der katholischen Tradition findet sich dieselbe Vorstellung: Bei dieser ersten Begegnung im Augenblick des Todes werden wir uns im Angesicht des Herrn finden, geblendet vom Licht seiner Liebe. Und in diesem Licht wird uns bewußt, was wir sind: arme Sünder, von der Last unserer Vergehen niedergedrückt. Es ist nicht so sehr der Rachegott, der als eiskalter Ankläger über uns richtet, sondern wir werden vielmehr unsere eigenen Richter, indem wir im Lichte Gottes über unser gesamtes Leben urteilen. Die ganze Wahrheit über unser Leben: das Glas Wasser, das Stück Brot und das Almosen, das wir den Bedürftigen gaben; aber auch die Last unseres Egoismus und das Gewicht unserer Untaten.

Gottes Wort ist hier unmißverständlich: »Und wer meine Worte hört und bewahrt sie nicht, den werde ich nicht richten; denn ich bin nicht gekommen, daß ich die Welt richte, sondern daß ich die Welt rette.« (*Johannes* 12, 47) Gott vergilt nicht Gewalt mit Gewalt. In seinem Licht erkennen wir uns nur, wie wir sind, in der Wahrheit unserer Beziehung zu ihm im Laufe unseres Lebens. Und dann wählen wir: Entweder wir sperren uns weiterhin gegen ihn, und er respektiert unsere Freiheit, unseren Willen, immer von ihm getrennt zu sein. In diesem Fall spricht man von »Hölle«. Oder wir wenden uns ihm zu, bitten ihn, uns von unseren Sünden zu reini-

gen und uns mit sich zu nehmen. Denn er ist immer bereit zu vergeben. Und die Tür zu seinem Haus ist offen. Dies nennen wir »Paradies« und »Ewiges Leben«; nachdem die Reinigung vollzogen wurde.
Die Last unserer Sünden nämlich hindert uns, unmittelbar in das
Leben mit Gott einzutreten. Gewiß hat Jesus unsere Sünden auf
sich genommen. Und wir werden durch ihn »gerettet«. Wir werden
in das göttliche Leben aufgenommen. Im Unterschied zur Lehre
von der Seelenwanderung muß nicht ich allein »meine Schulden
bezahlen«, mich von meinem Karma befreien. Ein anderer hat es
für mich getan, ein für allemal: Jesus. Doch dazu muß ich mit
Christus in diesem Werk der Befreiung eins werden. Indem ich aktiv daran teilnehme. In meinem irdischen Dasein durch die Sakra-
mente, durch ein Leben im Geiste des Evangeliums. Aber auch über
den Tod hinaus, indem ich die in diesem Leben durch die Bekehrung begonnene Läuterung vollende. Denn nicht der mindeste
Egoismus, nicht die mindeste Bösartigkeit kann in unser Leben mit
Gott eindringen. Den Vorgang dieser endgültigen Entgiftung nennt
die katholische Theologie das »Fegefeuer«. Es handelt sich um einen
Prozeß der inneren Vollendung, der Vollendung unserer bei der
Taufe begonnenen Identifizierung mit Jesus. Weder handelt es sich
um einen Ort, wie etwa eine zeitlich begrenzte Hölle, noch um eine
nach unserem Kalender gemessene Dauer, wie beispielsweise einige
Jahre Gefängnis.

   Es bleibt aber stets die Möglichkeit der Weigerung, in das ewige
Leben einzugehen. Die einzige Wirklichkeit der Hölle ist die Ableh-
nung Gottes. Eine willentliche und hartnäckige Verweigerung. Sie
ist übrigens nicht dem Ende der Zeiten vorbehalten, sondern besteht bereits im Hier und Jetzt: in der Weigerung, dem Nächsten,
der in unüberwindlichen Gräben zu versinken droht, die helfende
Hand zu reichen, in der Welle von Haß, Gewalt, Unmenschlich-
keit. Im Christentum haben wir die starke Gewißheit, daß die Liebe den Ausschlag geben wird, sofern die Gottesverweigerung nicht
endgültig ist. Im Glaubensbekenntnis der Christen heißt es nicht:
»Ich glaube an die Sünde«, sondern: »Ich glaube an die Vergebung
der Sünden; nicht: »ich glaube an die Hölle«, sondern: »ich glaube
an das ewige Leben.« Und der Apostel JOHANNES gibt diese Einge-

bung des Herzens mit den Worten des Herrn Jesus wieder: »Denn also hat Gott die Welt geliebt, daß er seinen eingeborenen Sohn gab, damit alle, die an ihn glauben, nicht verloren werden, sondern das ewige Leben haben. Denn Gott hat seinen Sohn nicht in die Welt gesandt, daß er die Welt richte, sondern daß die Welt durch ihn gerettet werde.« *(Johannes* 3, 16–17) Diese »frohe Botschaft« des Glücks gipfelt in der Offenbarung des »Himmels«, des »Paradieses«. Sobald wir ihn erkennen. Und er ist schon in diesem Leben bei uns: »Wer mich liebt, den wird mein Vater lieben, und wir werden zu ihm kommen und Wohnung bei ihm nehmen.« *(Johannes* 14, 23) Das also sind die Ähnlichkeiten und die Unterschiede zu den Berichten der Menschen, die eine NTE erlebt haben.

E.E.V.: *Manche Menschen sind nach einer NTE besonders begabt für parapsychologische Experimente. Könnte man sich vorstellen, daß sie ihre ungewöhnliche Gabe in den Dienst der Menschheit stellen?*

Msgr.J.V.: Nach der traditionellen indischen Auffassung vom Menschen wird die Lebenskraft als zusammengerollte Schlange, Kundalini, dargestellt. Erweckt man die Kundalini mit geeigneten Techniken, dann steigt ihre Energie allmählich von unten nach oben empor. Sie gleitet durch bestimmte Kanäle, die mit den Meridianen der Akupunktur vergleichbar sind. Und beim Aufsteigen von der Basis des Beckens bis zur Schädeldecke aktiviert sie insbesondere die sieben Energiezentren oder »Chakras«. Nach Aussage erfahrener Yogis kann ein Mensch, der sein sechstes und siebentes Chakra (Kopf- und Schädelchakra) erweckt, Reisen außerhalb seines Körpers machen, einzigartige Empfindungen von Frieden und Licht wahrnehmen, die einer NTE sehr nahe kommen, er kann also Erfahrungen machen, die von der Parapsychologie bekannt sind. Der einzige Unterschied besteht darin, daß diese Erweckung das Resultat einer langen inneren Selbstzucht ist, die durch beharrliche Übung in Yoga erworben wurde. Die NTE dagegen tritt ohne Vorbereitung ein. Darauf beruht wohl Ihre Hypothese, daß die Experiencer Menschen einer neuen Art seien.

Manche bejahen dies. Um die Jahrtausendwende wird das neue Zeitalter des Wassermanns anbrechen, und mit ihm werden tiefgreifende seelische Veränderungen auf unserem Planeten Wirklichkeit

werden. Das gehäufte Auftreten von NTE und Entkörperlichungen
wiese danach darauf hin, daß allmählich ein Geschlecht von »Mutanten« entsteht. Sie würden den Übergang vom zu Ende gehenden
Zeitalter der Fische zum beginnenden New Age vollziehen. Sie
wären »Kinder des Wassermanns«, die Vorläufer einer umfassenden
Verwandlung der Menschheit.

Doch jetzt sind wir erneut vom Gebiet des wirklich Objektiven ab-
gekommen und auf der Ebene der Analogien, der Symbolik und des
Synkretismus gelandet. Man schwimmt also in einer sehr angenehmen kosmischen Träumerei, die äußerst anregend ist für die Einbil-
dungskraft, aber – nach meiner Auffassung – ohne Beweiskraft.

E.E.V.: *Ein Zeuge äußerte sich: »Ja, es gibt ein Weiterleben jenseits des
Todes. Unvorstellbar schön! Nichts kommt dieser Gewißheit gleich, sobald Sie es begriffen haben. Sie wissen es einfach!« Für diesen Experiencer ist die Existenz eines Lebens nach dem Tod gewiß, aber welchen
Wesens ist sie?*

Msgr.J.V.: Das Christentum wehrt sich dagegen, sich Zustände nach
dem Tode bildlich vorzustellen. »Weder die Heilige Schrift noch die
Theologie liefern uns ausreichende Hinweise für eine Darstellung
des Jenseits«, erklärt zum Beispiel die »Heilige Kongregation für
Glaubensfragen«, die für die Tradition der katholischen Kirche
steht. Doch dem Christentum fehlen deshalb keineswegs Anhaltspunkte. Insbesondere dieser: Nach dem Tod gibt es gleichzeitig
Fortbestand und Bruch. »Der Christ«, so heißt es weiter in dem
Text der genannten Kongregation, »muß zweier Hauptpunkte
eingedenk sein: Er muß einerseits an die fundamentale Kontinuität
glauben, die durch den Heiligen Geist zwischen dem in Christus
gegenwärtigen Leben und dem künftigen Leben besteht – tatsächlich ist die Nächstenliebe das Gesetz des Reiches Gottes, und das ist
das Maß unserer Nächstenliebe hienieden und unserer Teilhabe an
der Glorie des Himmels. Andererseits aber muß der Christ den
radikalen Bruch zwischen Gegenwart und Zukunft auf Grund dessen unterscheiden, daß das Leben im Glauben (das heißt unser irdisches Dasein, wo wir nicht das Ziel der Reise sehen) durch die
Anschauung des Lichtes ersetzt wird: ›Wer seine Gebote hält, der
bleibt in Gott und Gott in ihm.‹ (1. *Brief des Johannes* 3, 24)«

Der Begriff der unsterblichen Seele ist nützlich, erklärt dieselbe Institution der katholischen Kirche und formuliert: »...daß nach dem Tod ein spirituelles Element überlebt und weiterbesteht, das mit Bewußtsein und mit dem Willen begabt ist, so daß das menschliche Ich weiterbesteht«.

Diese Unsterblichkeit darf jedoch nicht im Sinne eines Dualismus wie bei DESCARTES oder PLATON verstanden werden. Denn es ist der ganze Mensch, der zu neuem Leben gelangt: »Die Kirche glaubt an eine Auferstehung des Leibes; sie versteht darunter die Auferstehung des ganzen Menschen. Diese ist für die Auserwählten nichts anderes als die Ausdehnung der Auferstehung Christi auf die Menschen.«

Und hier erhebt sich die neue Frage nach der Aufeinanderfolge der Zustände, die der Mensch nach seinem Tode erfahren wird. »Die Kirche, die im Geist der Heiligen Schrift die glorreiche Erscheinung unseres Herrn Jesus Christus erwartet, betrachtet sie jedoch als getrennt und verschieden hinsichtlich der Situation des Menschen unmittelbar nach seinem Tod.« Also gibt es ein Zwischenreich zwischen dem Tod und der endgültigen Auferstehung. Worin besteht es?

Es ist ein Fakt, daß zahlreiche Zeugnisse im Neuen Testament von einem Leben des Menschen mit Christus außerhalb des Körpers erzählen. Der sterbende gekreuzigte Jesus sprach zu dem einen der Übeltäter, die wie er am Kreuz hingen: »Wahrlich, ich sage dir, heute wirst du mit mir im Paradies sein.« (*Lukas* 23, 43) Und bei Paulus lesen wir: »Wir sind aber getrost und haben vielmehr Lust, den Leib zu verlassen und daheim zu sein bei dem Herrn.« (2. *Korinther* 5, 8) Doch wie soll man sich das Zwischenreich vorstellen?

Der Geist (griechisch *pneuma*) ist im Menschen gegenwärtig und hat beim Christen mit der Taufe ein neues Leben eingeleitet. Er bewahrt also über den Tod des Fleisches hinaus ein unzerreißbares Band zum auferstandenen Leib Jesu. Wir kennen aber nicht die neue Existenzform dessen, der, mit Christus gestorben, außerhalb seines Leibes auf die Auferstehung am Jüngsten Tage wartet. In gleicher Weise ist die leibliche Erhebung der Heiligen Jungfrau, die wir

Katholiken »Mariä Himmelfahrt« nennen, die Vorwegnahme der Verklärung, zu der alle Auserwählten bestimmt sind: der Zustand des »verklärten Leibes«.

E.E.V.: *Viele Menschen haben wenige Augenblicke oder einige Stunden vor ihrem Tode Visionen. Halten Sie diese Visionen für real? Glauben Sie, daß sie wirklich den Zugang zur jenseitigen Welt öffnen, daß sie gewissermaßen Vorläufer der NTE sind?*

Msgr.J.V.: Die Problematik dieser Visionen steht im Rahmen einer viel umfassenderen Fragestellung: Was denkt der Christ über die Zeichen, die vom »jenseitigen Ufer« kommen? Materialisationen, Traumbilder, Erscheinungen, innere Stimmen, NTE: wir stehen vor einer Ansammlung von Tatsachen, die auf das Vorhandensein von Orten und Zeiten der Kommunikation zwischen Diesseits und Jenseits hinzudeuten scheinen. Es wäre wenig wissenschaftlich, sie unter dem Vorwand zu leugnen, daß sie nicht in die bekannten Kategorien passen. Sie mögen unerklärlich und damit dem Rationalisten verdächtig sein, aber *es gibt sie*. Wir müssen sie begreifen lernen.

Der Gläubige, nicht zu verwechseln mit dem Leichtgläubigen, hat in seinem Glauben eine bestimmte Anzahl solider Faktoren, um die Bedeutung der Zeichen verstehen und ihren Wert beurteilen zu können. Das Glaubensbekenntnis der Christen bejaht die Existenz eines »sichtbaren und unsichtbaren« Universums. Diese beiden Universen bilden übrigens nur eines, denn die gleiche Schöpferhand hat sie hervorgebracht, und am Ende der Zeiten sollen sie sich in dem »neuen Himmel« und der »neuen Erde« vereinen, von denen die Bibel spricht. Die Grenze, die beide trennt, ist nicht unüberwindlich. Nach dem Zeugnis seiner Freunde (einmal waren es gar über fünfhundert, heißt es im Neuen Testament) ist Jesus aus dem Land jenseits des Todes zurückgekehrt. Nicht wie ein Wiedergänger oder ein Ektoplasma, sondern in seiner ganzen Persönlichkeit: seinem Gesicht, seinem Körper, seiner Verhaltensweise. »Wir haben nach seinem Tod mit ihm gegessen und getrunken!« versichern unbeirrbar diese Zeugen von vor fast zweitausend Jahren. Seither hat eine lange Kette von Mystikern kontinuierlich im Ganzen bezeugte und schwer widerlegbare Erfahrungen über Be-

gegnungen mit Bewohnern des Jenseits berichtet, ich will beispiel-
haft nur KATHARINA EMMERICH und JEAN-MARIE VIANNEY, den Pfar-
rer von Ars, nennen. Ein schnelles Durchmessen von Zeit und
Raum würde außerdem zeigen, daß die Zeugnisse von »Lebenszeichen«, welche die Verstorbenen uns zu geben sich bemühen, uni-
versal sind und in allen Religionen vorkommen. Man kann sie
nicht mit einem Schulterzucken abtun und vorgeben, daß man
»nur glaubt, was man sieht«. Denn in Wirklichkeit steigen sie, wie
bereits gesagt, aus dem Wissen des Herzens empor. Denn es sind
Zeichen. Das Zeichen ist immer für den bestimmt, an den es gerichtet ist. Persönlich. Ebenso kann ein Gedicht oder eine Melodie dem
einen etwas bedeuten und dem anderen nicht. So ist es auch mit
den »Lebenszeichen« aus dem Jenseits, die NTE inbegriffen. Sie
sind Kometen am nächtlichen Himmel, sie kommen von anderswo
her. Man kann sie nicht mit dem eigenen Willen erscheinen lassen.

Diese Zeichen/Zeugnisse werden empfangen oder nicht je nach
der Persönlichkeit dessen, der sie aufnimmt, und der Offenheit
seines Herzens. Im Unterschied zu den Mitteilungen durch Medien
werden sie nicht im Zustand der Trance empfangen. Man kann sie
nicht herbeizwingen, wie es jemand täte, der gerne eine NTE machen würde, um ins Jenseits zu reisen. Für den Gläubigen haben die
Zeichen sogar den Charakter eines Geschenks vom Himmel. Denn
vom Himmel kann man nichts einfordern. Die Zeichen gründen
sich, ich wiederhole es, auf die Gemeinschaft der Heiligen, das
heißt auf die Interdependenz der spirituellen Schicksale. Und danach bemißt sich ihre Authentizität: nach ihrem spirituellen Wert.
Denn wir erkennen den Baum an seinen Früchten. Die Früchte der
authentischen Botschaft aus dem Jenseits sind bei einer NTE, falls
sie eine wahre Annäherung an das andere Ufer ist, folgende: ein gewisses inneres Strahlen, Wiederkehr von Frieden und Vertrauen, die
persönliche Bekehrung, die Öffnung des Herzens. Diese Zeichen
sind oft Menschen gegeben worden, die gar nicht darauf gefaßt waren. Sie unterscheiden sich darin von der spiritistischen Haltung,
bei der man mit Hilfe bestimmter Techniken die Bewohner des Jenseits bittet zu erscheinen. Die Zeichen bringen einen nur auf einen
Weg, weisen in eine Richtung, genauso wie die »Zeichen«, die Jesus

von der Wahrheit seiner Botschaft gab – seine »Wunder« waren be-
stimmt, die Adressaten auf den Weg zum Reich Gottes zu bringen.
Sie besiegeln den Einbruch der unsichtbaren in die sichtbare
Welt. Sie sind die bevorzugte Kommunikationsweise in diesem
Grenzbereich, wo sich das eine und das andere geradezu gegenseitig
durchdringen.

Symbolismus und Analogie sind daher die Königswege zu diesem
Universum, wo Diesseits und Jenseits nebeneinander hergehen.

Wird das Zeichen von dem, der es empfängt, verstanden, dann
auch, weil es auf eine mehr oder weniger bewußte persönliche
Fragestellung antwortet.

Sind die Zeichen außergewöhnlich, marginal? Das scheint nicht
der Fall zu sein. Manche Menschen haben eine feine innere Sensibilität, die sie leichter in harmonische Übereinstimmung mit der
Schnittstelle zwischen dem Sichtbaren und dem Unsichtbaren
bringt. Aber wie jene aus dem Jenseits Entkommenen, die in den
Büchern von Dr. Moody zu Wort kommen, wagten die, welche die
Erfahrung einer gewissen Kommunikation mit unseren Verstorbenen gemacht haben, kaum zu sprechen, aus Angst, daß man halb
spöttisch, halb mitleidig darüber lächeln würde. Wir müssen daher
diese Zeichen – wie die NTE – ohne Naivität, aber im positiven
Geist aufnehmen. Und dazu muß man sich, wie das Evangelium
gebietet, aller Mittel bedienen, um die Spreu vom Weizen zu trennen. Dies erfordert, daß man sorgfältig die berichteten Erfahrungen
überprüft, indem man sie zunächst mit bereits gesicherten Erfahrungen vergleicht. Der gläubige Christ wird sie insbesondere beziehen auf die Erfahrung der Gemeinschaft der Gläubigen, auf die
große Tradition der Kirche, auf die Lehre der spirituellen Lehrer.
Der Fromme wird sie auf die Regeln der Unterscheidung in seinem
eigenen Glauben beziehen, wissend, daß die Lehren der Mystiker
aller Religionen sich letztlich treffen. Der hinduistische Meister
Patanjali, die Kommentatoren des Buddha, die Lehrer des *Tibetanischen Totenbuches* (*Bardo Thödol*) sagen einmütig: »Wisse zuerst zu
unterscheiden.« Und wenn sie von »Brotkrumen von Wundern«
oder von »spirituellen Abfällen«, vom »Lidschlag des Jenseits« sprechen, sagen sie alle das gleiche aus: »Manchmal gibt uns das Jenseits

ein Zeichen.« An uns liegt es, die Wegzeichen zum Abenteuer des Menschseins zu entschlüsseln. Mit großer Aufgeschlossenheit, aber auch mit stets wachem Sinn.

Literaturhinweise

CHAUCHARD, P.: *Naturwissenschaft und Katholizismus.* Einheit und Widerspruch von Geist und Materie. Walter, Olten u. Freiburg i. Br. 1962

- : *Le cerveau et la conscience.* Editions du Seuil, Paris 1969

- : *Physiologie de la conscience.* Presses universitaires de France, Paris 1977

- : *La mort.* Presses universitaires de France, Paris 1981

-, und TAISEN DESHIMARU ROSHI: *Zen et cerveau.* Le courrier du livre, Paris 1976

Die Bibel. Nach der Übersetzung MARTIN LUTHERS, mit Wortkonkordanz; revidierte Fassung von 1984. Deutsche Bibelgesellschaft, Stuttgart 1987

DUTHEIL, B.: *L' univers superlumineux.* Voyage au pays de l'immortalité. Sand, Paris 1994

DUTHEIL, R. und B.: *L' homme superlumineux.* Sand, Paris 1990

- : *La médecine superlumineuse.* Sand, Paris 1992

ECCLES, J.C.: *Gehirn und Seele.* Erkenntnisse der Neurophysiologie. Piper, München 1991

EERSEL, P. VAN: *Sterben – der Weg in ein neues Leben.* Auf der Suche nach der jenseitigen Welt. Scherz, Bern 1987

HAWKING, ST.W.: *Eine kurze Geschichte der Zeit.* Die Suche nach der Urkraft des Universums. Rowohlt, Reinbek bei Hamburg 1991

KÜBLER-ROSS, E.: *Über den Tod und das Leben danach.* Verlag Die Silberschnur, Neuwied 1994

- : *Interviews mit Sterbenden.* Kreuz Verlag, Stuttgart/Berlin 1982

LEUNINGER, H.: *Neurolinguistik.* Probleme, Paradigmen, Perspektiven. Westdeutscher Verlag, Opladen 1989

MOODY, R.A.: *Leben nach dem Tod.* Die Erforschung einer unerklärten Erfahrung. Rowohlt, Reinbek bei Hamburg 1993

MORSE, M.: *Zum Licht.* Was wir von Kindern lernen können, die dem Tod nahe waren. Goldmann, München 1994

MORSE, M., und P. PERRY: *Verwandelt vom Licht.* Über die transformierende Wirkung von Nah-Todeserfahrungen. Knaur, München 1994

POPPER, K.R., und J.C. ECCLES: *Das Ich und sein Gehirn.* Piper, München 1994

PRIGOGINE, I., und I. STENGERS: *Dialog mit der Natur.* Neue Wege naturwissenschaftlichen Denkens. Piper, München 1993

RING, K.: *Den Tod erfahren – das Leben gewinnen.* Erkenntnisse und Erfahrungen von Menschen, die an der Schwelle zum Tod gestanden und überlebt haben. Scherz, Bern 1986

- : *Near-death studies:* a new area of consciousness research. International Association for Near-Death Studies, Storrs 1982

- : *The Omega Project:* near-death experiences, UFO encounters, and mind at large. Morrow, New York, N.Y., 1992

RYZL, M.: *Der Tod ist nicht das Ende.* Von der Unsterblichkeit geistiger Energie. Ariston, Genf/München 1995

VERNETTE, J.: *Le Nouvel Age:* à l'aube de l'ère du verseau. Téqui, Paris 1990

- : *Peut-on communiquer avec l'au-delà?* Centurion, Paris 1990

- : *Réincarnation, résurrection:* communiquer avec l'au-delà. Les mystères de la vie après la vie. Salvator, Mulhouse 1994

WEIZSÄCKER, C.F. VON: *Aufbau der Physik.* dtv wissenschaft, München 1994

WILBER, K. (Hrsg.): *Das holographische Weltbild.* Scherz, Bern 1986

DER VERDRÄNGTE TOD
ÜBER DIE UNKULTUR IM UMGANG MIT UNSEREN TOTEN
GEISTIGE UND PRAKTISCHE HILFE

Von Regina Faerber

Ein mutiges, ein kritisches, ein ausführliches Hinweisbuch auf die verbreitete Ignoranz im Umgang mit Sterbenden und Toten, mit dem Tod an sich und mit den Mißständen der Bestattung. Es liefert handfeste Grundlagen für die selbständige Erarbeitung einer persönlichen Haltung gegenüber allen Bereichen des Todes, denn allein diese Haltung entscheidet, wie wir letztlich in einer Situation handeln werden, die uns alle jederzeit, von heute auf morgen, extrem fordern kann. Ein nicht leicht zu ertragendes Buch, das die Lieb- und Gedankenlosigkeit anprangert und nichts ausspart, was gesagt und beschrieben werden muß. Ein Buch über den Tod, das dem Leben dient. Denn es setzt auf die Kraft der Veränderung durch seine Leserinnen und Leser. Nach der Lektüre können Sterben, Tod, Bestattung und Schmerz mit mehr Ruhe in Auge gefaßt werden.

Aus dem Inhalt:

Gedanken über den Tod und die Toten • Der sterbende Mensch in unserer Gesellschaft • Die Hinübergehenden begleiten • Der gestorbene Mensch • Klarheit im ausgeblendeten Bereich • Die schnelle Entsorgung unserer Toten • Hinsehen und nachdenken – und das tun, was zu tun ist.

248 Seiten, geb., ISBN 3-7205-1851-5.

ARISTON VERLAG · GENF/MÜNCHEN

CH-1211 GENF 6 · POSTFACH 6030 · TEL. 022/786 18 10 · FAX 022/786 18 95
D-81379 MÜNCHEN · BOSCHETSRIEDER STRASSE 12 · TEL. 089/724 10 34

SACHBÜCHER AKTUELLER ESOTERIK

EDGAR CAYCE – SEHER, HEILER, MYSTIKER
AN DER SCHWELLE DES NEUEN ZEITALTERS
Von Dr. Harmon H. Bro

Das Leben und Wirken des bedeutendsten Sensitiven unserer Zeit, des »schlafenden Propheten« Edgar Cayce, liest sich in dieser umfassenden und fundierten Biographie des Cayce-Vertrauten und Fachgelehrten Dr. Harmon H. Bro wie eine der fesselndsten und herausforderndsten Abenteuergeschichten der Gegenwart. Seine Erfahrung, sein Forschen, seine Arbeit waren ein Abenteuer medizinischer Hilfeleistung ebenso wie ein Abenteuer genialer Voraussagen weit über seine Zeit hinaus. Die Konfrontation seiner Prognosen mit Tatsachen der jüngsten Geschichte zeigt, daß die von ihm angekündigten Umwälzungen, soweit sie nicht bereits eingetroffen sind, jederzeit stattfinden können. 416 Seiten, geb., ISBN 3-7205-1719-5.

DAS NEUE ZEITALTER
AUTHENTISCHE VISIONEN DES EDGAR CAYCE
Von Mary Ellen Carter

Seinerzeit unglaublich anmutende Umwälzungen hat ein Mann prognostiziert, der 1945 starb: Edgar Cayce. Dieses Buch stützt sich auf Aussagen, die er in Trance machte. Er spürte uralte Kulturen auf und hatte die Zukunft vor Augen. Schon Wirklichkeit geworden sind seine Vorhersagen der Rassenunruhen in den USA, der Welternährungskrise und der Aussöhnung der USA mit Sowjetrußland. Der große Seher und »Vater des Neuen Zeitalters« (des Wassermanns) hat dieses – im Unterschied zu den Rufern apokalyptischen Untergangs – als ein Friedenszeitalter sozialen Ausgleichs, wirtschaftlichen Aufschwungs und einer neuen Brüderlichkeit unter Menschen und Völkern prognostiziert. 212 Seiten, geb., ISBN 3-7205-1066-2.

ZUKUNFTSVISIONEN DER MENSCHHEIT
APOKALYPSE ODER SPIRITUELLES ERWACHEN – WIR HABEN DIE WAHL
Von Dr. Chet B. Snow

Dr. Helen Wambach, Dr. R. Leo Sprinkle und Dr. Chet B. Snow haben 2500 Versuchspersonen in hypnotisch induzierter Trance in die Zukunft versetzt. Als Ergebnis dieser Progressionen zeichnen sich zwei archetypische Modelle ab: das eine als ökologische und sozioökonomische Katastrophe, das andere als ein Zeitalter des Friedens und weltweiter Zusammenarbeit. Wie Kernphysik und Quantenmechanik nahelegen, hängt alles materielle Geschehen vom menschlichen Bewußtsein ab. So macht diese Forschungsarbeit klar: Wir entscheiden jetzt die Zukunft kommender Generationen. 320 Seiten, geb., ISBN 3-7205-1671-7.

DIESE FASZINIERENDEN BÜCHER ERHALTEN SIE IM BUCHHANDEL
Ein umfangreiches, farbiges Bücher-Magazin mit sämtlichen Titeln unseres auf Medizin, angewandte Psychologie und Esoterik spezialisierten Verlagsprogramms können Sie gratis anfordern bei

ARISTON VERLAG · GENF/MÜNCHEN

CH-1211 GENF 6 · POSTFACH 6030 · TEL. 022/786 18 10 · FAX 022/786 18 95
D-81379 MÜNCHEN · BOSCHETSRIEDER STRASSE 12 · TEL. 089/724 10 34

SACHBÜCHER AKTUELLER ESOTERIK

NOSTRADAMUS – SEHER UND ASTROLOGE
ENTSCHLÜSSELTE GEHEIMNISSE UND UNGELÖSTE RÄTSEL
Von Wulfing von Rohr

Wulfing von Rohr legt hier ein Quellenbuch mit textkritischen Analysen aller Centurien sowie der Begleittexte vor. Sein Buch stellt Ihnen erstmals die Deutungen der bekanntesten Nostradamus-Interpreten im Vergleich vor. Er geht dabei ausführlich auf die besonders ominösen Themen »1999«, »Dritter Weltkrieg« und »Jahrtausendwende« ein und wirft Fragen auf wie: Welche Berechtigung haben Katastrophenprognosen? Welche Gefahren sind damit verbunden? Die vollständige Wiedergabe aller Centurien im Originaltext sowie der Schriften an Nostradamus' Sohn César und an König Heinrich II. samt deutscher Übersetzung ermöglichen es Ihnen, sich Ihr eigenes Bild zu machen. Dieses Buch ist wissenschaftlich fundiert und dennoch spannend geschrieben. Zusammen mit der hier erstmals entwickelten Nostradamus-Astrologie ist es das derzeit umfassendste Nostradamus-Buch am Markt. 320 Seiten, 30 Abbildungen, geb., ISBN 3-7205-1789-6.

NOSTRADAMUS – ZUKUNFTSBILDER EINER ANDEREN WIRKLICHKEIT
Von Wolfram Eilenberger und Viktor Schubert

In diesem Buch gelingt es zwei Frühbegabten der Wissenschaft, erstmals mit den Methoden modernster Naturwissenschaft die inneren Strukturen der prophetischen Texte des Nostradamus aufzudecken. Quantentheorie, Relativitätstheorie und Evolutionsforschung werden herangezogen, um zu zeigen, daß die gereimten Vierzeiler (Quatrains) als bestbelegte ASW-Zeugnisse der Kulturgeschichte keineswegs in Widerspruch zu einer streng rationalen Weltsicht stehen. Die Interpretation der Texte des Nostradamus wird hohen philologischen Ansprüchen gerecht. Selbst kritische Leser werden sich ihrer Anziehungskraft nicht entziehen können. Sie ergeben die Stichhaltigkeit vieler Prophezeiungen, von Großbritanniens Aufstieg zur Weltmacht 1680 bis zum Zerfall des kommunistischen Machtsystems 1991 und verleihen den bis 2020 prognostizierten Ereignissen Gewicht. 240 Seiten, geb., ISBN 3-7205-1771-3.

ENGEL – DIE UNSICHTBAREN HELFER DER MENSCHEN
Von Dr. Paola Giovetti

Von Skeptikern belächelt, leben die Engel-Lichtwesen in allen Kulturen als Helfer der Menschen fort. Pressestimmen: »Die italienische Geisteswissenschaftlerin geht dem Phänomen Engel nach und läßt dabei keinen Aspekt aus. Kritisch untersucht sie die theologische und die anthropologische Seite des Themas, zeigt Engel in Kunst und Kultur, in christlichen und nichtchristlichen Traditionen. Sie bietet die Ergebnisse zeitgenössischer Umfragen zu Engelerfahrungen und die Entdeckung des Engels in uns durch die Tiefenpsychologie« *(Die Welt)*. »Ein zeitgemäßes Buch als Quelle der Freude und Heiterkeit« *(Status für Ärzte)*. »Es ist, im wahren Sinn des Wortes, ein wunderbares Buch, kenntnisreich und umfassend, mit vielen schönen und oft überraschenden Bildern« *(Madame)*. 270 Seiten, 60 größtenteils farbige Abbildungen, geb., ISBN 3-7205-1669-5.

DIESE FASZINIERENDEN BÜCHER ERHALTEN SIE IM BUCHHANDEL
Ein umfangreiches, farbiges Bücher-Magazin mit sämtlichen Titeln unseres auf Medizin, angewandte Psychologie und Esoterik spezialisierten Verlagsprogramms können Sie gratis anfordern bei

ARISTON VERLAG · GENF/MÜNCHEN

CH-1211 GENF 6 · POSTFACH 6030 · TEL. 022/786 18 10 · FAX 022/786 18 95
D-81379 MÜNCHEN · BOSCHETSRIEDER STRASSE 12 · TEL. 089/724 10 34

SACHBÜCHER ANGEWANDTER PSYCHOLOGIE

KRAFTQUELLE MENTALTRAINING – EINE UMFASSENDE METHODE, DAS LEBEN ZU GESTALTEN
Von Kurt Tepperwein

Prof. Kurt Tepperwein versteht es, Uraltwissen mit neuesten Erkenntnissen der Wissenschaft in eine erfolgssichere Methode der Persönlickeitsentfaltung und Lebensmeisterung einzubinden. Die Schritt für Schritt erklärten Techniken seiner Methode sind einfach, aber wirksam. Sein Buch begeistert und motiviert den Leser, die Leserin, umzudenken, zu handeln und sein Leben nach seinen Wünschen zu gestalten. 250 Seiten, 10 Abb., geb., ISBN 3-7205-1341-6.

Zu diesem Buch gibt es zur Umsetzung der Kernlehren dieses Buches ins praktische Leben auch ein Kassettenprogramm »Kraftquelle Mentaltraining«: 2 Audio-Suggestionskassetten in Box, Spieldauer 1 Stunde 40 Minuten, ISBN 3-7205-1342-4.

DAS BILDERBUCH DER TRÄUME
NEUE MÖGLICHKEITEN DES VERSTEHENS
Von Hildegard Schwarz und Norbert Teupert

Im Traum kommen wir in Verbindung mit unserer Seele, mit dem individuellen inneren Reichtum wie auch mit dem kollektiven Erfahrungsschatz unserer Kultur. Träume können uns inspirieren, ermutigen, trösten oder warnen, und sie können uns helfen, richtige Entscheidungen zu treffen. Oft sind die verschlüsselten Botschaften der Träume Hilferufe, oft auch wichtige Impulse für unsere Lebensgestaltung. Dieses Buch einer Traumtherapeutin und eines Sozialpädagogen bietet Ihnen neue Methoden, um Träume zu deuten und fürs Leben zu nutzen. 260 Seiten, geb., ISBN 3-7205-1715-2.

LEXIKON DER TRAUMSYMBOLE – DIE SYMBOLSPRACHE DER TRÄUME IN STICHWÖRTERN VON A BIS Z
Von Hanns Kurth

Mit 2300 Begriffen und den Deutungen von mehr als 6250 Symbolen hat der Publizist Hanns Kurth dieses unentbehrliche Nachschlagewerk für Psychologen, Mediziner, Pädagogen und vor allem für den interessierten Laien geschaffen. Dieses Sachbuch, das in seinem einführenden Teil über die physiologischen Vorgänge während des Schlafens und Träumens berichtet und an zahlreichen Beispielen die einzelnen Traumgruppen unterscheidet, ist eine Hilfe für alle, die mehr über sich und ihre Träume wissen wollen. 324 Seiten, 24 Abb., geb., ISBN 3-7205-1141-5.

DIESE BÜCHER UND KASSETTEN ERHALTEN SIE IM BUCHHANDEL
Ein umfangreiches, farbiges Bücher-Magazin mit sämtlichen Titeln unseres auf Medizin, angewandte Psychologie und Esoterik spezialisierten Verlagsprogramms können Sie gratis anfordern bei

ARISTON VERLAG · GENF/MÜNCHEN

CH-1211 GENF 6 · POSTFACH 6030 · TEL. 022/786 18 10 · FAX 022/786 18 95
D-81379 MÜNCHEN · BOSCHETSRIEDER STRASSE 12 · TEL. 089/724 10 34